I Marlin

Javier Sierra

IL SEGRETO EGIZIO DI NAPOLEONE

Traduzione di Claudia Marinelli

Marco Tropea
Editore

Dello stesso autore,
nelle edizioni Marco Tropea:

Le porte dei templari
La cena segreta

www.saggiatore.it

Marco Tropea Editore
Titolo originale: *El secreto egipcio de Napoleón*

La scheda bibliografica è riportata nell'ultima pagina del libro

IL SEGRETO EGIZIO DI NAPOLEONE

Forse, caro lettore, sarai tentato di credere che
le affermazioni contenute in questo libro siano
esclusivamente frutto della mia immaginazione.
Niente di più lontano dalla verità.
Quello che qui si racconta è una meditata
miscela di verità inconfutabili e scenari possibili,
di cui solo i più attenti sapranno cogliere il valore.
A uno di loro, il mio «nonno spirituale»
Antonio Ribera, sono dedicate le righe che seguono.
So che dalle rive del Nilo celeste capirà più di chiunque
altro cosa voglio dire.

Non è quindi assurdo quanto sostengono gli egizi nella loro mitologia: che l'anima di Osiride è eterna e incorruttibile, benché il suo corpo venga ripetutamente smembrato e occultato da Tifone. Iside lo cerca ovunque e riesce a ricomporlo. L'essere è al di sopra di ogni corruzione e di ogni cambiamento.

PLUTARCO, *Iside e Osiride*, LIV

INTRODUZIONE

Una nota necessaria

Il 1° luglio del 1798, al tramonto, trentaseimila soldati, poco più di duemila ufficiali e trecento donne tra mogli di militari e prostitute imbarcate illegalmente su una delle flotte da guerra più grandi mai armate, sbarcarono sulle spiagge egiziane di Alessandria, Rosetta e Damietta. Tranne una ristretta cerchia di ufficiali, nessuno sapeva con certezza che cosa la Francia si aspettasse da loro all'altro capo del Mediterraneo.

Superate le prime difficoltà, dopo una ventina di giorni parte di queste truppe controllavano già il delta del Nilo e muovevano verso Il Cairo, dove videro per la prima volta le impressionanti piramidi di Giza e, sotto le loro ombre appuntite, sconfissero le orde disorganizzate dei combattenti mamelucchi, ponendo così fine a tre secoli di dominio ottomano in Egitto.

A condurre questa impresa al tempo stesso straordinaria e misteriosa era un generale ambizioso, Napoleone Bonaparte. Con la complicità del ministro degli Affari esteri e del console francese nella capitale egiziana, progettava di tagliare la fiorente rotta commerciale degli inglesi verso l'Asia per indebolire il peggior nemico di allora della Francia. Napoleone però cadde ben presto vittima della sua ambizione. Il 1° agosto di quello stesso anno l'ammiraglio britannico Horatio Nelson localizzò e affondò la sua formidabile flotta nella rada di Abukir, causando oltre millesettecento perdite e lasciandolo isolato, senza rifornimenti, alla mercé dei suoi nemici in un territorio ostile e sconosciuto.

Ma i francesi resistettero con tenacia.

Nei successivi quattordici mesi passati in terra d'Egitto, Napoleone fece fruttare bene il tempo: fondò un istituto per indagare il misterioso passato di quel popolo e mise al lavoro più di centosessanta studiosi, espressamente reclutati in Francia per spremere dalle sterili sabbie egiziane il succo di una scienza dimenticata e potente. Questa azione da sola dimostrava che il suo obiettivo finale nelle terre del faraone non era esclusivamente bellico.

Tale fu l'ossessione del generale per il controllo di quella regione del pianeta che si avventurò perfino in Terra Santa, con l'intenzione di sottometterla, quasi a emulare le imprese dei primi crociati. In effetti attraversò la Palestina da sud a nord proprio come un templare del XIII secolo, e il 14 aprile 1799, contro la volontà di tutti i generali che lo accompagnavano, decise di pernottare in un piccolo villaggio nelle vicinanze del lago di Tiberiade chiamato Nazareth.

Non spiegò mai – nemmeno durante l'estremo esilio a Sant'Elena – il perché di quella decisione.

La sua campagna militare in Terra Santa e in Siria fu un altro fallimento. Sapeva che rischiava di compromettere la propria carriera, se fossero continuate le sconfitte e gli errori strategici. Fu forse per questo che Napoleone assediò Jaffa e la mise a ferro e fuoco, passando per le armi soldati, donne, vecchi e bambini senza distinzione. Tuttavia San Giovanni d'Acri, l'ultimo avamposto dei ribelli turchi, resistette. Il generale vedeva così frustrati i suoi progetti di arrivare fino alle porte di Costantinopoli e svanito il suo segreto desiderio di emulare le conquiste di Alessandro Magno.

Demoralizzato, Bonaparte tornò al Cairo appena in tempo per scoprire che il 15 luglio 1799 più di quindicimila turchi, appoggiati dagli inglesi, erano sbarcati ad Abukir, pronti a cacciarlo per sempre dall'Egitto. Il luogo scelto dai suoi nemici evocava a Napoleone ricordi funesti, ma il 25 luglio le truppe francesi sconfissero i mamelucchi, vendicando almeno in parte l'affronto di Nelson.

Bonaparte, inebriato dal successo, fece di nuovo rotta verso Il Cairo, dove arrivò l'11 agosto, nel periodo più caldo dell'anno. Fu allora che accadde qualcosa di inaspettato: mentre ultimava in segreto i preparativi per il trionfale ritorno in

Francia, decise di passare un'altra notte in un luogo poco raccomandabile: all'interno della Grande Piramide di Giza.

Nemmeno questa volta spiegò il motivo della sua decisione. Né riferì molti particolari di cosa accadde là dentro. I suoi biografi non risolsero mai il mistero. Ma dopo aver trascorso la notte tra il 12 e il 13 agosto del 1799 nel ventre del più grande monumento eretto dall'uomo nell'antichità, Napoleone non fu mai più lo stesso...

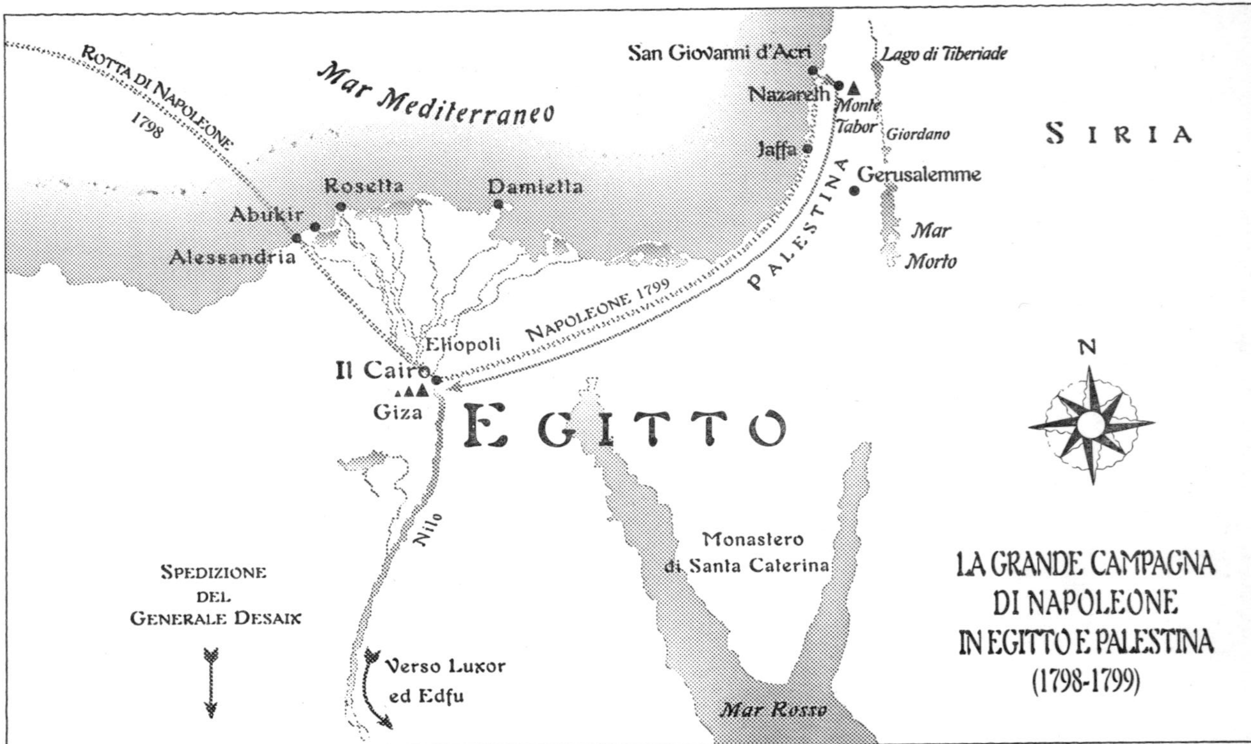
LA GRANDE CAMPAGNA
DI NAPOLEONE
IN EGITTO E PALESTINA
(1798-1799)
Rotta di Napoleone
1798
Mar Mediterraneo
San Giovanni d'Acri
Lago di Tiberiade
Nazareth
Monte
Tabor
Giordano
Jaffa
Gerusalemme
Mar
Morto
SIRIA
PALESTINA
Rosetta
Damietta
Abukir
Alessandria
Napoleone 1799
Eliopoli
Il Cairo
Giza
EGITTO
N
Nilo
Monastero
di Santa Caterina
Spedizione
del
Generale Desaix
Verso Luxor
ed Edfu
Mar Rosso

EGITTO

Giza, quintidi della III decade di Termidoro*

«In trappola!»

Il cuore del corso accelerò bruscamente, colpendogli le tempie con la forza di una mazza.

Accadde tutto in un soffio: dapprima crollò al suolo, come se qualcosa di molto pesante lo attraesse verso il centro della Terra. Poi le pupille gli si dilatarono alla disperata ricerca di uno spiraglio di luce, mentre ogni muscolo del suo corpo si contraeva.

«In trappola!» mormorò di nuovo, bocconi sul pavimento. «Rinchiuso! Sepolto vivo!»

Sentendo avvicinarsi la morte, il soldato deglutì.

Era solo, isolato sotto tonnellate di pietra e senza una maledetta mappa che gli indicasse una via d'uscita. L'amara certezza di essere rimasto senza esche per il fuoco né acqua lo paralizzava dal terrore.

Come aveva potuto essere così stupido? Come aveva potuto lui, dopo aver combattuto tante battaglie, l'eroe di Abukir, dove aveva appena umiliato i suoi nemici, dimenticarsi di prendere quelle semplici precauzioni? La borraccia e le torce, sistemate con cura nelle bisacce della sua sella, erano decisamente fuori portata. Ormai era tardi per lamentarsi dell'errore. In realtà era tardi per tutto.

Il corso indugiò ancora un secondo. Dentro quella cella di pietra, immerso in un silenzio che aveva qualcosa di sacro, di do-

* Secondo il calendario repubblicano, VII anno della Rivoluzione, il 12 agosto 1799.

loroso perfino, seppe all'improvviso che cosa poteva salvargli la vita: avere fede. Doveva aver fiducia. Fiducia nella vittoria, come quando aveva attraversato le Alpi in due settimane e conquistato l'Italia a suon di battaglie. O come quando aveva sconfitto gli austriaci sul ponte di Arcole e a Rivoli.

Doveva recuperare immediatamente quella fiducia nel proprio destino che tante volte lo aveva tolto dai guai.

Non era forse quella l'ennesima prova da affrontare? Non si era vantato così spesso di confidare in un futuro che credeva scritto da qualche parte? Perché non mettere alla prova ora la sua fede?

Il militare, l'uniforme piena di polvere, a poco a poco si rianimò. La sua mente impartì alcuni ordini rapidi e semplici al corpo, come muovere le dita dei piedi dentro gli stivali di cuoio, stringere i denti con forza o schiarirsi la gola con colpi di tosse brevi e secchi. Subito dopo arricciò il naso nel tentativo di filtrare un po' d'aria pura da quell'atmosfera secolare.

Era vivo, ma aveva paura.

Paura? Era paura quella corrente che gli saliva a spirale lungo la colonna vertebrale? E altrimenti... che cos'era? Si lasciava sopraffare proprio ora dalle superstizioni che aveva sentito dai beduini sugli abitanti invisibili delle piramidi? Poteva arrivare al punto – come lo avevano messo in guardia – di perdere la ragione, se rimaneva lì dentro per molto tempo?

... E per quanto doveva restarci? Per l'eternità?

Il freddo, un gelido tremito che veniva dal più profondo del suo essere, si impossessò di lui inchiodandolo contro il selciato. Stava per succedere qualcosa, lo intuiva.

Non aveva mai provato una sensazione simile. Era come se una miriade di sottili spilli di ghiaccio avessero trafitto la sua uniforme e gli si fossero conficcati senza pietà nelle ossa. Il sangue aveva smesso di scorrergli nelle vene e il suo sguardo si era fatto di pietra, spento, incapace di vedere.

Per qualche secondo smise addirittura di sbattere le palpebre. Temeva che il cuore si sarebbe fermato.

Trattenne il respiro.

Quando l'angoscia aveva ormai preso il controllo delle sue azioni, tra il freddo e lo sgomento, le sue pupille credettero di distinguere un leggero movimento. Nella penombra il corso aguzzò la vista. Dapprima non volle crederci. Non era possibile che una nube di polvere del deserto fosse filtrata così in profondità.

Poi però si aggrappò caparbiamente a quella chimera. Il soldato ebbe la netta sensazione che in fondo a quella sala si fossero disegnate le sagome di almeno due persone, come se le pietre avessero assorbito un briciolo di sole fino a diventare traslucide, rivelando così una presenza rimasta nascosta per millenni.

Il corso non riusciva a identificarle. Erano irreali, false, senza dubbio frutto di una potente allucinazione, eppure così vivide che, per un istante, valutò la possibilità di corrergli incontro.

«Chi... chi siete?» balbettò.

Nessuna risposta.

La visione si mantenne immobile, poi a poco a poco i suoi contorni si confusero fino a svanire nel buio più assoluto.

Stava diventando pazzo?

La maledizione della piramide cominciava a fare effetto su di lui?

C'era o no qualcun altro all'interno di quella tomba colossale?

Il soldato prese fiato e fece un vano sforzo per liberare la mente e cancellare quel sogno dalla sua testa. Chiuse gli occhi ed espirò profondamente, come gli avevano insegnato a Nazareth. Invano. Nemmeno per un istante Napoleone Bonaparte, il grande generale che aveva liberato l'Egitto dalla dominazione mamelucca, poté allontanare l'idea di essere stato sepolto vivo.

E per la prima volta nella sua vita, abbattuto, il temibile Bonaparte perse la speranza.

Sognava? Era già morto?

Napoleone non seppe mai per quanto tempo era rimasto incosciente, disteso sulle fredde lastre della Camera del Re. Quando si svegliò – ancora disorientato – ebbe la strana e inspiegabile certezza di non essere solo.

Non sarebbe mai riuscito a spiegarlo a parole. Non poteva. Ma mentre era rimasto immobile, tutt'intorno il granito aveva sviluppato una fosforescenza spettrale.

«Eccomi!» gridò ricordandosi dei suoi fantasmi. «Non ho paura di voi! Mostratevi, se ne avete il coraggio!»

Il ventre del monumento lo ignorò. La sua eco era l'unica traccia di vita.

Napoleone capì che non doveva darsi per vinto. Strinse nella mano sinistra i suoi capelli scompigliati, con la destra li legò in una coda e balzò in piedi. Era ancora vivo. Non poteva lasciarsi morire. Non così.

Una serie di movimenti ben collaudati gli restituì parte del calore corporeo. Di colpo il fetore di pipistrello che impregnava tutta la piramide tornò a scivolargli giù per la gola.

La visione di quella lucentezza verde scuro, anche se breve, gli aveva ridato un po' di forze.

Benché non ricordasse di essersi trovato prima in una simile oscurità, mai l'assenza di luce l'aveva così intimorito.

Che cosa ci faceva lì? Perché d'un tratto quel luogo lo spaventava tanto? Non era forse quella la piramide che con tanta ammirazione aveva descritto ai suoi generali? Non era quello il monumento i cui blocchi di pietra sarebbero bastati a costruire un muro alto un metro che circondasse tutta la Francia?

Mentre a tentoni cercava una parete a cui appoggiarsi, il corso riesaminò la sua situazione. A pensarci bene, quel timore aveva un solo motivo d'essere: tutto là dentro, compreso l'istante esatto in cui l'ultima fiamma della sua fiaccola aveva crepitato prima di spegnersi, sembrava calcolato con precisione. Il bisbiglio moribondo del fuoco, l'aroma del fumo che saliva verso il piatto soffitto di granito sopra la sua testa, perfino l'impenetrabile silenzio che aveva riempito il luogo non appena era piombato nell'oscurità: tutto obbediva a una meticolosa manovra degli anziani guardiani di Giza. O almeno così sembrava.

Il sultano Kebir era dunque caduto in trappola?*

Il corso emise un gemito.

No. Non poteva essere. A Parigi i politici del Direttorio gli avevano insegnato a essere preparato di fronte a un evento così umano come la slealtà. La fame di potere di quel pugno di uomini e la loro comprovata mancanza di scrupoli lo avevano allenato a distinguere gli animi falsi da quelli nobili.

Né si era sbagliato a diffidare dei gesti educati di acquiescenza degli imam del Cairo, quando alcuni giorni prima avevano accettato con un cordiale sorriso le sue poco credibili ambizioni religiose. Al ritorno dalla sua campagna in Terra Santa si era in-

* «Il Signore del fuoco»: è il nome dato dai beduini a Napoleone verso la fine della sua permanenza in Egitto e, date le circostanze, risultò piuttosto azzeccato.

fatti presentato alle autorità religiose della città come l'incarnazione dell'essere superiore profetizzato dal Corano. Colui che sarebbe arrivato dall'Occidente a continuare l'opera del Profeta...

E se lo avessero portato lì per punire la sua blasfemia?

Napoleone cercò di ricordare: Elias Buqtur, l'abile interprete copto che gli aveva fatto da guida fin dal suo sbarco in Egitto, lo aveva condotto ai margini del deserto con la promessa di rivelargli qualcosa di straordinario. Il Nilo era appena esondato spargendo il suo fertile limo sui campi del delta. Il popolo celebrava la benedizione del fiume e le palme cariche di datteri riempivano di vita l'intera valle. Ma sembrava che a Elias, uomo dal volto impassibile, tutto questo non importasse. Aveva insistito per portarlo fuori dalla città verso il tramonto, introdurlo all'interno della maggiore delle piramidi di Giza e iniziarlo ai suoi arcani segreti.

«Chi domina la piramide, dominerà l'universo» gli aveva detto di sfuggita. In qualche modo Napoleone era sicuro che quella fosse una grande verità. Forse, la Verità.

Un invito così singolare, formulato nell'alloggio provvisorio che Bonaparte aveva installato vicino al lago Azbakiya, lo ossessionava da ore. Elias, nipote prediletto del suo fedele generale Jacob Tadrus, capo in carica della legione copta dell'esercito francese, non aveva motivo di ingannarlo su un argomento all'apparenza così inoffensivo.

Oppure sì?

Napoleone lo ricordava con precisione: lo sguardo astuto, la pelle bianchissima, brillante, e la barbetta affilata che gli copriva un mento spigoloso e forte, Elias lo aveva avvertito che la sua presenza al rito della piramide era fondamentale. «Nessuno deve sapere che venite» disse con grande serietà. «Il solo generale Kléber, data la vostra insistenza, ha la benedizione degli dèi per farvi da scorta, sempre che si mantenga a prudente distanza da voi. Se però deciderete di ignorare i miei consigli, posso assicurarvi che quanto deve rivelarsi non si manifesterà.»

Napoleone, cosa insolita per lui, si era fidato. Né aveva prestato attenzione all'allusione del suo interprete agli dèi. Elias, pensava, era un copto osservante. Ma che cosa gli si doveva manifestare nella Grande Piramide? Si riferiva forse alla silenziosa visione cui aveva appena assistito? E Buqtur come poteva saperlo?

Al calar del sole, scortato da un piccolo gruppo di uomini, e da quattro asinelli carichi di coperte, acqua e banane, Napoleone aveva costeggiato il villaggio di Nazlet el-Samman a bordo di una grande chiatta. Dopo aver risalito la depressione dove riposa la Sfinge, si era diretto a cavallo verso la maggiore delle piramidi. Erano vere e proprie montagne artificiali, progettate da architetti di un mondo perduto che avevano voluto sfidare il tempo. Quella sera d'estate, solenne come nessun'altra a Giza, il re degli astri tingeva d'oro antico le rovine millenarie.

«Mio generale» aveva detto Buqtur nel suo eccellente francese, mentre lo conduceva verso la camera più elevata del monumento attraverso una serie di angusti passaggi «prima che vi venga rivelato quello che desiderate, dovete svuotare la vostra anima e farla pesare al guardiano eterno di questo luogo. E dovrete farlo da solo, signore.»

«Da solo?»

Elias aveva annuito con serietà.

«È sempre stato così, dall'epoca dei faraoni fino all'arrivo dei musulmani. È la legge. Così fecero Cesare e Alessandro il Macedone, ed entrambi diventarono signori dell'Egitto. E così dovrete fare anche voi.»

Il generale, senza comprendere bene che cosa intendesse dire il suo interprete, aveva accettato anche quella volta.

Come aveva potuto essere così avventato? si rimproverava ora.

Bonaparte poteva addirittura scorgere nelle nere pupille di Buqtur un timore quasi superstizioso. Forse lo stesso che aveva indotto i mamelucchi sconfitti al Cairo a chiamarlo Bunabart il Diabolico, immaginandoselo come una specie di djinn, *di spirito malefico dalle lunghe unghie affilate capace di pietrificare i suoi nemici con un solo sguardo. Il guardingo Elias, pur avendo frequentato Napoleone da vicino per mesi, non era ancora del tutto certo che quell'impressione degli antichi signori della Madre del mondo* fosse soltanto una fantasia.*

* Il Cairo. Dalla definizione con cui il medico ebreo delle *Mille e una notte* descrive nel suo racconto la città delle piramidi.

Da generazioni la sua famiglia guidava gli iniziati nelle viscere del tempio di Surid, ma né suo padre né suo nonno gli avevano mai parlato di un candidato dalle caratteristiche notevoli come quello.*

«Dove mi aspetterai, Elias?» lo aveva incalzato il corso, una volta intuito che lo avrebbe lasciato lì dentro da solo.

«Fuori, signore.»

«Anche voi, Auguste?» aveva chiesto, osservando il generale Kléber alla luce tremolante della sua torcia.

«Anch'io, generale.»

Detto e fatto. Dopo che la logora tunica nera della guida e la giubba azzurra del generale erano scomparse per il corridoio che li aveva portati fino a lì, Napoleone aveva avuto appena un paio di minuti per orientarsi. Passato quel lasso di tempo, come se tutto fosse stato calcolato con la precisione di un orologiaio, la sua torcia si era spenta.

Bonaparte sussultò. Ebbe come la sensazione che le porte della piramide si fossero richiuse di colpo e per sempre.

L'oscurità aveva avvolto tutto senza distinzione: l'ingresso alla sala, le due piccole aperture quadrate nelle pareti nord e sud che si perdevano all'interno del monumento, così come il grande sarcofago di granito che dominava l'ambiente, erano stati sommersi da una notte repentina e fitta. Tutto era stato ricoperto da quella spessa cortina nera. In realtà, solo l'arca aveva richiamato la sua attenzione. Si trattava di un baule grande abbastanza per ospitare un uomo al suo interno. Era lì che avrebbe dovuto svuotare la propria anima? Al buio? Era quello il luogo in cui se ne sarebbe determinato il «peso»? E in tal caso, come?

«La piramide vi guiderà» lo aveva avvisato Elias Buqtur qualche ora prima, senza rivelargli che lo avrebbe abbandonato al suo destino. «Lasciatevi condurre dal sacro potere che gli antichi signori d'Egitto hanno trasmesso ai posteri. Non gli resistete. Non cercate di comprendere. Accettate solo ciò che vi accadrà.»

* Gli arabi chiamavano in questo modo la Grande Piramide, attribuendola a un certo re Saurid di cui affermavano di non saper niente. Gli antichi egizi, invece, la chiamavano l'Orizzonte luminoso di Khufu, cioè dello stesso monarca che i greci più tardi avrebbero ribattezzato Cheope. I copti non si pronunciarono mai in proposito...

Napoleone faticava a immaginare che un sarcofago così semplice potesse aver ospitato il cadavere di un re. Che un ambiente così austero fosse stato un tempo il sepolcro di un faraone. Si sbagliava. La camera era perfettamente rettangolare e costruita con grandi blocchi di pietra, incastrati tra loro con precisione millimetrica: viste le dimensioni, ci voleva tempo e un certo spirito d'osservazione per poterne cogliere la grandiosità. La perfezione delle sue forme, le rifiniture armoniose e semplici, l'assenza di iscrizioni o decorazioni superflue sembravano appartenere al santuario di una potente divinità addormentata, abbandonato molto prima che Alessandro il Grande giungesse al Nilo, e con ogni probabilità saccheggiato migliaia di volte prima della visita del corso.

Quell'idea lo inquietò.

Con meditata lentezza, quasi istintivamente, tastò l'estremità sinistra della sua fascia, cercando l'impugnatura della sciabola. Il freddo manico lo tranquillizzò. Se si fosse imbattuto in qualcosa di imprevisto, avrebbe saputo difendersi. Ma difendersi da chi? O da cosa? Non lo aveva forse avvertito Elias che il suo peggior nemico lì dentro, forse il più terribile dei suoi avversari, sarebbe stato lui stesso? Quella era dunque un'altra prova riservatagli dalla misteriosa confraternita in cui militavano il suo interprete e – ormai non aveva più dubbi – anche il generale Kléber? O forse si era fidato troppo nel seguirli da solo, sprovvisto di una scorta, fino alla pericolosa pianura di Giza, dove nessuno straniero osava avventurarsi senza un'adeguata protezione militare?

Con decisione il giovane generale cercò a tentoni il granito liscio e gelido.

Dopo aver individuato i contorni dell'arca proprio dove la ricordava, si arrampicò su una delle estremità e vi si sdraiò per tutta la lunghezza. Non aveva niente da perdere. Era disposto a lasciare che gli avvenimenti accadessero senza intervenire e a risolvere quell'imbarazzante situazione nel più passivo dei modi.

«Cosa intendeva Elias, quando diceva di vuotare qui la mia anima per farla pesare?» si chiese, mentre appoggiava la schiena contro il fondo del cofano.

Fu allora che Napoleone Bonaparte, comandante delle truppe d'occupazione in Egitto, fece una scoperta terribile: quel sarcofago aveva esattamente le sue misure.

I

Il Cairo Antico, dieci giorni prima. 28 Abib*

Cirillo si trascinò con difficoltà fino all'imbocco del passaggio che conduceva alla chiesa di San Sergio. Umido e maleodorante, lo stretto corridoio s'incuneava in una rampa di scale malridotte che il monaco scese con molta precauzione.

Al suo fianco c'era Takla, un confratello copto battezzato così in onore del patrono dell'Etiopia. Erano settimane che Cirillo non si muoveva senza di lui, nemmeno quando decideva di fare un giro al bazar musulmano alla ricerca di regali per i fedeli più bisognosi.

Takla, che non aveva ancora venticinque anni, quel giorno portava legato sulla schiena un enorme fagotto che deformava la sua figura. Così, nella penombra, chiunque tra i superstiziosi abitanti di Masr al-Qadima lo avrebbe preso per un seguace del Maligno.

«Dobbiamo affrettarci, fra Cirillo» bisbigliò il ragazzo, con il fiato corto per lo sforzo. «Il patriarca desidera vederci prima del tramonto. E, se mi consentite, nel fissare questo appuntamento il suo segretario sembrava piuttosto ansioso.»

«Ansioso?» sbuffò il vecchio. «Ansioso per cosa?»

«Di vedervi arrivare puntuale, perché rendiate conto il più presto possibile al Santo Padre...»

Il tono di Takla lasciava trapelare una mal dissimulata impazienza.

* 2 agosto 1799 secondo il calendario copto. Anno 1515 del *Synaxarion*.

«Già, già!» protestò l'altro, guardando dove metteva i piedi. «Che ne sa il buon pastore dei problemi del suo gregge! Se i francesi non avessero disseminato la città di posti di blocco, saremmo con lui ad Abu Sarga già da un bel pezzo.»

Il giovane copto nascose un sorriso abbassando il viso. Nei conventi in prossimità dell'antico nucleo del Cairo era risaputo che nessuno poteva mettere fretta a fra Cirillo. Era lento in tutto, ma straordinariamente scrupoloso. Al buon Cirillo, impetuoso monaco d'origine italiana, maestro indiscusso nell'arte di dipingere icone, restaurare affreschi e classificare le innumerevoli antichità che si accumulavano nel paese, ribolliva il sangue ogni volta che qualcuno cercava di alterare il suo particolare ritmo di vita.

«È comprensibile, padre» disse Takla cercando senza troppa convinzione di giustificare i francesi. «Sembrano temere una nuova offensiva degli inglesi o dei turchi, che in questo caso sono la stessa cosa. Non hanno ancora digerito la disfatta di Abukir e a questo punto si staranno riarmando...»

Cirillo non replicò.

«Ieri, mentre inseguivano due spie nella Cittadella, hanno distrutto il mercato delle stoffe: sono molto nervosi. Al Cairo non si parla d'altro.»

«Spie, bah!»

I due affrettarono il passo. Il monotono richiamo alla preghiera dei muezzin, dall'alto degli innumerevoli minareti della città, li incitò a forzare l'andatura. Takla, curvo sotto il peso del carico, offrì il braccio al venerabile perché non scivolasse. Gli ordini erano precisi: doveva scortare e proteggere quel vecchio, se necessario a costo della propria vita. In fin dei conti Cirillo da Bologna era l'unico uomo di tutta la diocesi capace di risolvere l'enigma che turbava da mesi i notabili del difficile pontificato del Santo Padre Marcos VIII. Bisognava preservarlo da ogni pericolo.

Il novizio conosceva bene quella storia singolare. Lui stesso era stato testimone del ritrovamento dei due vasi di terracotta sigillati col bitume, apparsi ancora ricoperti di terra proprio di fronte alla moschea di Nebi Daniel.

Era successo tutto ad Alessandria, un mattino dell'estate passata. Abdul Harish, il mesto guardiano della moschea, lo aveva chiamato inorridito perché portasse via «quelle cose cristiane» davanti alla sua porta. Lo disse con aria disgustata, come se il terremoto della notte precedente avesse fatto emergere dalle viscere della terra sterco maleodorante di sicura provenienza copta.

C'era di più: la sua certezza che quelle «cose» altro non fossero che urne contenenti le ceneri di qualche antico cristiano – come sembrava suggerire un pesce disegnato a carboncino –, fece sì che lo scrupoloso Harish si disinteressasse subito della scoperta. «Io non tocco le ceneri di un copto, manco morto» aveva giurato.

Al vescovo di Alessandria, invece, brillarono gli occhi appena ne fu informato. E se, per caso, quei vasi avessero custodito le reliquie di un martire? Il vescovo andò in visibilio all'idea che potessero essere proprio i resti di san Marco, che si sapeva aver predicato e costruito la prima chiesa in Egitto non molto lontano da Nebi Daniel. E perché no? La sua fede, di colpo fortificata come pure quella dei segretari e dei padri più vicini, si lanciò in ardite fantasie: avrebbero finalmente ricomposto il corpo del grande evangelista, di cui conservavano solo il cranio?

Benché i copti proibissero espressamente la venerazione dei santi, davanti al ritrovamento di un frammento del corpo di san Marco la norma sarebbe passata in secondo piano. L'evangelista non era un santo qualsiasi: san Marco aveva portato la vera fede in Egitto!

L'entusiasmo durò poco. Takla ricordava benissimo la delusione che era seguita poco dopo: tolti i sigilli, le ceramiche non avevano rivelato nessun osso. Soltanto alcuni rotoli di papiro sporchi e in disordine.

All'inizio nessuno vi aveva prestato la minima attenzione. Sembravano scritti in copto boairico, ma i sacerdoti che li esaminarono non furono in grado di comprenderne una sola riga. Quel guazzabuglio di segni era troppo complicato per un pugno di monaci smaniosi di ossa e miracoli. Non era un caso che la lingua dei primi copti derivasse direttamente da quella degli antichi egizi. I saggi sostenevano che verso il VII secolo a.C. i geroglifici si erano trasformati in un tipo di scrittura più semplice, detta ieratica, e da questa in un'altra ancora più semplificata chiamata demotica. Dal demotico al copto il salto fu breve: si trattava solo di scrivere in caratteri greci la lingua delle antiche divinità del Nilo. Il testo recuperato ad Alessandria però non sembrava copto, bensì greco.

L'unica frase comprensibile dei papiri era scritta infatti in quella lingua. Si trattava dell'intestazione al più voluminoso dei documenti e la sua lettura rinnovò nel vescovo le speranze in un prodigio in piena regola.

Diceva così:

Περὶ τῶν ἐσχάτων ἡμερῶν τοῦ Κυρίου ἐπὶ τῆς γῆς
Degli ultimi giorni del Signore sulla Terra.

In principio anche lui era scettico. Aveva pensato a uno scherzo di Abdul Harish e del suo esaltato gruppo di adepti, ma scartò quasi subito l'ipotesi. Attendere l'arrivo di un terremoto per mettere in circolazione quelle ceramiche era un piano troppo raffinato per i barbari di Nebi Daniel. Del resto era sicuro che nessun responsabile della moschea fosse in grado di scrivere una frase in greco senza gravi errori grammaticali.

E allora?

Perfino il vescovo, che non aveva mai avuto fama di grande scaltrezza, sapeva che c'era una sola alternativa ragionevole: quei vasi dovevano appartenere, in effetti, a qualche antica comunità cristiana alessandrina, che in essi aveva nascosto i propri testi sacri. La storia della città aveva attraversato periodi sufficientemente funesti per giustificare una manovra simile.

La scarsa immaginazione del patriarca a quel punto si animò. Poteva quasi vedere i volti di quei primi cristiani mentre sigillavano ermeticamente i loro papiri più preziosi. Dovevano essere dieci, al massimo dodici famiglie. Tutte con due o tre figli e di sicuro al servizio di qualche patrizio romano poco interessato alla fede dei suoi servitori. Era perfino capace di immaginare l'agitazione che avrebbe causato l'imminente visita di una pattuglia romana intenzionata ad annientare la comunità. Con ogni probabilità qualcuno dei vicini li aveva traditi in cambio di una manciata di monete d'argento, come Giuda con il Signore. Per fortuna uno degli anziani del gruppo, ispirato dall'Altissimo, aveva dato l'ordine di sotterrare i papiri che li avrebbero denunciati, proteggendo così le loro vite e un tesoro che, giunto ora nelle sue mani, poteva ravvivare la fede di molti indecisi.

Inoltre, dati il luogo e il modo in cui le terracotte erano state espulse dalle viscere della terra, la loro scoperta sembrava obbedire a un miracolo. A un segno di Dio. Forse era addirittura un ulteriore segnale – da aggiungere a quello della recente occupazione francese dell'Egitto – di un cristianesimo sul punto di imporsi nuovamente sull'intollerabile egemonia islamica.

No, Takla non si era affatto stupito della celerità con cui il vescovo di Alessandria aveva fatto pervenire il manoscritto prima a Sua Santità Marcos VIII e poi, tramite quest'ultimo, a padre Cirillo. Furono prese tutte le precauzioni possibili, si fecero viaggiare i testi separatamente, avvolti in teli, nascosti nei doppi fondi di chiatte e perfino tra le vesti degli ultimi messaggeri che li trasportarono fino al Cairo. La prudenza non era eccessiva, dato che si trattava di proteggere un nuovo «segno divino».

La premura e l'impegno riversati nel tentativo di comprendere il contenuto di quegli scritti erano altresì più che giustificati. E Cirillo da Bologna, settantunenne lucido come a venti, lo sapeva. In effetti, conoscendo già le risposte a un così grande enigma, il vecchio dagli occhi sporgenti e le labbra screpolate doveva sentirsi il più desiderato dei copti.

Arrivato a destinazione, all'oscuro delle elucubrazioni del suo giovane guardaspalle, l'anziano copto sospirò. La facciata scura della chiesa mostrava un rilievo di san Giorgio che uccide il drago, copiato da una delle icone orientali conservate all'interno.

«Signore, datemi la forza per continuare a servirvi con fermezza» mormorò in modo quasi impercettibile.

«Amen» ribatté Takla.

«Tu credi, ragazzo, che questa sarà la fine delle nostre preoccupazioni? Che tutto finirà quando avremo consegnato la traduzione al Santo Padre?»

Le sue domande sorpresero il novizio.

«Ne sono sicuro» rispose. «Avete portato a termine con successo il lavoro. Il nostro venerando patriarca vi colmerà di benedizioni e presto ritorneremo al nostro convento.»

«Lo spero.»

«Entriamo, dunque.»

Come sempre al tramonto, il tempio di San Sergio mostrava a quell'ora il suo volto più solenne. Le celebrazioni della giornata avevano lasciato il luogo impregnato di odori e luci che evocavano santità. Non a caso erano stati convocati nella prima chiesa cristiana del Cairo Antico, eretta nel IV secolo sopra la grotta in cui la sacra famiglia aveva cercato rifugio più di diciotto secoli prima. La caverna, graziosamente decorata, veniva ancora utilizzata come cripta per le cerimonie più importanti.

Il venerabile *frater*, dopo aver inalato l'aroma d'incenso accumulato nei secoli, sorrise per la prima volta in tutta la giornata. Le sue vecchie ginocchia tremavano per l'emozione. Dal modo in cui osservava tutto, si sarebbe detto che potesse ascoltare le storie sussurrate dai muri.

«Non senti niente, mio caro Takla? Non percepisci il soave fremito dello Spirito Santo nel tuo stomaco? Qui le pietre parlano come in nessun'altra chiesa d'Egitto. Raccontano cose che non sentirai in nessun altro luogo al mondo...»

Il novizio non poté nemmeno accennare una risposta.

«Fa' attenzione! Le senti? Ascolta come mormorano le pietre!» Il frate, infervorato, alzò le braccia verso il soffitto a volta della chiesa. «Parlano della fuga di Nostro Signore in questo paese. Ci raccontano che, per scampare alle violenze di Erode il Grande, Giuseppe il falegname stabilì qui il proprio focolare. Non senti le loro rivelazioni? La casa della sacra famiglia stava proprio sotto le lastre di marmo che ora calpestano i tuoi piedi! Togliamoci i sandali!»

«Io non...»

Cirillo non lo lasciò replicare.

«Su questo suolo» proseguì «Maria allattò il figlio di Dio. Coloro che la accompagnarono nel suo esodo, costruirono proprio qui una grande cisterna di acqua consacrata con cui battezzare i convertiti.»

Il venerando anziano, cercando di nascondere la profonda emozione che gli provocavano tante testimonianze sacre riunite in uno spazio così ridotto, continuò via via più esaltato con le sue spiegazioni: «Vedi quelle dodici colonne che si raggruppano sotto la navata?». Fra Cirillo indicò di fronte a loro. «Sono tutte di marmo bianco, tranne una.»

«E perché, padre?» chiese Takla, stupito.

«Rappresentano i dodici apostoli. Se fai attenzione e lasci che i tuoi occhi si abituino a questa luce, vedrai addirittura quello che resta dei volti che un tempo le decoravano. Uno per ogni seguace di Cristo.»

«E l'ultima colonna?»

«La più scura...» Cirillo esitò «fu eretta per ricordare l'empietà di Giuda, il traditore. Perciò è di granito. E non ha volto...»

I due frati avanzarono lungo il nartece della basilica, poi attraversarono la navata in direzione della sacrestia e della cripta. Alcuni pannelli di ebano e avorio, coronati da icone che rappresentavano gli apostoli e la Vergine, sembravano sospesi a quasi due metri dalle loro teste. La chiesa, sempre più buia, non rivelava alcun segno d'attività. Dalla cappella meridionale, Abramo, Isacco e Giacobbe, con occhi spalancati e bianchi, come se la proteggessero da visite importune, sembravano seguire i loro passi. Takla, che ad Alessandria non aveva mai visto dipinti così raffinati, li spiava con la coda dell'occhio, quasi dovessero prendere vita da un momento all'altro.

Il suo timore fu quasi una premonizione.

«E dunque, Cirillo» tuonò una voce da dietro le vesti filigranate del patriarca Abramo «hai terminato il tuo lavoro?»

Un brivido percorse Takla da capo a piedi. La frase, pronunciata in maniera decisa e autoritaria, rimbombò per tutto il *synthronon*. Il luogo in cui vescovo e anziani si riunivano nelle grandi occasioni, ora buio e freddo, tremò come se stesse crollando davanti a loro.

«Ci si mette così tanto a studiare e copiare qualche vecchio manoscritto?» concluse la voce.

Il povero Takla fu sul punto di cadere sopra il fagotto che trasportava. Cirillo, invece, non sembrò affatto turbato. Benché emergesse dalla penombra, quel tono risultava vagamente familiare al vecchio saggio: un vocione che poteva appartenere solo a Marcos VIII in persona, il centottesimo patriarca copto, guida terrena della più antica e vera Chiesa di Cristo. L'appuntamento, in effetti, era lì, ma cosa ci faceva il patriarca più potente d'Oriente da solo, senza la fastidiosa nube di aiutanti che non si staccavano mai dalle sue vesti?

«Santità...» sussurrò il frate compiaciuto «alla fine ci incontriamo.»

Il pontefice doveva aver sorriso: due file di denti bianchi brillarono come grandi perle alla luce di un'enorme lampada a olio, rivelando la sua posizione sotto gli affreschi.

Soltanto allora i monaci seppero dove guardare. Erano anni che non si incontravano in privato, e Cirillo faticò a riconoscere in lui l'esuberante studente di latino che attaccava le declinazioni sul retro della sottana perché tutta la classe le potesse copiare. Era così cambiato! Marcos non era più l'imberbe ribelle di vent'anni prima e, benché la sua espressione conservasse qualcosa della vivacità di allora, vederlo consacrato come Santo Padre gli ricordava che la sua vita ormai languiva sulle ultime note. Che gli restava poco tempo, davvero poco.

«Immagino che avrai portato a termine il tuo lavoro, padre Cirillo.» La voce severa interruppe i suoi pensieri. «Immagino inoltre che potrai riferirmene i risultati anche subito.»

«È così, tutto è pronto secondo i vostri desideri.»

La tronfia sagoma di Marcos VIII si gonfiò come quella di un pavone, orgoglioso di mostrare il piumaggio a colui che era stato il suo maestro più severo.

«Ebbene?»

Ricoperto da una veste di cotone nero, con un cappuccio ornato di nastri e croci d'oro, il pontefice diede un'occhiata al sacco che Takla portava sulla schiena. E nemmeno la folta barba poté nascondere la sua curiosità.

«La traduzione del libro che mi avete affidato è risultata più complessa di quanto avessi pensato a un primo sguardo.»

Marcos si strinse nelle spalle. Non sapeva nemmeno che i papiri affidati a Cirillo formassero un libro.

«Più complessa? Cosa intendi?»

«Come certamente saprete» proseguì il vecchio «i documenti trovati ad Alessandria non riportano alcuna firma. Né sono stati rilegati, per cui ho dovuto organizzarli seguendo un ordine presunto. E, come se non si accumulassero già abbastanza problemi, sono stati scritti da mani diverse in un greco spurio. Le frasi sono piene di espressioni oscure, che ne rendono difficile la lettura. Si tratta senza dubbio di una *koinè** assai contaminata.»

«Mani diverse?»

* Una forma di greco molto diffusa tra i popoli mediterranei e di utilizzo popolare, non colto.

«Sì. A quanto sembra tre o quattro copisti hanno lavorato alla riproduzione di uno stesso libro, poi qualche sacerdote volenteroso li ha riuniti e ordinati con infinita pazienza.»

«Posso dunque vedere il tuo lavoro?»

Cirillo annuì. Ordinò a Takla di sciogliere i nodi che chiudevano il suo fagotto. Il giovane dispiegò accuratamente il suo carico davanti ai venerabili padri.

Il fardello conteneva più di cento rotoli di foglie di palma di El Fayum, ricoperti dalla fitta scrittura di padre Cirillo. Accanto c'erano i papiri originali ritrovati presso Nebi Daniel. Si trattava di frammenti di fattura diseguale, alcuni consumati dal tempo e dall'aspetto fragile. Erano molto più puliti dell'ultima volta che Marcos li aveva visti e, benché antichi, ora davano l'impressione di poter resistere un altro paio di secoli senza problemi.

«Il documento...» Cirillo esitava «in realtà è un Vangelo...»

«Un Vangelo?» Marcos VIII piantò il proprio sguardo sull'anziano, in attesa di una spiegazione.

«... O così sembra.»

«Spiegati meglio, maestro Cirillo.»

«Santità, sono consapevole del significato di questa conclusione, perciò preferisco che la prudenza guidi le mie parole.»

«Non divagare.»

Cirillo tossì, prima di continuare. Le sue mani, piccole e meticolose, fecero frusciare il fascio di pagine.

«Santità, quanto è stato trovato a Nebi Daniel corrisponde, quasi con certezza, al Vangelo perduto del nostro amato san Marco.» Fece una pausa per riprendere fiato. «Stando alla nostra tradizione, questo non può essere che il testo che egli scrisse contemporaneamente al vangelo che conosciamo. Quello stesso libro che l'apostolo Marco decise di mantenere segreto, ritenendo che i tempi non fossero ancora maturi perché venisse letto e compreso.»

«Il Vangelo perduto di san Marco?»

Il patriarca non lasciò tempo al frate per rispondere alla sua domanda incredula.

«Come puoi esserne così convinto?»

«Tutti i testi sono scritti in prima persona e contengono la copia di ogni epistola inviata da Marco a Pietro, a Roma, per informarlo dei suoi progressi in Egitto. No, non ho dubbi, Santità. È il testo di san Marco.»

«Credi dunque che il Tempo sia arrivato?»

«Sì, ne sono certo.»

Il Santo Padre, più serio che mai, lo fissò dritto negli occhi.

«Ne sei assolutamente sicuro?»

«Sicurissimo, Santità. Non abbiamo trovato le ossa dell'evangelista, ma Dio ha posto nelle nostre mani qualcosa di meglio: il suo "segreto".»

II

La notte scese rapidamente su Abu Sarga.

Con questo nome gli antichi copti chiamavano il complesso sacro di San Sergio, convinti che le sue fondamenta sarebbero state le ultime a crollare, quando fosse arrivata l'Apocalisse di cui parla Giovanni nell'ultimo libro della Bibbia.

L'attività del quartiere controllato dagli «zelanti di Dio» era cessata drasticamente dopo il tramonto e, benché nei dintorni l'animazione delle bancarelle ambulanti arabe continuasse imperturbabile, l'interno della chiesa sembrava al sicuro da tanta frenesia. Là dentro, in un'eterna penombra giorno e notte si confondevano. Così doveva essere anche il Regno dei cieli: immutabile, sereno, eterno.

Marcos VIII si compiacque di aver preso tante precauzioni per incontrarsi con Cirillo da Bologna. Ciò che il frate aveva iniziato a descrivergli bastava per scatenare una vera battaglia campale tra i membri del suo collegio episcopale. Non faceva fatica a immaginare Georgos di Asiut inveire contro qualunque cosa potesse modificare la tradizione, o Matteo di Damanhur lamentarsi dell'esatto contrario. Per quel vecchio leone del delta e i suoi numerosi seguaci, recuperare la «verità autentica» della storia sacra stava al di sopra di qualsiasi classificazione dottrinale.

Ma le cose potevano andare peggio: la notizia del ritrovamento del libro perduto di san Marco cadeva a meno di due settimane dal *mulid*, la celebrazione dell'Ascensione della Vergine. Il pontefice riteneva che una rivelazione pubblica di quella entità potesse sconvolgere i festeggiamenti previsti. Per questo avrebbe taciuto. Era il comportamento più prudente.

«Santità...» sussurrò Cirillo, lo sguardo sul pavimento ligneo di San Sergio, mentre cercava di indovinare la reazione del patriarca. «C'è un'altra cosa che dovreste sapere.»

«Un'altra cosa? Qualcosa di... grave?»

«Il *Katà Márkon*, il Vangelo secondo Marco, quello che i primi padri accettarono come canonico quando la Chiesa era una sola, racchiude come sapete un enigma inaccettabile per la nostra santa fede. E il testo che abbiamo recuperato lo risolve in modo inaspettato.»

Takla osservò il suo maestro con curiosità. Non aveva mai sentito Cirillo da Bologna parlare in quel modo, né fare riferimento ad alcun mistero mentre traduceva. Anche il patriarca era tutto orecchi.

«Continua, ti prego.»

«In primo luogo, come ci è noto, nel libro di Marco non compaiono quasi indizi sull'essenza soprannaturale di Gesù. Questa caratteristica per noi copti è sempre stata sconcertante, dal momento che fu proprio san Marco a portare la vera fede in Egitto, e la nostra religione ammette solo la natura divina di Gesù, non quella umana.»

«E dunque?»

«A differenza di quanto raccontano Matteo o Luca, san Marco non dice nemmeno che Gesù sarebbe nato da madre vergine. Nel Nuovo Testamento menziona unicamente la discesa dello Spirito Santo sul Messia durante il battesimo nel Giordano... e anche in questo caso è parco di parole nel descrivere un simile prodigio.»

«Dove sarebbe l'enigma, padre?»

Il patriarca, che si era seduto su una delle grandi panche di San Sergio, da un po' di tempo non batteva ciglio. Aveva incrociato le mani in grembo e solo di tanto in tanto osava interrompere le spiegazioni del Bolognese che, in piedi, trascinava freneticamente il suo corpo malaticcio avanti e indietro.

«L'impressione che si ricava dal Vangelo canonico, e condivisa da molti studiosi, è che san Marco abbia cercato di evitare in modo deliberato qualsiasi allusione a miracoli o interventi soprannaturali. Che il suo proposito fosse di presentarci un uomo, non un Dio. Tuttavia...» Cirillo sembrò esitare un istante prima di proseguire.

«Tuttavia» lo anticipò con un sorriso il patriarca, immaginando ciò che stava per rivelargli il suo traduttore «quella interpretazione doveva essere sbagliata. Gesù non è mai stato un uomo. Fu sempre Dio. Mi sbaglio?»

L'anziano evitò lo sguardo del Santo Padre. «Non dovete essere precipitoso. Non è esattamente così.»

«Ah, no?»

Il tono contrariato del patriarca spinse Cirillo a misurare le parole: «Sappiamo entrambi, Santità, che Roma tacciò la nostra Chiesa di eresia perché Eutiche, l'archimandrita di Costantinopoli, nel IV secolo difese con veemenza la natura unicamente divina del Messia. Perché supporre qualcos'altro? Forse che a Nostro Signore non bastava essere Dio? Difendere la sua doppia natura – umana e divina –, come fanno i seguaci del papa italiano, è sminuire il Creatore. È per questo che ci chiamarono monofisiti e ci costrinsero ad allontanarci per sempre dalla cristianità».

«Non credi più che sia così?» Il tono di Marcos VIII nascondeva una funesta ombra di dubbio.

«No.»

«Spiegati.»

«Bene: come senza dubbio sapete, di fatto san Marco concluse il suo Vangelo così umano su Gesù al capitolo 16, versetto 8. Quello che descrisse poi fu ciò che Maria di Magdala, Maria madre di Giacomo e Maria Salomè trovarono la domenica di Pasqua nella tomba di Nostro Signore.* Le tre discepole vi-

* Marco 16, 1-8: «Passato il sabato, Maria di Magdala, Maria di Giacomo e Maria Salomè comprarono oli aromatici per andare a imbalsamare Gesù. Di buon mattino, il primo giorno dopo il sabato, vennero al sepolcro al levar del sole. Esse dicevano tra loro: "Chi ci rotolerà via il masso dall'ingresso del sepolcro?". Ma, guardando, videro che il masso era già stato rotolato via, benché fosse molto grande. Entrando nel sepolcro, videro un giovane, seduto sulla destra, vestito d'una veste bianca, ed ebbero paura. Ma egli disse loro: "Non abbiate paura! Voi cercate Gesù Nazareno, il crocifisso. È risorto, non è qui. Ecco il luogo dove l'avevano deposto. Ora andate, dite ai suoi discepoli e a Pietro che egli vi precede in Galilea. Là lo vedrete, come vi ha detto". Ed esse, uscite, fuggirono via dal sepolcro perché erano piene di timore e di spavento. E non dissero niente a nessuno, perché avevano paura.»

dero, spaventate, che la pietra che chiudeva il sepolcro era stata rimossa e il corpo del Messia era scomparso. In realtà parlarono soltanto con "un giovane vestito d'una veste bianca", placidamente seduto all'interno del sepolcro. E costui rivelò loro che Gesù era risorto.»

«D'accordo, si tratta di una metafora dietro cui si nasconde questa verità: Gesù, la cui natura è sempre stata divina, non poteva resuscitare semplicemente perché era già immortale, quando venne crocifisso. Non è mai morto.»

«No!» gridò Cirillo. «È proprio questo l'errore! Il *nostro* errore! Se Marco insistette tanto nel descrivere un Gesù umano nel Vangelo canonico, fu perché sapeva che la sua natura era mortale... benché poi *qualcosa* lo fece resuscitare.»

Marcos VIII era perplesso. Cirillo aveva forse perso l'uso della ragione? Come poteva rinnegare così uno dei capisaldi della sua stessa dottrina?

«Mi stupisce che sia proprio tu a sostenere una cosa del genere, padre» disse senza perdere la sua solennità. «Sai meglio di chiunque altro, perché per anni lo hai insegnato ai tuoi studenti, che il Vangelo di san Marco si protrae oltre il capitolo 16 per altri dodici versetti, dove racconta delle apparizioni di Gesù resuscitato. A quanto ricordo, Nostro Signore apparve prima alla Maddalena e poi ai suoi discepoli, invitandoli a diffondere il Vangelo in tutto il mondo. E sei stato proprio tu, padre, a spiegarci durante il seminario che quei paragrafi finali erano un'infelice aggiunta, elaborata nel II secolo da sant'Ireneo, per dare ragione a quanti credevano che Gesù prima era mortale e poi era tornato alla vera vita.»

«Mi sbagliavo.»

«Ti sbagliavi?»

«Il nuovo testo, che ho tradotto come mi avete chiesto, parla della continuazione della vita di Gesù Cristo dopo la sua resurrezione. Marco la separò deliberatamente dal testo canonico, consapevole delle sue implicazioni, perché dimostra che per un certo tempo Gesù recuperò la sua natura umana dopo essere stato torturato sul Golgota.»

«Ma quindi, sant'Ireneo...»

«Sant'Ireneo, in fondo, rese un grande servizio alla cristianità. Doveva conoscere la Verità e la inserì devotamente nel testo canonico.»

«Padre, non posso accettarlo. La Chiesa non può.»

Il vecchio non si lasciò intimidire: «È meglio che leggiate quello che vi ho portato, Santità, prima di pronunciarvi in modo tanto risoluto. Se Dio ha voluto mettere questo testo in mano nostra proprio ora, è per distoglierci dal nostro errore secolare».

Il patriarca represse un nuovo moto di protesta. Se Cirillo da Bologna aveva ragione, parte della dottrina difesa dai copti negli ultimi quindici secoli era seriamente messa in dubbio.

«Dimmi solo un'altra cosa: quanto riportato da questo testo è in accordo con ciò che ci ha tramandato il venerabile Clemente d'Alessandria?»

Marcos VIII attendeva una risposta a quella domanda fondamentale. Nei suoi anni di seminario, il Bolognese, proprio come lui, aveva studiato la copiosa corrispondenza lasciata da quel monaco illuminato del II secolo, contemporaneo di sant'Ireneo. Era un dato di fatto che in alcune delle sue missive Clemente faceva riferimento a un «Vangelo segreto di Marco», descrivendolo come un trattato contenente gli insegnamenti più elevati del Nazareno, ma anche le istruzioni precise su come vincere la morte e raggiungere l'immortalità del corpo. I copti l'avevano sempre considerata una devota metafora dell'ascesa dell'anima al cielo, dopo aver abbandonato le spoglie mortali. Orbene, quelle epistole, ricche di particolari, dipingevano senza ombra di dubbio un Gesù capace di sottomettere la morte quasi in ogni circostanza: un individuo dotato del dono della vita, in grado di restituire l'alito vitale ai defunti o addentrarsi nel loro mondo di tenebre per riscattare le anime meritevoli e far loro proseguire il cammino sulla terra dei vivi.

Clemente, per quel poco che si sapeva di lui, poté leggere il «Vangelo segreto» e lo utilizzò per istruire i suoi migliori discepoli. Tuttavia, il religioso informò anche i suoi correligionari che da quel momento avrebbero dovuto negarne l'esistenza «anche sotto giuramento», giacché «non tutte le cose vere devono essere riferite a tutti gli uomini».

Cirillo sorrise accondiscendente. «Santità, state tranquillo. Il testo segreto non contraddice nemmeno una virgola degli insegnamenti di padre Clemente. Al contrario: conferma che bisogna interpretarli alla lettera e obbliga ad accettare l'evidenza che Gesù prima fu uomo, poi immortale. Ora, padre, abbiamo la certezza che questo fu il documento che illuminò molta della sua catechesi più elevata. Clemente fu di sicuro uno dei suoi lettori più attenti.»

«E questo è tutto?»

Al pontefice non era sfuggita la poca convinzione delle ultime parole di Cirillo. L'eloquenza del suo discorso era andata spegnendosi a mano a mano che procedeva nella descrizione, come se un ricordo funesto avesse colpito all'improvviso le sue ossa incurvate.

«O ti preoccupa qualcosa?»

Il monaco esitò. «In realtà sì, Santità.»

«Puoi confidarti.»

«Avete già pensato a cosa ne faremo di questo nuovo Vangelo di Marco? Benché non metta in pericolo i fondamenti della nostra fede, le rivelazioni che contiene ci potrebbero porre in cattiva luce di fronte alle altre Chiese cristiane. Inoltre, l'informazione che dà sul ritorno alla vita di Nostro Signore può apparire perfino... peccaminosa.»

«Me ne rendo conto, padre Cirillo. Il testo è in buone mani, te lo posso assicurare.»

«Sì, sì. Però qualcuno potrebbe utilizzare il testo a proprio vantaggio per...»

«Per che cosa, fratello?»

«Per distruggere la nostra fede dall'interno. E, quello che è peggio, Santità, per alterare l'ordine naturale delle cose a proprio capriccio. Dio non ha affidato al suo unico Figlio potere sulla vita e la morte perché questo cadesse nelle mani di uomini irresponsabili.»

«La Chiesa se ne farà carico.»

«Ma la Chiesa è costituita da uomini, e gli uomini temono la morte e possono essere corrotti.»

«Ora basta, padre Cirillo!» lo interruppe il pontefice. «Per oggi ne ho abbastanza.»

«Comprendete la mia inquietudine... Perfino io, un vecchio, sono stato sul punto di cadere in tentazione e sfidare Dio con la sua stessa rivelazione.»

«Cosa intendi dire?»

«Esattamente questo: che ho dovuto vincere la tentazione di ottenere la resurrezione della carne seguendo i passi compiuti da Gesù.»

Il viso di Marcos VIII impallidì per lo stupore. «Lo scritto parla anche di questo?»

«Sì.»

«Se è così, il libro non poteva cadere in mani migliori.»

Ciò detto, il pontefice si alzò dalla panca, vi depose la propria Bibbia e, senza scambiare un'altra parola con i due frati o tender loro l'anello pastorale perché lo baciassero, abbandonò altero la chiesa con la traduzione nascosta sotto le vesti.

Takla e l'anziano di Bologna si guardarono senza parole.

III

Luxor, 29 Safar*

«Stanno numerando le buche! Contano le buche!»

La chiassosa risata di Omar Ben Abiff, il più rozzo commerciante di anticaglie della riva orientale del Nilo nonché discendente di una nobile dinastia di architetti, riempì tutto il locale. Quella spessa mescolanza di vapori di carcadè bollente e fumo di shishà segnalava che nel caffè di Hayyim gli animi si erano piuttosto surriscaldati. Il proprietario, un locandiere robusto, ben in carne e rispettato per il suo fine umorismo, sorvegliava con la coda dell'occhio gli eccessi di Ben Abiff. Non era la prima volta che una delle sue baldorie finiva in rissa: l'ultima gli era valsa un serio fastidio con il governatore francese e stava per costargli la chiusura.

Nadia, che tutti chiamavano la Perfetta, approfittò della distrazione del suo padrone per dare un'occhiata alla folla stipata nel locale. Tremò. Questa volta la danzatrice non aveva paura di andare in scena e dimenarsi davanti a quella accozzaglia di banditi. «Stanotte o mai più» mormorò tra i denti, mentre fissava i suoi occhi da gatta sulla sagoma trasandata di Omar. «E per sempre» concluse.

La Perfetta era una donna meravigliosa. La sua pelle abbronzata, i capelli lunghi e neri, le curve sinuose dei seni esaltati dal corpetto di lustrini, così come il suo sguardo penetran-

* 2 agosto 1799 secondo il calendario islamico o Hijri, anno 1214 dopo l'Egira.

te sottolineato dal kohl, la rendevano bella tra le belle. Fin dal giorno in cui l'aveva comprata Hayyim sapeva che sarebbe stata lei la musa del suo locale, la più desiderata delle sue ballerine. E aveva indovinato: le mani della donna, accuratamente dipinte con l'henné, rivelavano la sua squisita educazione e suggerivano agli uomini quanto fosse dotata per procurare loro piacere.

«Stanotte o mai più.»

Nadia era pronta per la prima danza, i musicisti anche. La gonnellina di monete tintinnava a ogni oscillazione dei suoi fianchi. Il numero annunciato era quello di *Leil yabu el Layali*, una danza nubiana, ma la Perfetta non pensava già più alla sua esecuzione. Un altro ruggito di Omar dal fondo del caffè la allertò.

«Questi stranieri idioti non sanno che non ci sono buchi a Biban el-Muluk* che io non abbia già setacciato. Ve lo immaginate...?» Ben Abiff gesticolò, tracciando solennemente con le braccia un cerchio nell'aria. «Squadre di soldati, vestiti con le loro uniformi di lana, che si sciolgono sotto il sole del deserto alla ricerca di tombe già saccheggiate dai miei uomini!»

Omar fece un'altra grassa risata mentre un gruppo di *felah* arricchiti, con le tuniche della festa ornate da fini ricami, applaudiva alle sue spacconate. La Perfetta calcolò quanto ci avrebbero messo a stramazzare storditi in mezzo al fumo di tabacco.

«Quelli che comandano gli operai li conosco bene: uno si chiama Prosper Jollois, l'altro Édouard de Villiers. Due perfetti imbecilli! Due ragazzini saccenti!»

Omar, un egiziano dalla pelle di bronzo, naso diritto, labbra sottili e lineamenti importati dalla Nubia più meridionale, pronunciò quei nomi in un francese così perfetto che, stranamente, suonarono come una caricatura. Per un istante tutto il locale tacque.

Alcuni *felah* si guardarono intorno con espressione allarmata. Volevano assicurarsi che nel caffè non ci fossero soldati stranieri. Pur sapendo che nessun militare francese capiva

* Letteralmente, le Porte dei Re. Era il nome con cui gli arabi chiamavano l'attuale Valle dei Re.

una sola parola di arabo, bastava sentir pronunciare il loro nome per allarmarsi.

Le diffidenze erano sorte nel momento stesso in cui la spedizione del generale Louis Charles des Aix de Veygoux, meglio conosciuto come Desaix, era sbarcata a Tebe otto mesi prima. Piccole guarnigioni di uomini armati fino ai denti si erano stabilite in ciascuna delle città importanti del Sud del paese, con, a loro dire, tre compiti fondamentali: proteggere studiosi come Jollois e de Villiers, stregati dall'esplorazione della Valle dei Re e delle rovine circostanti, ricordare ai governatori musulmani chi erano, ora, i padroni del paese e, soprattutto, sorvegliare ogni minimo movimento delle truppe del latitante Murad Bey. Quel sanguinario mamelucco aveva fatto di Desaix lo zimbello di tutto l'Alto Egitto.

Nessuno. La sala era «pulita».

Il tugurio di Hayyim, il primo legalizzato dall'autorità francese, non era più grande di una delle chiatte che solcavano ogni giorno il Nilo. Il proprietario aveva decorato le pareti bianche e scalcinate con pezzi di sparto tagliati geometricamente e lampioncini di rame opportunamente forniti di candele colorate. Sul fondo, contro una nuda parete di mattoni crudi, si elevavano le tavole del modesto palco dove, notte dopo notte, si esibiva la Perfetta.

«Che puttana...» sussurrò Omar, quando il gruppo dei tre musicisti iniziò a colpire ritmicamente i tamburi di palma.

«Per la barba del Profeta! Non eri tu l'uomo pronto a rubare tutto l'oro di Tebe per un bacio di Nadia?»

L'insinuazione di Tarek, uno dei *felah* meglio vestiti che accompagnavano Omar, provocò una raffica di risate. Il nubiano, contrariato, arrossì.

«Ieri sera ho saputo che se la intende con un francese» disse in tono amaro. «E, quel che è peggio, si tratta proprio di uno di quei figli di cagna che hanno bloccato l'accesso a Biban el-Muluk e alle valli circostanti con lo sciagurato scopo di rovinarmi la carriera...»

Il ritmo dei tamburi crebbe d'intensità. Nadia stava per entrare in scena.

«Sarà più bello di te, Omar!» rise un altro, mentre aspirava una boccata del fumo aromatico della sua pipa.

«E avrà meno pancia!» aggiunse un terzo dal fondo della sala.

Omar Abiff alzò lo sguardo verso quest'ultimo. I suoi occhi erano lucidi e rossi, e stringeva i denti con rabbia. Tutti quei farabutti non solo non avevano niente da ridire sulla condotta sconveniente della bella Nadia, ma si burlavano apertamente del suo aspetto. Erano desiderosi almeno quanto lui di mettere le loro sporche manacce sul corpo morbido e profumato della Perfetta: in realtà non gliene importava nulla di chi fino al giorno prima si vantava di essere l'amante della ragazza, fosse pure il loro iracondo e temibile padrone.

Accadde tutto molto rapidamente.

Hayyim, vedendo che gli animi si stavano riscaldando sempre più, si affrettò a recuperare alcuni tizzoni incandescenti con cui alimentare le pipe della clientela. «Omaggio della casa» sorrise. Ma non ebbe il tempo per continuare. Abiff, offeso, si era già alzato dai cuscini su cui sorseggiava il suo carcadè ed era piombato contro quello che aveva deriso la sua pancia, costringendolo a spintoni verso la porta del locale. Tutti notarono il suo sguardo di fuoco.

«Nessuno sulla riva dei vivi si prende gioco della sorte di Omar Abiff» borbottò mentre afferrava Salaj per il collo. «Nessuno!»

E sfoderato il suo pugnale di Costantinopoli con intarsi di pietre preziose, lo affondò nel ventre del *felah* senza distogliere da lui la sua atroce smorfia d'ira.

Salaj, il più giovane degli uomini di Omar, ci mise un po' a reagire. Solo quando il nubiano dallo sguardo di brace indietreggiò di qualche passo, sentì un'ondata di calore salirgli dal ventre e inondargli la gola di un sapore amaro. La tunica di cotone era tagliata in due e dietro la stoffa, squarciata di netto, la massa azzurrognola e maleodorante delle viscere palpitava, sul punto di rovesciarsi fuori dal suo corpo.

L'emorragia era intensa e il sangue sgorgava ormai copioso, formando una chiazza che si allargava sul pavimento. Il ragazzo perse i sensi. Non avrebbe più aperto gli occhi.

Nadia non poteva credere alla sua fortuna. Benché i musicisti, impassibili, stessero annunciando con i flauti la sua entrata in scena, tutto il locale si stringeva intorno a Omar e Salaj, voltandole le spalle. Hayyim, disperato, agitava le braccia chiedendo aiuto per salvare la vita di quell'infelice. I *felah*, attoniti, sembravano statue di sale...

«Se vuoi scappare» le sussurrò a un orecchio Fatima, un'altra delle ballerine di Hayyim «questo è il momento.»

Nadia sorrise. Fatima aveva indovinato le sue intenzioni. Baciò con dolcezza la guancia della compagna e, gettandosi uno scialle sopra il vestito, volò via verso la porta di servizio.

«Ci vorrà un po' prima che notino la tua assenza» si sentì dire alle spalle. «Ti coprirò io, vai!»

Quando la sagoma sottile della danzatrice attraversò il cortile posteriore e uscì per strada, questa era vuota e buia. Le lucerne appese negli imbarcaderi vicino al Nilo, a duecento metri circa da lì, erano la sola luce di cui disponeva. Oltre a quella delle stelle, ovviamente. Un mare di stelle gravitava maestoso sopra la sua testa.

«Che Allah mi protegga!»

La Perfetta, impaurita, iniziò a scendere di corsa per la via mentre le grida dell'antro di Hayyim si perdevano in lontananza. Voleva scappare verso la guarnigione che i francesi avevano allestito a sud del tempio di Luxor. Oltre i colossi del grande Ramsete e gli appuntiti obelischi di granito bianco, si innalzava la palizzata di palme da dattero che proteggeva l'accampamento di Philippe, il suo affascinante amante francese. «Lui mi riscatterà...» pensò.

Camminò ancora per qualche minuto, ma quando incrociò la strada per Nag Hammadi e Dendera, qualcosa la distrasse.

Dapprima non vi fece attenzione, poi man mano che si avvicinava alla parte posteriore del tempio, quel bagliore risvegliò il suo interesse. Chi passeggiava a quell'ora per i corridoi del tempio di Luxor?

Il luogo, un gruppo di colonne e mura mezzo diroccate innalzate su solidi conci di pietra, imponeva un rispetto reverenziale. Incuneato nel centro della città, a pochi passi dal Nilo, di notte non era solito ospitare nessuno nei suoi oscuri meandri. Tutti gli abitanti di Luxor, quelli che ci vivevano e quelli che erano solo di passaggio, credevano che lì dentro dimorassero ancora gli spiriti dei potenti sacerdoti dei faraoni. E tutti evitavano di fissare con troppa intensità quei muri, impregnati di formule di indecifrabili incantesimi. Allah doveva aver lasciato fuori dalla sua giurisdizione quei luoghi così oscuri.

Chi poteva starsene lì nel cuore della notte?

«Francesi!»

Quella certezza la fece piangere per l'emozione. Se riusciva ad avvicinare una pattuglia armata, né Omar né alcuno dei suoi seguaci avrebbe osato alzare le mani su di lei. In caso contrario, il lungo cammino che ancora la separava dall'accampamento poteva dare ai *felah* al soldo di quel selvaggio il tempo necessario per acciuffarla. E il castigo che le avrebbe imposto Hayyim sarebbe stata la lapidazione.

Non aveva scelta. Senza pensarci due volte, la Perfetta si aggiustò lo scialle coprendosi i capelli e, pur avendo le gambe nude, affrettò il passo verso l'Ipet Resyt, il nome arabo del tempio, che significa «Harem del Sud».

Nadia però non ci voleva pensare. In fondo era certa che quelle mura sacre non avessero mai ospitato un harem...

IV

La luce delle torce si agitava a un'estremità del tempio. La Perfetta sapeva bene dove.

Di famiglia nubiana, i suoi nonni erano conosciuti in tutta la regione come i discendenti di una potente stirpe di maghi. Come poi accadde ai suoi genitori, avevano avuto molti problemi con gli imam delle moschee di Luxor. Volevano obbligarli a rinunciare a quelle pratiche, ma loro, conoscendone l'efficacia e la potenza per la salute e i raccolti, le impiegavano ogni giorno su richiesta dei loro stessi vicini.

Gabriel, il nonno di Nadia, l'aveva portata lì molte volte. Benché ormai da secoli il tempio fosse in rovina, alla mercé dei terremoti e dei saccheggiatori, lui insisteva sempre sulla stessa cosa: quel luogo era vivo. Non lo diceva in senso figurato, ma letterale. «È vivo, palpita» sussurrava con convinzione alla nipote. «Ascolta il suo cuore!» E Nadia, meravigliata, appoggiava le sue piccole orecchie ora qui ora lì per percepire i battiti inconfondibili dei suoi muri.

L'ultima volta che il nonno l'aveva condotta a Ipet Resyt era stato poco prima di morire. Che ricordi! Sembrava che il grande mago presentisse qualcosa, perché aveva portato Nadia in una sala stretta, accanto al sancta sanctorum costruito per ordine di Alessandro Magno, e l'aveva fatta sedere di fronte a una scena incisa in modo impeccabile con lo scalpello sulla base di un muro enorme.

«Guardale bene, piccola» le aveva detto con grande serietà. «In queste immagini è racchiuso il segreto meglio custodito dei nostri avi. Nessun uomo dai tempi dei faraoni ha saputo interpretare l'enigma che contengono... Nemmeno io, giunto alla mia età, ne sono stato capace.»

E aveva aggiunto, mesto: «Se morirò prima di riuscire a leggerlo, e tuo padre anche, toccherà a te studiare questo muro, decifrarlo e custodire il suo segreto. Lo farai?».

I ricordi si susseguivano nella mente della Perfetta. Se il suo intuito non sbagliava, le luci provenivano proprio da quella sala così speciale. Suo nonno la chiamava *mammisi* o «sala della Nascita». Ne ricordava le pareti, alte come una casa di quattro piani, completamente ricoperte da scene in cui uomini e divinità praticavano una specie di oscuro rituale. Se chiudeva gli occhi, poteva immaginarle con chiarezza: viste una dopo l'altra, dall'alto al basso e da sinistra a destra, davano l'impressione di narrare il processo di crescita e di educazione di un principe. Ogni dio si occupava di una diversa attività: Jnum, quello con la testa di montone, modellava due immagini identiche in argilla del bambino, una di Amenhotep III e un'altra del suo *Ka,* o doppio astrale. Iside dava la sua benedizione nel blocco di immagini contigue, mentre una fila più in basso Ammone e Jnum sembravano impegnati a decidere il futuro del piccolo.

«Il bambino che vedi qui è lo stesso che ordinò di scolpire i due giganti di pietra che sorvegliano l'ingresso alla Valle dei Re...» A Nadia sembrava di sentire ancora le spiegazioni del nonno. «Ricordati bene il nome di questo re, mia cara. Il nostro destino è legato al suo.»

Scalza, mentre i disegni di henné iniziavano a dissolversi, la Perfetta affrettò il passo verso il *mammisi*. Come una gatta spaventata si calò dal muro occidentale senza fare il minimo rumore. I suoi occhi, abituati al buio, cominciavano a vedere ovunque ombre sospette.

E non si sbagliava.

Come su tutte le pareti dello straordinario Ipet Resyt, nelle gallerie e sulle colonne che vide al suo passaggio si potevano ammirare sorprendenti bassorilievi. Eserciti che sembravano sul punto di saltar fuori dalla pietra, sacerdoti che trasportavano le barche sacre sulle spalle, suonatori nell'atto di colpire i tamburi di guerra... Tutti sembravano vivi.

Più che per celebrare successi militari, quelle scene erano state plasmate per ricordare ai fedeli che in quel luogo si combatteva l'eterna lotta del bene contro il male, della luce contro le tenebre. Nessun egizio dei tempi gloriosi, salvo i sacerdoti e i faraoni, aveva mai oltrepassato le mura dove comparivano quei disegni. Chi avrebbe osato tanto? Sapevano che i rituali praticati all'interno del tempio erano parte di una magia potente e occulta, che non poteva essere profanata. Così nessun cittadino comune aveva mai contemplato l'interno dell'Harem del Sud prima che i copti demolissero gli antichi luoghi di culto.

La Perfetta trattenne le lacrime.

Uno scricchiolio – forse qualcuno che incespicava – rimbombò tra le colonne. Poi una voce maschile tuonò da qualche parte dietro il divisorio con incise le scene delle battaglie. Nadia, impaurita all'idea di imbattersi in uno spirito o in qualcuno dei servitori di Omar, si sporse con cautela.

Fu allora che li vide. In effetti, dentro il *mammisi* tre uomini conversavano animatamente di fronte a uno dei suoi rilievi inferiori. Uno di essi era nubiano come lei, gli altri due indossavano l'uniforme azzurra di Napoleone. Erano di spalle e non staccavano gli occhi dall'insolita scena che il luogo offriva loro: una divinità maschile, con la pelle dipinta di un pallido blu, stringeva la mano di una regina. Sotto di loro due dee – Nadia le riconosceva per le inconfondibili acconciature – sembravano sorreggere il sedile su cui riposava la coppia divina.

«Avete trovato la sua tomba?» domandò il nubiano, mentre appoggiava a terra la propria lanterna.

I francesi annuirono.

«E avete visto il cartiglio reale? Il disegno con il nome del faraone?»

«Sì, era come questo» disse uno degli ufficiali, indicando un frammento del rilievo che confrontava con gli scarabocchi di un grande taccuino.

«Ottimo, ottimo...» sorrise il nubiano, soddisfatto.

«Ed è successo in piena inondazione di Api.* Questo è un buon segno, vero Mohammed?»

Alla luce delle tre lanterne appoggiate sul pavimento della sala i maestosi profili degli dèi proiettavano ombre che si allungavano fino al soffitto.

* Divinità egizia del Nilo.

«Ditemi...» il nubiano proseguì il suo interrogatorio, ignorando la domanda del francese più anziano. «Sapete di chi si tratta? Avete scoperto chi è il re sepolto lì?»

Nessuno dei due rispose.

«È Amenhotep III.»

«Amenho... che?»

Nadia rise tra sé e sé.

«Il suo nome significa "Ammone è contento"» spiegò senza esitare il giovane dalla pelle olivastra. «Era figlio di Mutemuia, la più bella delle regine nubiane, e del dio Ammone. La loro unione divina è rappresentata solo su questa parete che state ammirando.»

«Voi po... potete decifrare queste pareti, Mohammed?»

L'arabo sorrise. La Perfetta non poteva vederlo bene in viso, ma scorse lo scintillio dei suoi denti bianchi e regolari. Doveva essere di buona famiglia per sfoggiare una simile dentatura.

«E che altro potete dirci?»

«Il vostro lungo viaggio è valso la pena. Qui è nascosta la formula che state cercando e che il vostro sultano Bunabart ha mandato a scovare. Ve la spiegherò» disse «ma ogni rivelazione ha il suo prezzo, e dovete essere disposti a pagare...»

«Qualsiasi prezzo, Mohammed» si affrettò a rispondere uno dei due. «Napoleone pagherà generosamente i vostri servizi, se gli darete quello che cerca.»

«Molto bene! Ho sentito parlare della generosità del vostro sultano.»

«E senza dubbio saprete che desidera studiare la grandezza del vostro popolo, per riportare in Europa qualsiasi documento, trattato o formula si riesca a trovare. Per questo ha fondato l'Istituto egizio al Cairo.»

«Bunabart è saggio» ammise il nubiano. «Che Allah lo protegga.»

Mohammed, che portava un turbante color indaco e sfoggiava sopracciglia nere e folte che gli solcavano la fronte, gettò un'occhiata dietro di sé. Era come se avesse percepito la presenza di qualcuno che li osservava, ma Nadia reagì in tempo. Abbassò la testa e impedì che il brillio dei suoi occhi la tradisse.

«La grotta di Biban el-Muluk, dove siete entrati oggi» continuò l'uomo senza scomporsi «è il luogo del riposo eterno del faraone Amenhotep, il più grande e splendido sovrano che l'Egitto abbia mai conosciuto. Fu lui a ordinare la costruzione di questo tempio, e sempre a lui si devono alcune delle costruzioni più straordinarie che avete visto nelle nostre terre...»

Il nubiano sembrò biascicare qualcosa prima di continuare.

«Tuttavia solo noi che ancora sappiamo leggere i simboli sacri ricordiamo che il suo avvento in questo mondo fu pieno di prodigi. Osservate con attenzione questo rilievo e comprenderete subito la sua importanza.

«Qui» proseguì Mohammed «è racchiusa l'intera storia. Se osservate bene, potete vedere il dio Ammone che stringe le mani della regina Mutemuia, la madre di Amenhotep. Ammone, il dio che gli egizi chiamavano l'Occulto, introduce in questo modo il suo seme nel corpo della regina, mentre le dee Selkit, quella con uno scorpione sopra la testa, e Neith, quella con le frecce, impediscono che tocchi il suolo. Questo è un simbolo inequivocabile del valore spirituale della scena.»

Uno dei francesi era incredulo. «Non vorrete farci credere che Amenhotep era un semidio, come i titani biblici, che si credeva fossero figli di angeli concepiti da donne mortali.»

L'arabo annuì con espressione maliziosa. «Siete stato voi a dirlo, non io...»

Mohammed socchiuse gli occhi. Sembrava cercare le parole adeguate in un angolo della sua testa. Nadia lo osservò con interesse: il modo in cui congiungeva le mani e l'affabilità con cui trattava i suoi accompagnatori... Quei comportamenti le risultavano familiari. C'era qualcosa in lui che le ricordava suo nonno. Addirittura suo padre. Forse era il modo di muoversi, o il tono della voce...

«C'è qualcos'altro e so che non vi piacerà, ma è la verità» proseguì. «Osservate il colore di Ammone. È blu, come il cielo. Come il sangue di suo figlio Amenhotep...»

«Superstizioni, Mohammed! Queste sono superstizioni!»

Il giovane francese con il taccuino pieno di schizzi posò a terra i suoi attrezzi e protestò energicamente. Il compagno lo assecondò con uguale fervore.

«Da tempo in Francia abbiamo tagliato la testa a tutti quelli che credevano di avere sangue blu nelle vene. E sapete cosa abbiamo scoperto? Che il loro sangue era rosso. Rosso! Lo capite, Mohammed? Siamo tutti uguali! Identici!»

Il *mammisi* di Luxor

«Non tutti, Monsieur Jollois...»

Il nubiano lo trafisse con i suoi occhi scuri. Non era disposto ad ascoltare un altro manifesto rivoluzionario, come quelli proclamati dalle truppe francesi a ogni occasione. Senza distogliere lo sguardo, proseguì: «Perfino voi, in privato, ammettete che il vostro sultano Bunabart è un uomo eccezionale, una creatura toccata dal destino».

«Va bene, Mohammed, *touché*. Però anche questo lo intendiamo in senso figurato.»

«E figurato è il sangue blu, Monsieur. È la maniera degli antichi di dire che certe persone provenivano da una famiglia speciale, differente. Forse con discendenza divina.»

«Altre leggende!»

«Ah no» sorrise cinico il nubiano. «Non è affatto una leggenda che anche la nascita del vostro sultano sia stata annunciata da una stella di fuoco, e in Nubia siamo consapevoli che il suo scopo finale è quello di raggiungere la gloria dei faraoni. Perfino noi sappiamo che ciò che Bunabart cerca nella nera terra d'Egitto è l'elisir dell'immortalità!»

Le parole dell'arabo rimbombarono nella sala, risvegliando un gruppo di pipistrelli che svolazzarono sulle loro teste. Anche la luce delle lanterne tremò.

«Sciocchezze!» protestarono i due. «Non sappiamo di cosa parlate! Bonaparte è interessato solo alla scienza dei vostri antenati, non alle loro superstizioni.»

«Be', c'è senza dubbio qualcosa di lui che ignorate...» Ora il nubiano mormorava con voce di serpente. «Mentre voi laceravate il suolo sacro di Biban el-Muluk, il vostro sultano seguiva per suo conto il cammino del profeta Gesù nel nostro paese, cercando di capire cosa avesse appreso qui da noi.»

«Qui? Gesù?»

«Sì...» sibilò minaccioso, come se volesse ipnotizzare gli ufficiali. «Vi stupite?»

«Non vi credo» obiettò il più anziano dei soldati, che si faceva chiamare barone.

«Dovreste. Non nacque forse anche Gesù dal seme divino che fecondò una donna mortale, come la madre di Amenhotep? Inoltre dovreste sapere che Yeshua, il vostro Gesù, trascorse la sua infanzia in Egitto. Non è forse così?»

«Non sappiamo molto di religione, Mohammed.»

«Lasciate che ve lo racconti io. Fu proprio qui, in Egitto, che Gesù, ancora bambino, imparò a resuscitare i morti e a resuscitare se stesso. Qui scoprì che nelle sue vene scorreva sangue blu come quello di Amenhotep, come quello di Ammone. O come quello di Osiride! Il grande dio Osiride, che fu il primo a tornare dal regno dei morti!»

«Cosa insinuate? Che il nostro generale ha conquistato l'Egitto per cercare la fonte del sangue blu? Sciocchezze!»

«La fonte no, Monsieur Jollois. È scomparsa nei fitti alberi genealogici delle famiglie reali egizie. Quello che cerca Bunabart sono gli attuali eredi di quella fonte. Coloro che portano quell'elisir nelle proprie vene... E io, dietro adeguata ricompensa, potrei condurvi da loro. Perché, altrimenti, mi ascoltereste con tanta attenzione e sollecitereste le mie umili spiegazioni alle vostre scoperte?»

Nadia, ancora raggomitolata dietro un muretto di pietra, impallidì. Aveva già sentito quelle parole, molti anni prima.

Suo nonno, ricordò, le aveva raccontato qualcosa di un segreto, anche se non aveva mai menzionato alcuna fonte. Ne era convinta: quel Mohammed doveva essere un mago, un iniziato della sua stirpe. Ma chi? E come osava rivelare un mistero di quella portata a degli stranieri? In cambio di cosa?

Fu scossa da un brivido. Doveva fuggire subito da lì. Aveva ascoltato a sufficienza per sapere che i due francesi non le avrebbero garantito protezione. Non se la loro guida l'avesse riconosciuta e li avesse convinti a eliminarla. E, per di più, il tempo correva contro di lei. Omar e Hayyim dovevano essersi accorti della sua assenza da un bel pezzo ormai.

Che cosa doveva fare? Che cosa avrebbero fatto i suoi genitori, o suo nonno, davanti a una simile minaccia? Non era meglio fuggire da Luxor il prima possibile e mettersi in salvo dal suo irascibile padrone? Sarebbe riuscita a raggiungere Dendera e a denunciare il traditore davanti al suo clan?

Le risposte alle sue domande stavano per manifestarsi, incarnate nell'agile ombra di un *djinn* che avanzava nel vicino patio di Ramsete il Grande.

Il tempio – Nadia avrebbe dovuto saperlo – non lascia mai un dubbio senza spiegazione.

Mai.

V

Giza

Era accaduto nella terza decade di Germinale, proprio durante il tiepido aprile di cui godeva il resto della cristianità. Mancavano ancora quattro mesi prima che rimanesse imprigionato nelle oscure viscere della Grande Piramide.

Il corso, stranamente comodo all'interno di quel cofano di granito, ora ricordava con precisione. E con lucidità. Mai fino ad allora, in nessun momento, aveva pensato alla morte. Alla sua morte.

Le immagini di quei giorni non tanto lontani, archiviate nel più profondo del suo animo, cominciarono a sgorgare fluenti.

All'inizio Napoleone pensò a una reazione fisiologica al silenzio e all'oscurità del sarcofago, ma non tardò ad abbandonare l'idea. Benché quella cassa di pietra gli risultasse insolitamente comoda, questo non giustificava in nessun modo quanto gli stava accadendo.

Di colpo i ricordi scaturivano nitidi come il cristallo, come se in qualche modo si proiettassero fuori da lui e potesse contemplarli da una certa distanza, quasi fosse uno spettatore. E non se ne stupì nemmeno.

Lo avevano avvertito che la piramide era capace di esercitare un potente influsso su chi la sfidava.

La prima cosa che vide, sempre che fosse la vista a percepire tutto ciò, fu un personaggio secco, vestito con un'uniforme da ufficiale francese. Pantaloni di maglia e giacca di panno azzurro con le tasche aperte, finanziera dello stesso colore e spalline ricamate con una frangia di fili d'oro e di seta. Costui si affannava intorno a un tavolo pieno di mappe, esaminando con attenzione una strettoia evidenziata con la scritta «pozzo di Giacobbe». Gesticolava per farsi capire da due altri ufficiali, immobili di fianco a lui.

«Non prenderemo mai Acri, se non riusciremo a stanare il nemico dalle sue mura...» si lamentava.

C'era qualcosa di familiare in quell'individuo irrequieto. Il suo modo di camminare, il suo mento volitivo, gli zigomi marcati... Il corso ci mise un po', ma quando lo identificò fu invaso da una strana allegria: conosceva bene quell'uomo. Si trattava di Napoleone Bonaparte in persona. Poteva vedere se stesso! Quasi fosse Dio, oppure un mago!

... Un mago!

Quell'ultimo pensiero, unito a un certo timore, sembrò rimbombare contro le pareti del suo improvvisato sepolcro. Per un istante ebbe l'impressione di trovarsi all'interno di un utero materno. Un ventre umido e confortevole, in cui la pietra aveva smesso di essere pietra per trasformarsi in una sottile membrana carnosa che si sarebbe scossa al minimo movimento. Suggestionato, il corso restò immobile e attento a quanto gli poteva apparire...

Il generale Kléber aveva insediato l'accampamento vicino a Nazareth. Da buon stratega sapeva che il nemico lo osservava a breve distanza, che seguiva i suoi passi dalle colline grazie a un piccolo gruppo di spie a cavallo, difficili da intercettare o controllare. Kléber aveva inoltre ben chiaro che, dopo la sua partenza da Acri, nessuno dei suoi movimenti era passato inosservato agli occhi del Macellaio.

Quello splendido quintidi della III decade di Germinale,* mentre la primavera spargeva le sue benedizioni sulla Terra Santa, poteva essere «il giorno». Oppure il sextidi. O magari il septidi.

In realtà non faceva differenza. La morte penetrava fin dentro le ossa nella valle di Jezreel, così chiamata dalla Bibbia, che paradossalmente significa «Dio semina». Le truppe, impaurite

* 14 aprile 1799 secondo il calendario repubblicano.

dal loro incerto destino, sopportavano con rassegnazione, come marinai che resistono in coperta alle tempeste.

Kléber agì con prudenza. Divise i duemilacinquecento soldati sotto il suo comando in tre parti più o meno uguali. La 75ª *demibrigade*, comandata dal generale Verdier, si posizionò sulla sinistra formando un quadrato di uomini e mezzi perfettamente impenetrabile. Cento cavalieri furono disposti al centro e il resto disegnò un altro quadrato sulla destra, per proteggere quel fianco da un eventuale attacco dei mamelucchi. Junot, al quale due giorni prima uno sparo turco aveva portato via il cappello lasciandogli un vistoso ematoma sulla fronte, guidava con mano ferma gli uomini assegnatigli. I suoi pensieri, come quelli di Verdier, si dividevano tra la paura e la vendetta.

Tutti erano all'erta. Gli esploratori, che avevano perlustrato le immediate vicinanze del monte Tabor, concordavano nelle loro valutazioni: più di quarantamila uomini, con il pascià Ahmed in testa, aspettavano solo un ordine per gettarsi come fiere sui francesi. «Il pascià è chiamato Djezzar» si mormorava. «E Djezzar significa "macellaio".»

I soldati di Ahmed avevano fama di essere disciplinati, crudeli e ben armati. Violentavano e mutilavano selvaggiamente i prigioneri, prima di decapitarli. Solo occasionalmente li restituivano vivi ai nemici, perché la loro testimonianza demoralizzasse le truppe. Un ragazzo di Lione, liberato qualche giorno prima vicino a Nazareth, aveva riferito di essere stato sodomizzato dai suoi carcerieri e obbligato ad assistere all'esecuzione di diversi compagni. Alcuni, aveva spiegato lo sventurato, venivano legati per le mani e i piedi a quattro cavalli, che poi erano lanciati al galoppo ciascuno in una direzione diversa. «Non c'è morte più dolorosa» gemeva.

Kléber, grazie alle informazioni che riceveva ogni ora dai suoi esploratori, calcolò presto l'effettiva potenza dei suoi avversari. «Per ogni soldato nostro ci sono diciassette mamelucchi» stimò non senza una certa rassegnazione. «Sono troppi.»

Quella notte tra il quintidi e il sextidi di Germinale Kléber, con animo oppresso, prese una delle decisioni più difficili della sua carriera. Ordinò il raggruppamento delle sue truppe e decise di assaltare frontalmente, senza riserve, gli eserciti di Damasco, nella speranza di sconfiggerli in un attacco a sorpresa. Intorno alla mezzanotte, prima di lanciarsi sul campo di battaglia per occupare le posizioni migliori, chiamò il suo maresciallo e gli affidò una busta sigillata con la ceralacca da far pervenire a Napoleone in persona entro l'alba. Un cavaliere senza scorta avrebbe dovuto raggiungere la postazione francese presso Acri, penetrare nell'accampamento dell'imponente generale Bon e consegnare nelle mani di Bonaparte quella missiva, insieme a un dono che fece inarcare le sopracciglia al maresciallo per la sorpresa.

Ma gli ordini erano ordini.

Napoleone – strano privilegio! – poteva vedere di nuovo la scena. Non aveva più pensato al cavaliere e al suo regalo da quel giorno...

Jean-Yves Battista, un giovane dragone di ventidue anni, slanciato e con gli occhi spalancati come due lune piene, entrò nella tenda preceduto dal capitano della guardia. Il suo viaggio attraverso il deserto buio si era svolto senza incidenti. La posizione di Sirio sopra l'orizzonte era stata la sua preziosa guida, quella notte.

«Signore» si scusò l'ufficiale, poiché era ancora notte «questo soldato è appena arrivato dal fronte di Nazareth. Porta un messaggio urgente per voi.»

Battista fece un passo avanti. Non aveva mai visto Napoleone così da vicino. Gli sembrò un eroe greco uscito dalle pagine dell'*Iliade*. Una timida barba ancora non rasata, la camicia sbottonata fino al petto, così come una certa aria assente nello sguardo, completavano l'insolito ritratto del suo capo. Non era più vecchio di lui, ma il suo aspetto sembrava mascherare un uomo molto più anziano.

«Grazie, soldato» gli disse brevemente Bonaparte, fissandolo con i suoi occhi scuri.

«Mio generale...» mormorò mentre gli consegnava la busta che custodiva. «Sono diciassette contro uno! Diciassette contro uno!» ripeté angosciato.

Il corso non si scompose. Con un altro dei suoi gesti severi gli ordinò di uscire dalla tenda. Comandò che gli dessero qualcosa da mangiare e che gli procurassero un sacco di paglia per riposare. Poi chiese che il generale Bon venisse immediatamente nella sua tenda.

Il tono agitato del giovane dragone lo aveva fatto riflettere. Di che cosa avevano paura i suoi uomini? Non avevano già dimostrato anche troppe volte la loro superiorità strategica sul nemico? Non avevano umiliato i mamelucchi nella battaglia delle Piramidi, ormai quasi un anno prima, grazie alla loro artiglieria leggera? E perché Kléber gli faceva pervenire un messaggio a un'ora così insolita?

Prima di aprirla, Napoleone accarezzò la busta, gettando uno sguardo all'interno della cesta di vimini che il cittadino Battista aveva portato insieme alla lettera. Il suo contenuto era certamente singolare: tre uova bianche di gallina, sode, giacevano su un letto di giunchi freschi. Tre. «A Kléber» ricordò subito, non senza un certo fastidio, «piacciono questi indovinelli.»

Il contenuto della busta non era meno enigmatico. Si trattava di una carta da gioco con una figura di chiara ispirazione egizia. Non l'accompagnava nemmeno una maledetta riga, né un foglio di spiegazione. Niente. La carta, ingiallita per il sole e il calore, con i bordi rovinati da un qualche uso tanto frequente quanto misterioso, mostrava l'inconfondibile immagine di un faraone che alzava il suo mantello con il braccio sinistro, nascondendo la fiamma di una piccola lanterna. Un'incisione in francese recitava: «La lampada velata...». Bonaparte lesse ad alta voce.

Il generale Louis André Bon entrò nella tenda del corso. I suoi cento chili di umanità, tortura di qualsiasi cavallo d'Africa e d'Europa, si tesero marzialmente per salutare il suo superiore. Napoleone, assorto, ricambiò il saluto e gli porse la lettera con espressione preoccupata.

«Voi ci capite qualcosa, generale Bon?»

L'immenso ufficiale osservò la carta, scrutando da lontano la cesta con le tre uova.

«L'ossessione di Kléber per l'indecifrabilità dei messaggi lo induce agli stratagemmi più assurdi» confidò Bonaparte. «È un dannato imbroglione. Sapevate che in Francia è arrivato a rasare a zero uno dei suoi uomini, scrivergli sulla testa un frammento del secondo libro delle *Storie* di Erodoto e lasciare

IX La lampe voilée

che gli ricrescessero i capelli, prima di inviarmelo per mettere alla prova il mio ingegno?»

Bon evidentemente non ne sapeva nulla.

«E come avete scoperto l'intrigo?» domandò divertito.

Napoleone gironzolava intorno al tavolo delle mappe. «È stato un colpo di fortuna. Il suo messaggero aveva portato con sé uno scritto, un verso che diceva più o meno "Il mio segreto scoprirai se il tuo giudizio prevale / Sedici, diciassette".»

«Sedici, diciassette? Che cosa significa?»

Il corso lo guardò. «È evidente che quella era la chiave dell'indovinello. Quelle due cifre, fuori dal contesto, dovevano significare qualcosa. Erano più di un mezzo stilistico, e per puro istinto ho pensato ai versetti della Bibbia. In particolare, al *Libro dei Giudici*.»

«I *Giudici*? Perché il *Libro dei Giudici*, generale?»

«Per quel "se il tuo giudizio prevale", si capisce!» Napoleone proseguì: «Ho dedotto subito che si trattava di *Giudici*, 16-17. Auguste Kléber è stato educato in una famiglia di stretta osservanza cattolica di Strasburgo e ho ritenuto che, riferendomi alla sua formazione, avrei potuto decifrarne l'enigma».

«E...?»

«Dunque, si tratta dell'episodio in cui Sansone confessa a Dalila che il segreto della sua forza è nascosto nei capelli. Tagliati quelli, perderebbe tutta la sua potenza. Senza pensarci due volte ho dato ordine di rapare il messaggero e, ovviamente, ho trovato il messaggio.»

Bon lodò l'ingegno del suo generale. Era chiaro che solo Kléber e Napoleone potevano capirsi nell'arte degli indovinelli. Nessuno estraneo ai loro giochi – e ancor meno il Macellaio di Acri – avrebbe mai interpretato un messaggio scambiato tra i due, se per cifrarlo avessero utilizzato una delle loro astuzie. Perché era evidente che quella carta era uno di quegli intrighi...

Bon fece una smorfia, senza peraltro venirne a capo. Il suo doppio mento s'irrigidì, mentre i suoi scurissimi occhi d'ebano perdevano il brillio divertito di poco prima. Un dubbio gli fece cambiare umore: perché Napoleone gli aveva ordinato di presentarsi subito davanti a lui?

«Stavolta l'enigma è superiore alle mie capacità, Louis» il corso, attento, aveva notato una trasformazione nel suo generale. «Non mi occorre esaminare troppo il suo ultimo messaggio per rendermi conto che Kléber ha ingarbugliato ancora di più il suo codice. Non so da dove iniziare a decifrarlo. Per questo vi ho chiamato: perché mi aiutiate.»

«Non vedo come, generale...» esitò Bon.

Desideroso di compiacere il suo superiore, strinse il nodo della fascia tricolore che reggeva i suoi enormi calzoni bianchi e scrutò un'altra volta la carta.

«Voi conoscete Kléber bene quanto me. Avete studiato insieme in Accademia. Forse in questo messaggio c'è qualcosa che mi sfugge e che a un generale della vostra esperienza risulta ovvio.»

L'elogio di Napoleone gli diede sicurezza.

«Uhm... vediamo.» Bon fece scivolare la carta tra le sue dita grassocce, come se potesse vedere con i polpastrelli ciò che gli occhi non riuscivano a mostrargli. «... Sembra una carta dei tarocchi.»

«Tarocchi?» Bonaparte inarcò le sopracciglia, in realtà non troppo sorpreso. «Siete sicuro? Non ho mai visto un tarocco simile.»

«Forse non è poi così raro.» Louis Bon sussurrò l'ultima frase senza alzare lo sguardo dalla carta.

«Cosa volete dire?»

«Durante la nostra traversata verso l'Egitto, Kléber e io abbiamo trascorso molto tempo in coperta sull'*Orient*,* discorrendo di un'infinità di argomenti. Abbiamo parlato molto dei diversi tipi di tarocchi esistenti e dell'opera di un certo Antoine Court de Gébelin, il quale spiega che gli arcani maggiori, ossia le ventidue carte principali figurate di tutti i mazzi, sono identiche ai geroglifici di un certo *Libro di Toth*** andato perso nell'antichità. Forse non sapete che Kléber è un grande collezionista di tarocchi.»

«Geroglifici? Non vorrete insinuare che Auguste sa leggere quella scrittura del diavolo e che l'ha tenuto nascosto per tutto questo tempo?»

«Oh no, no» si agitò Bon. «Sto cercando di dire che Kléber crede che ciascuna di quelle carte – e questa ne fa parte – contiene un frammento della saggezza basilare dei faraoni. Così mi ha insegnato.»

L'enorme ufficiale prese fiato, riempiendo la sua pancia come se fosse una gigantesca balena.

«Credo, generale, che Kléber vi stia invitando a decifrare la carta per trovare il suo messaggio. Magari sapessimo cosa significa...»

«Ora non abbiamo tempo per studiare l'opera di quel Court de Gébelin» lo interruppe il corso. «Non sappiamo leggere i simboli degli egizi. Ignoriamo tutto sul sapere dei re del Nilo. Perfino l'Istituto egizio che abbiamo creato al Cairo riconosce

* Si riferisce alla nave ammiraglia della flotta napoleonica, che sbarcò in Egitto nel luglio 1798.

** La ricerca del *Libro di Toth* e del suo contenuto è l'argomento principale del mio precedente romanzo, *Le Porte dei templari* (Marco Tropea Editore, 2004), a cui rimando il lettore che voglia approfondirne i misteri.

la propria incapacità ad assimilare tanto rapidamente una cultura così immensa... Quindi, se conosce le nostre difficoltà, perché Auguste mi manda un indovinello del genere?»

«Kléber di sicuro ne è consapevole, generale. Inoltre ricordo che fu lui stesso a spiegarmi che non è stato Court de Gébelin a disegnare questo mazzo. La sua opera ci servirebbe a poco. Da quanto mi fece capire fu un nobile, un certo conte di Saint-Germain, a crearlo seguendo indicazioni che nemmeno lo stesso Kléber era capace di immaginare.»

«Va bene, va bene» borbottò Bonaparte, mentre cercava di ricordare quando era stata l'ultima volta che aveva sentito parlare di quel Saint-Germain. «Smettetela con questa tiritera e ditemi se ritenete che potremo interpretare la carta oppure no.»

Bon era probabilmente l'unico dei generali di Napoleone capace di sostenere i suoi improvvisi accessi di impazienza. Consapevole che non avrebbe mai vinto un combattimento con l'agilità – di cui era alquanto carente – ma grazie all'ingegno, volle mettersi alla prova davanti a Bonaparte. Prese *La lampe voilée* e la osservò per la terza volta.

«Vediamo: l'uomo sulla carta sembra un anziano...»

«Per la barba, dite?»

«Sì, per la barba. Gli anziani sono il simbolo della saggezza. Tiene in mano una lanterna e la nasconde con il suo mantello, con un gesto di discrezione... Inoltre la carta presenta due simboli astrologici chiarissimi, incisi nella parte superiore del disegno.»

«Simboli astrologici?»

Questa volta Napoleone si avvicinò a Bon per osservare la carta insieme a lui.

«Sì, generale. Uno è il segno del Leone, lo vedete?, il quinto dello zodiaco e senza dubbio una chiara allusione a vostra eccellenza e al vostro segno natale. L'altro corrisponde a Giove, il dio delle virtù del giudizio e della volontà. Un altro simbolo che vi calza come un guanto, generale.»

«E dove ci porta tutto questo, Bon?»

«Non sono sicuro, generale.»

«Non siete sicuro?»

Bon non prestò attenzione all'amara ironia di Bonaparte, che ora gli dava di nuovo le spalle. All'improvviso il corpulento ufficiale, la cui pelle rosea era madida di sudore, aveva compreso l'indovinello. La sua fu una certezza brusca, quasi istantanea. Come se la carta stessa lo avesse illuminato.

«E se questo fosse una specie di libro di istruzioni?»

Napoleone scosse la testa, senza comprendere la logica del suo generale.

«Se quello che deve fare vostra eccellenza fosse avvicinare la luce al mantello, al velo che protegge il segreto?»

L'allusione di Bon ci mise un po' a farsi strada in Bonaparte. Ma, di colpo, ebbe tutto chiaro. Trascorsero alcuni secondi in silenzio, poi senza pensarci due volte il corso si lanciò sulla cesta delle tre uova e cercò una lampada con cui osservarle in controluce.

Le prime due non avevano niente di particolare. I loro gusci bianchi e perfetti facevano intuire la massa compatta dell'albume solidificato, senza mostrare nulla di anomalo. L'ultimo uovo, invece, lasciava intravedere a malapena alcune macchie scure, che sembravano disposte su linee ordinate.

«Un messaggio!» ruggì Napoleone. «Qui c'è un messaggio!»

Con destrezza il corso pelò l'uovo, svelando il sottile trucco di Kléber. Sotto il guscio, chiaramente impresso sulla superficie immacolata, apparve un drammatico ultimatum:

> Non resta altra soluzione, generale Bonaparte. All'alba attaccheremo il pascià di Damasco. Sono in quarantamila. Noi non raggiungiamo i tremila. Che Dio ci assista nella battaglia, e a voi conceda la saggezza. Ci rivedremo in cielo.

Lo sguardo di Napoleone si perse nei piccoli occhi di Bon. Questi, senza sapere cosa dire, riuscì infine a balbettare qualcosa in merito all'antica soluzione di inchiostro, allume e aceto che fa penetrare una frase scritta sul guscio di un uovo fino all'albume, su cui resta impressa.

«Fuori non ne rimane traccia» disse, come se la sua spiegazione scientifica avesse qualche importanza.

«... Ma è un suicidio» lo interruppe Bonaparte, che non aveva ascoltato una sola parola. «Kléber si farà ammazzare.»

E per la prima volta l'«invincibile» ebbe paura della morte. Se i turchi falciavano la vita del fiero Auguste, il prossimo a cadere sarebbe stato lui. Nessuno avrebbe potuto fermare quarantamila mamelucchi galvanizzati dalla vittoria sui francesi.

Era pronto a morire?

No, evidentemente.

E poteva ancora cambiare il suo destino?

VI

Bonaparte tergiversava.

Da quasi un mese se ne stava di fronte alle mura di Acri, determinato a portare a termine con successo l'assedio della città. In qualche modo si sentiva il vendicatore eletto dalla Provvidenza per restituire agli europei la città che il sultano egiziano Kalaun aveva strappato loro nel marzo del 1289. La sua perdita – Napoleone aveva letto molto su quell'evento prima di imbarcarsi per l'Egitto – aveva segnato l'inizio della fine delle crociate e la distruzione di tutti i possedimenti cristiani in Terra Santa. Nessun militare occidentale aveva osato tornare da quelle parti fino ad allora. Solo lui.

La sua situazione, tuttavia, non era nemmeno lontanamente assimilabile a quella di cui aveva beneficiato Kalaun cinque secoli prima. Allora il capo del Cairo comandava un esercito di decine di migliaia di musulmani infervorati che, anche a costo della vita, avevano attaccato le mura di una fortezza assai meno presidiata di quanto lo fosse ora.

I francesi non avrebbero rischiato tanto.

Il sultano Kalaun aveva utilizzato diciannove catapulte e il ritmo assordante di migliaia di tamburi per far tremare di paura anche l'ultimo dei templari.

Le sue truppe invece, era evidente, mancavano di quel potere di persuasione, pur avendo sostituito le poco efficaci catapulte con cannoni di grande precisione.

Ma anche così il corso si credeva predestinato al trionfo. Era sicuro che dall'altra parte di quelle torri, Ahmed il Macellaio, intimorito, stesse già valutando la possibilità di trattare una tregua. Doveva dunque trascurare l'assedio per salvare il temerario Kléber? Poteva permettersi il lusso di abbandonare le proprie posizioni, quando la vittoria era così vicina?

«Non ci resta alternativa, generale. Dobbiamo partire immediatamente in suo aiuto.»

Il colonnello Jacotin, capo cartografo della spedizione, appariva davvero preoccupato. Appena decifrato il codice che racchiudeva il messaggio di Kléber, Bon lo aveva convocato nella tenda di Bonaparte per valutare insieme un piano d'emergenza. Entrambi sapevano che, se ora sguarnivano l'assedio di Acri, la conquista di quella roccaforte sarebbe diventata impossibile fino all'autunno successivo. Il caldo dell'estate avrebbe trasformato l'assedio in un clamoroso insuccesso militare.

«Generale, Kléber non conosce bene la zona. Non dispone nemmeno di mappe precise del monte Tabor o dei suoi dintorni, e può cadere vittima di un'imboscata in qualsiasi momento» Jacotin terminò così il suo funereo pronostico.

Napoleone lo guardò con freddezza. Lo faceva sempre, quando qualcuno si rivolgeva a lui con notizie spiacevoli o che andavano contro i suoi piani. In qualche modo era convinto che il Macellaio aveva previsto tutto ciò e aveva teso un agguato all'avanguardia di Kléber per forzarlo a lasciare Acri. Per di più Bon non nascondeva il suo completo accordo con il cartografo.

«Abbiamo già perso molti uomini in questa campagna, generale» disse. «Non possiamo lasciarne morire altri tremila. Sarebbe la nostra fine e quella della nostra missione.»

«E che cosa suggerite?» domandò infine.

«Di partire subito alla loro ricerca, anche a rischio di non poter controllare Acri per il momento.»

Il corso esitava ancora. Sapeva di non avere scelta, e questo lo irritava. Lasciar morire deliberatamente uno dei suoi più valorosi ufficiali avrebbe messo fine alla sua carriera di stratega e rovinato gli *altri* suoi piani. Doveva prendere una decisione.

Quello stesso mattino presto, senza dormire neppure un attimo, Bonaparte si preparò a intervenire in aiuto di Kléber: mobilitò la divisione di Bon, dispose che otto cannoni da dodici libbre li accompagnassero e diede ordini precisi affinché la cavalleria al completo lo scortasse in direzione di Djebel el-

Dahy, una valle circondata da rupi scoscese dove era prevedibile che fosse intrappolato il suo generale.

Il suo istinto si rivelò più acuto che mai.

Dopo aver suddiviso in quattro le sue forze, distaccando i contingenti a ottocento metri l'uno dall'altro, conquistò l'accampamento del Macellaio all'alba del 28 di Germinale, annientandolo mentre quello si lanciava contro le prime linee difensive di Auguste Kléber trincerato dietro una selva di baionette.

La spessa colonna di fumo che gli invasori sollevarono al loro passaggio disorientò i turchi, incapaci di contenere l'impeto dei francesi: trecento cammelli come bottino di guerra, più di un migliaio di tende incendiate, depositi di polvere da sparo e cisterne d'acqua fatti esplodere in mille pezzi dall'artiglieria gallica e all'incirca cinquecento prigionieri, catturati in meno di due ore, disarmarono il pascià Ahmed che ordinò l'immediata ritirata.

Il trionfo fu completo. Nei giorni seguenti decine di cadaveri mutilati, ancora vestiti con le loro magnifiche sete di Damasco, affiorarono vicino a pozzi, ponti, sulle rive del Giordano e quasi in ogni angolo della valle di Jezreel. Dio, effettivamente, aveva seminato. Ma il suo seme era la morte.

Poco dopo mezzogiorno di quello storico 28 di Germinale, Napoleone fece una cosa che nessuno seppe spiegarsi: anziché ritornare ad Acri per continuare ad assediare il Macellaio, chiese al suo maresciallo di campo una scorta che lo accompagnasse fino a Nazareth. Sembrava che il generale avesse fretta, come se un impegno ineludibile esigesse la sua presenza in quel luogo. Un impegno che, senza dubbio, doveva stare ben al di sopra delle sue responsabilità militari.

Elias Buqtur, il fedele interprete copto, partì con lui.

«L'imam ha detto che ci avrebbe aspettato presso il pozzo di Miriam» annunciò strada facendo. «Il suo messaggero ha giurato che aveva qualcosa di molto importante da comunicarvi e che doveva farlo di persona.»

Napoleone non aveva mai visto Elias così serio. Nella sua immancabile camiciola nera, il copto dallo sguardo cupo aveva un'espressione grave e preoccupata.

«Qualcosa ti preoccupa, Elias?»

«Solo la salvezza della mia anima, generale.»
«Perché allora sei così serio?»
«Intuisco che per voi questa riunione sarà molto importante. Non è facile che l'imam delle sacre colline riceva un uomo di sangue straniero.»
«Hai fatto bene ad avvisarmi con prontezza. Credi che sia rimasto colpito dalla nostra vittoria?»
«I saggi del deserto non giudicano mai qualcuno da una sola azione, generale. Osservano per tutto il tempo necessario, meditano tutta una vita se occorre, e agiscono di conseguenza quando credono che i tempi siano maturi.»
«In questo caso, mio buon Elias, l'imam avrà notato che il destino è dalla mia parte. Che la stella della vittoria mi accompagna...»
Buqtur non ebbe il tempo di rispondere. Nazareth apparve all'orizzonte quasi a sorpresa.
Dal colle su cui si trovavano potevano distinguere perfettamente i tre settori della città. Quello musulmano, con le viuzze ricoperte da teli a strisce per proteggere dal calore, rimaneva nel lato occidentale della cittadina. Il quartiere cristiano, al centro, spuntava sopra gli altri grazie al campanile di mattoni della chiesa francescana dell'Annunciazione. E il settore ortodosso, il più orientale, appariva colmo di cupole di calce di modesta altezza, tutte di un bianco immacolato. Nonostante la grande quantità di torri e minareti, Nazareth deluse Napoleone: la città di Gesù era poco più grande di un villaggio del Sud della Francia.
«Il pozzo di Miriam è laggiù, vicino al minareto azzurro» Elias lo indicò con sicurezza.
«Ma si sa dove visse Gesù?»
Il copto guardò l'«invincibile» con aria sorpresa. Sorrise e, senza parlare, tracciò con il dito un cerchio nell'aria indicando in modo ambiguo un'altra zona della città.
«Noi pensiamo fosse dietro il quartiere cristiano. In quella direzione... Però non c'è nulla di certo: sono passati quasi duemila anni, generale.»
Gli uomini di Napoleone non superavano la dozzina. Benché corressero il rischio di cadere in un'imboscata, la vittoria sul pascià Ahmed era stata così schiacciante che era poco pro-

babile che qualche soldato del Macellaio fosse rimasto a Nazareth e osasse sfidare le loro carabine.

La città, a dire il vero, era vuota. Quando entrarono, la piccola piazza dove si apriva la bocca del pozzo di Miriam apparve deserta come tutto il resto. I raggi del sole a picco, implacabili, cadevano senza pietà sugli uomini della spedizione.

Ebbero appena il tempo di smontare, inumidire le labbra riarse e scuotersi la polvere dalle uniformi. Una rapida esplorazione dei dintorni confermò le prime impressioni del gruppo: non c'era niente da temere. Nessuna delle casupole di mattoni crudi raggiungeva l'altezza sufficiente per garantire un buon angolo di mira a un improbabile tiratore. Inoltre nessuno di quei tetti piatti di canne e paglia avrebbe sostenuto il peso di un uomo adulto. La pattuglia non trovò né armi né soldati che le impugnassero. La zona era pulita.

Gli uomini di Bonaparte presero posizione e attesero in silenzio l'arrivo dei suoi anfitrioni.

L'attesa fu breve. Dopo pochi minuti una piccola comitiva si avvicinò decisa verso di loro. Arrivavano da est. Si trattava di tre uomini soltanto, vestiti con tuniche di seta e con il viso parzialmente coperto da turbanti blu. Erano tre individui magri e di statura elevata, che avanzavano a passo sostenuto e portavano tutti un fagottino color zafferano legato in vita. Non avevano cavalli e non davano l'impressione di viaggiare armati...

Quello in testa al gruppo, quando fu abbastanza vicino al drappello di dragoni, alzò il braccio destro in segno di saluto. Elias Buqtur, abitualmente parco di cortesie, rispose senza indugio.

«Sono loro, generale» mormorò compiaciuto.

A Napoleone fu subito chiaro chi dei tre fosse l'imam. Nello scostare il turbante, un volto affilato, coperto da una barba bianca e ben curata, lo osservò senza distogliere lo sguardo.

«Allah sia con te, sultano Bunabart...»

Bonaparte sorrise, mentre gli tendeva la mano. Doveva essere un individuo straordinario. I suoi occhi di cristallo azzurro chiaro lasciavano intravedere una purezza di spirito come il corso non ne aveva mai viste.

«Il vostro trionfo su Djezzar è un ulteriore segnale a conferma dei nostri sospetti» disse. «Voi siete, senza ombra di dubbio, colui che stavamo aspettando.»

«Colui che stavate aspettando?»

«Sì» proseguì l'imam, senza nemmeno presentarsi. «L'inviato che attendevamo per recuperare un antico tesoro di conoscenza, strappato quasi duemila anni fa al popolo egizio. Bunabart è stato scelto per portare a termine una così elevata missione divina.»

«Elias non mi ha parlato di nessun tesoro.»

Il corso cercò gli occhi del suo interprete, che si limitava a tradurre meccanicamente, come in trance, ciò che gli uni e gli altri dicevano. Era strano: Buqtur evitava di guardare in modo diretto i nuovi arrivati, come se portasse loro un timoroso rispetto.

«Inoltre» proseguì Napoleone «se non conosco il tesoro di cui mi parlate, difficilmente potrò aiutarvi a recuperarlo. La missione che mi ha condotto fin qui è un'altra, e si riassume nel restituire la libertà al nobile popolo d'Egitto e ripristinare la sua gloria passata.»

«Nient'altro?»

I tre beduini si guardarono tra loro, come se diffidassero delle parole dello straniero.

«Siete davvero voi Bunabart? Lo stesso che ha sconfitto i mamelucchi davanti alle piramidi di Giza? Colui che nelle moschee del Cairo ha promesso di difendere la religione del Profeta?»

Napoleone sbuffò, ma non rispose.

«Se davvero lo siete, sappiamo che c'è un'altra cosa che vi ossessiona, Bunabart...» mormorò il più giovane degli uomini del deserto, intervenendo nella conversazione. «Riguarda il vostro bisogno di vincere la morte. Ormai la temete come il peggiore dei nemici, ma siete intelligente: ora che la gioventù vi scorre ancora nelle vene, siete venuto in queste terre per strappare loro il segreto che vi permetterà un giorno di vincere la morte.»

Bonaparte scosse la testa in segno di diniego.

«Quale uomo non cerca questo segreto? In ciò non sono diverso da nessuno di voi...»

«Non avete motivo di accettare questa sorte, potente sultano dell'Occidente» continuò il giovane dagli occhi color ossidiana. «Se infatti il vostro destino è quello che sta scritto, questo è il momento di chiarirvi alcune cose prima che proseguiate il vostro cammino.»

Elias Buqtur invitò i tre beduini a sedersi su alcune stuoie che la scorta aveva sistemato all'interno di un'ampia capanna. Napoleone, ancora impressionato dall'imperturbabilità dell'imam e dei suoi compagni, aspettò che costoro prendessero posto prima di fare altrettanto.

L'anziano si chiamava Balasan e, anche se nessuno gli credette, dichiarò di avere centodieci anni. I suoi discepoli, Tagar e Titipai, erano assai più giovani. Entrambi si offrirono immediatamente di dirigere i francesi nella preparazione di un improvvisato banchetto.

Gli uomini di Bonaparte, affamati dopo la battaglia, si erano già procurati delle provviste in un paio di abitazioni abbandonate. Avevano scelto le vivande migliori per il loro generale e le avevano lavate e preparate. Un po' di miele, pane azzimo e quattro aironi che, spennati e puliti per essere arrostiti, giravano su un fuoco improvvisato all'ingresso del rifugio. L'imam, con la stessa espressione severa di quando era giunto, rifiutò la carne e si limitò a prendere un po' di frutta da una delle ceste che gli tesero. Prima però di iniziare a mangiare, parlò.

«È giusto farvi sapere che apparteniamo a una confraternita che protegge il luogo in cui visse Yeshua, uno dei profeti riconosciuti dal Corano» disse Balasan con un tono di voce caldo e gentile. «Da secoli studiamo la sua eredità, senza lasciarci coinvolgere dagli scontri che decimano i fedeli cristiani e musulmani. Se oggi vi degnerete di restare con noi, vi istruiremo su di Lui e vi mostreremo quanto abbiamo appreso in merito alla sua capacità di vincere la morte.»

Elias Buqtur, dopo aver tradotto quell'invito in francese, si chinò verso Bonaparte e gli bisbigliò qualcosa all'orecchio che i tre beduini non poterono sentire. Il corso annuì con il capo e poi squadrò il suo interlocutore da capo a piedi.

«Venerabile patriarca, mi tratterrò solo se risponderete a una domanda. Mi basta un sì o un no.»

«Dite, Bunabart...»

Napoleone si inumidì la bocca con un po' d'acqua, prima di chiedere a bruciapelo: «È vero che conoscete la formula per ritornare dalla morte?».

L'imam sorrise compiaciuto. Non c'era più dubbio: finalmente aveva incontrato il magnifico sultano bianco che aspettava da tanto tempo.

VII

Il Cairo Antico

La reazione di Marcos VIII non lasciò indifferente padre Cirillo.

Prima l'anziano copto serrò gli occhi con forza, cercando di nascondere il senso d'impotenza che si stava progressivamente impadronendo di lui. Poi si aggrappò al piccolo rosario di grani d'osso che teneva in una delle sue tasche e lo strinse con tanta rabbia che quasi lo ruppe.

«Per tutti i santi!» esplose infine Cirillo da Bologna. «Il Santo Padre deve ascoltarmi! Quel libro è pericolosissimo! È un'arma! Una tentazione!»

Takla si spaventò. L'improvviso accesso d'ira del suo maestro fece scricchiolare l'impiantito di legno del tempio. Il vecchio poi diventò paonazzo e si gonfiò come una spugna immersa nell'acqua. Quasi non sembrava più lui. Se non si fosse trovato in un luogo sacro e accanto a un uomo di provata santità, Takla avrebbe creduto di avere di fronte una manifestazione demoniaca di prim'ordine.

Invece no.

Dopo aver superato lo sgomento iniziale, prima ancora che Takla potesse avvicinarglisi per placare il suo animo, il vecchio si rialzò in piedi con un balzo. Non disse niente. Né si lamentò, come era sua abitudine, della debolezza delle proprie gambe. Si precipitò verso la porta di San Sergio, da cui era appena uscito Marcos VIII, agitando le braccia sopra la testa.

Fuori era già buio. Una ventata d'aria fresca gli diede un illusorio senso di pace, che durò il tempo necessario per distinguere sotto la pallida luce di una luna quasi piena la sagoma del patriarca che si dirigeva verso i suoi alloggi.

«Santità» gli gridò. «Devo avvertirvi di un'altra cosa! Dovete ascoltarmi, vi supplico!»

Marcos si fermò di colpo e si voltò verso l'anziano Cirillo, che gli si avvicinava a grandi passi.

«Credevo di averti manifestato chiaramente la mia intenzione di meditare sulle tue parole, prima di decidere che cosa fare con il libro che mi hai consegnato.»

«E dovete fare ciò che vi detta la vostra coscienza, Santo Padre. Però vorrei che consideraste un altro dettaglio...» Cirillo ansimava. «Qualcosa su cui forse non ho posto la necessaria enfasi.»

«Non è questa l'ora.»

«Sì che lo è!»

«Padre Cirillo, ti ricordo che mi devi rispetto.»

«Ma è proprio il rispetto, insieme all'amore per voi e per la Chiesa, che mi obbliga a parlarvi così.»

Marcos VIII si ammorbidì. Sul suo viso, argentato sotto la luce lunare, ritornò un'espressione conciliante.

«E va bene, Cirillo. Dimmi cos'è che devo tenere così presente.»

«Il libro, Santità, cela una specie di manuale di istruzioni. È, se mi permettete il paragone, una sorta di trattato di meccanica, in cui ciascuna delle sue parabole e allusioni va intesa come una metafora che nasconde un sapere preciso...»

«Un sapere preciso?» Marcos si strinse nelle spalle. «Che genere di sapere?»

«Un sapere che rende possibile la resurrezione della carne, signore.» Cirillo riprese ad ansimare, mentre cercava di dominare il suo affanno. «Il libro che ho tradotto per voi è, in sintesi, un manuale per restituire la vita ai morti, qualora costoro soddisfino determinate condizioni.»

«Questo non è possibile, l'avrai interpretato male.»

«Invece credo proprio che sia così. Ho fatto questa scoperta rivedendo l'originale greco e notando certe parole che si ripetevano costantemente, come in un codice...»

Il patriarca era diffidente. Forse Cirillo aveva perso la ragione a causa dell'età e dell'immane sforzo richiestogli. Tuttavia non ebbe il tempo di esaminare a fondo le spiegazioni del vecchio professore. Costui infatti, visibilmente infervorato, proseguì, nel bel mezzo dei giardini ormai vuoti del quartiere copto: «Il segreto sta nei simboli, Santità... Ricordate come viene rappresentato san Marco fin dai tempi dei primi cristiani?».

«Come un leone.»

«Esatto. E il leone ha un significato celeste molto concreto: per gli antichi, egizi compresi, nei cieli esisteva un leone divino che oggi identifichiamo con l'omonima costellazione. Orbene, ogni volta che il Leone compare all'orizzonte, a oriente, prima del sorgere del sole, è il momento in cui la formula per restituire la vita si attiva. Chi fosse capace di individuare tale segno nel cielo, saprebbe che è giunto il momento di usare il libro...»

«A oriente? Prima del sorgere del sole? Ma che razza di gergo è mai questo, padre?»

«Quello utilizzato da san Marco nel suo Vangelo segreto, Santità. Quando arrivò in Egitto, scoprì che le più antiche cerimonie dei faraoni avevano a che fare con il tentativo di restituire loro la vita. E che tali cerimonie si effettuavano solo in certi periodi dell'anno, quando determinate stelle dominavano il firmamento. Proprio per questo mummificavano i loro re defunti: per prepararne la resurrezione al momento opportuno.»

«Non vedo la relazione con l'astronomia...»

«Il Tempo! Il Tempo al quale allude Marco sono cicli astronomici.»

«Continuo a non capire.»

«San Marco aveva compreso che tutto, nell'antico Egitto, era astronomia. Che il suo calendario si basava sui movimenti periodici delle stelle e del sole. L'oriente, il punto in cui sorge il sole, era conosciuto come "il luogo della resurrezione". E l'alba era il momento esatto che segnava il ritorno ciclico alla vita del re degli astri. Ogni volta che le stelle che disegnano il Leone celeste si collocavano a est e smettevano di essere viste esattamente ai primi raggi del sole, gli antichi egizi celebravano i loro più sacri rituali legati alla vita.»

«San Marco lo aveva scoperto?»

«San Marco fu iniziato a questi segreti, come leggerete nel suo libro. E li consegnò alla parola scritta proprio perché qualcuno, in futuro, capisse...»

«Insinui forse che san Marco ebbe accesso a un sapere iniziatico egizio e lo adattò al Vangelo che hai tradotto?»

Il dubbio del Santo Padre diede nuovo fervore a Cirillo da Bologna.

«E di che vi meravigliate? Il nostro venerabile Clemente d'Alessandria non lasciò forse scritto di aver potuto leggere i mitici quarantadue libri perduti del dio Toth?* Non fu lui a scoprire in quei testi allusioni a un tempo futuro, in cui si annunciava l'arrivo di uomini che avrebbero compreso i loro segreti?»

Il patriarca esitò. Posò le mani sulle spalle del suo anziano maestro e lo guardò con indulgenza. L'espressione severa non lasciava dubbi riguardo alla sua preoccupazione.

«Ti stai allontanando pericolosamente dall'ortodossia, padre Cirillo, e la cosa peggiore è che utilizzi a tal fine gli strumenti offerti dalla tua stessa fede. Dovresti riposare e ripensare alle tue convinzioni. Sei un seguace di Cristo. Come Marco. A lui devi ammirazione e rispetto per essere stato tanto vicino al Signore.»

«Santità, voi non mi comprendete. Il libro parla di un Tempo. Clemente parlò di un Tempo. E questo Tempo è arrivato: i simboli celesti lo indicano.»

«Un Tempo?»

«Osservate il cielo e verificate voi stesso!»

Marcos VIII alzò lo sguardo verso il firmamento. La sagoma scura della cupola di Abu Sarga era l'unico angolo della volta celeste privo di stelle. Il resto era disseminato di astri. La Via Lattea, a sudovest, divideva il firmamento in due. E benché la luna brillasse con intensità, gli astri si contavano a migliaia.

Cirillo da Bologna, con gli occhi spalancati, indicò in una direzione verso l'oscurità.

«Tra poche ore, quando albeggerà, l'ultima che si vedrà a est, verso le piramidi, sarà una stella della testa del Leone... Verso sud, alla stessa ora, sarà l'occhio della costellazione della Fenice** a spegnersi per ultimo. Vi rendete conto ora del significato di questi simboli?»

* *Stromata*, libro IV.

** Il nome della Fenice fu dato definitivamente a questa costellazione dall'astronomo tedesco Johann Bayer nella sua opera *Uranometria* (1603), che contiene le prime mappe celesti della storia moderna e inaugurò una nuova era per la scienza della cartografia celeste. Tuttavia Bayer si attenne a un'antichissima tradizione introdotta da astronomi arabi e cinesi, che vedevano in questa stella la forma di un volatile: l'uccello della vita eterna.

«No.»

«Nella mitologia greca la fenice è il simbolo della resurrezione. L'uccello capace di rinascere dalle sue stesse ceneri.»

«Un mito, padre. Un mito pagano.»

«Un mito però che, in questo caso, segna l'inizio del Tempo. Non capite? Il leone annuncia alla fenice che il tempo della resurrezione è arrivato, allo stesso modo in cui Marco avvisa noi. Tutto coincide!»

Il patriarca sbuffò. «Basta, Cirillo. Nessuno può resuscitare, tranne Dio. Solo lui ha questo potere. Nessun libro, per santo che sia, può spiegare i procedimenti dell'Altissimo e conferire agli uomini un potere che ci è precluso da prima della nostra creazione. Stento a credere che tu abbia dimenticato un insegnamento così elementare.»

«Questo libro è diverso, Santità. Fate attenzione a non utilizzarlo male o farlo cadere nelle mani sbagliate.»

«Basta, ho detto! Per oggi ti ho ascoltato a sufficienza.»

«Ma Santità...» protestò l'altro.

«Basta! Sparisci!»

Il vecchio copto si trattenne. Fece un passo indietro, obbedendo agli ordini del suo superiore, non senza prima sussurrare qualcosa che perfino Takla, dall'ingresso del tempio, poté sentire con tutta chiarezza: «Non mi lasciate alternativa, Santità». Il suo tono era minaccioso. «Vi dimostrerò il potere di quel libro e presto vi rivolgerete a me, perché sia io a custodirlo.»

Marcos VIII non rispose. Era già scomparso all'interno del convento.

VIII

Degli ultimi giorni del Signore sulla Terra.

La calligrafia di padre Cirillo, benché non fosse più ferma come ai tempi dell'insegnamento nel seminario, era impeccabile. Il patriarca la osservò con soddisfazione nell'intimità discreta dei suoi alloggi.

Già il titolo da solo, magniloquente e stravagante, prometteva una buona lettura.

Nel complesso il manoscritto tradotto dal vecchio copto di Santa Caterina superava i cento fogli. Erano stati riempiti con quella scrittura minuta e compatta che Marcos VIII conosceva così bene. E con piacere contemplò quel fascio di fogli alla luce tremolante del suo candelabro.

Perché Cirillo insisteva tanto sulla pericolosità del libro? Che male poteva fare a lui, con la sua cultura e la sua posizione, un testo di diciotto secoli prima?

Il Santo Padre non dormì tutta la notte. Non poteva. Con gli occhi spalancati divorò in poche ore ciascuna delle pagine consegnategli da Cirillo, lasciandosi inebriare da un testo che emanava forza da ogni parola.

Il documento, preceduto dalla lettera di san Marco a uno dei suoi discepoli, con ogni probabilità un suo inviato a Roma, spiegava perché l'evangelista si fosse allontanato in tutta fretta fino al Cairo. A quanto sembrava Simon Pietro, già insediato nella città eterna e a capo delle prime comunità cristiane, era interessato al tipo di formazione che il Maestro aveva ricevuto in Egitto durante gli anni della fuga da Erode. La sua doveva essere un'ossessione. Tutto quel che riguardava il *rabi* si era trasformato, dalla sera al mattino, in oggetto di speculazione e controversia tra i primi cristiani. E se si voleva edificare una Chiesa solida, senza spaccature e inattaccabile come quella propugnata da Paolo di Tarso, bisognava tenere sotto controllo qualsiasi informazione suscettibile di essere impiegata contro i cristiani.

In simili questioni Pietro era uno stratega.

Di fatto, quello che aveva reso impellente la presenza di Marco al Cairo erano le voci incontrollate sul fatto che Gesù fosse stato iniziato ai misteri di Iside e Osiride. A Roma si era arrivati a dire che il Figlio dell'Uomo avesse addirittura plagiato i segreti della religione dei faraoni, esportandoli poi a Gerusalemme come se fossero suoi.

Marco e Pietro avevano temuto il peggio. Sapevano meglio di chiunque altro che, in effetti, il Maestro aveva trascorso sei lunghi anni in Egitto e che il plagio contestatogli era tecnicamente possibile. In quel lasso di tempo, pur essendo ancora un bambino, il Signore doveva aver ricevuto insegnamenti molto elevati che si sarebbero rivelati fondamentali durante la sua vita pubblica. E benché nessuno avesse mai saputo quali fossero tali insegnamenti, il sospetto che si trattasse di misteri iniziatici della dottrina di Iside poteva screditare la nuova Chiesa.

Di una cosa il rude pescatore della Galilea era sicuro: se le accuse si dimostravano vere, bisognava fare tutto il possibile per eliminare le prove dell'iniziazione del Maestro. Altrimenti l'idea di un Salvatore originale e indipendente rischiava di naufragare per sempre.

Per fugare ogni dubbio, l'uomo più adatto era il giovane e sagace Giovanni Marco. Così, nell'estate dell'anno 66 dopo la nascita del Messia il futuro evangelista era salpato verso la provincia romana d'Egitto per la missione più rischiosa della sua vita.

Il Santo Padre lesse quelle rivelazioni con avidità.

Presto venne a sapere che agli inizi dell'anno 67 Giovanni Marco si era installato in una pensione a ridosso della fortezza che occupava Il Cairo Antico. «Era un luogo che tutti conoscevano come Babilon o Babilonia, benché in realtà si trattasse di un antico nome egizio che gli stranieri pronunciano male: *Pi-Api-on*, la dimora di Api, dio del Nilo» spiegava Marco nella sua relazione.

L'evangelista lavorò come contabile in una casa di pegno giudea raccomandatagli da Pietro e nei periodi in cui i commerci languivano sfruttava il tempo libero per indagare, cercando di non sollevare troppi sospetti.

Al giovane Marco occorsero mesi per acclimatarsi in quel luogo straniero, dove si celebravano culti per lui incomprensibili. Il Cairo era un crogiolo di fedi. Seguaci di Mitra, dei riti misterici di Adone, di Orfeo e perfino di Pitagora, trasformato in Messia da una crescente comunità di esaltati, riempivano le strade della città reclutando nuovi adepti.

In quell'ambiente particolarmente vivace non ebbe troppe difficoltà a indagare sui maestri di Gesù, chiamato anche Yeshua o figlio di Miriam: riteneva infatti che la sacra famiglia potesse essere conosciuta in tutti questi modi. Ciononostante, nessuno seppe aiutarlo. Stranamente, sembrava che nessuno si fosse accorto dell'arrivo di tre esiliati dalla Galilea, ormai più di mezzo secolo prima.

Marco fece anche le sue verifiche nelle uniche due sinagoghe della città, ma con scarso successo: nemmeno i rabbini avevano mai sentito parlare di Gesù o della sua famiglia. Passò perfino due settimane della stagione delle inondazioni con un gruppo di commercianti greci che lo illusero di avere qualche notizia sul soggiorno egiziano del Maestro, ma alla fine lo truffarono e lo derubarono dei pochi sesterzi che aveva portato con sé per la sua missione.

L'evangelista era sul punto di ammettere la sua sconfitta, ma la fede in Nostro Signore lo fece persistere nel cammino.

Durante quel periodo, tramite qualche viaggiatore, Pietro gli inviava occasionalmente lettere d'incoraggiamento e un po' di denaro, ricordandogli che nonostante i più di cinquant'anni trascorsi doveva essere possibile trovare qualcuno ancora in vita che avesse conosciuto il *rabi* nella sua tenera infanzia. «Devi cercarlo con impegno» scriveva Simone. «Dio premia sempre chi persevera e chi lotta per mantenere puro il Suo Sacro nome.»

L'attesa, unita alla tenacia di Giovanni Marco, finì per dare i suoi frutti sei mesi dopo.

A seguito di vari altri tentativi frustrati, alla fine Marco trovò una pista affidabile. Si trattava del vecchio capomastro dello scalcinato tempio del Bennu, nella vicina città di Eliopoli.

«Ra-Mose, così si chiamava l'anziano capomastro del tempio» lasciò scritto l'evangelista in un'altra delle sue relazioni «ricordava perfettamente il falegname e muratore giudeo che lo aveva aiutato durante i lavori al tetto del sancta sanctorum del palazzo della Fenice. Il suo racconto coincideva a tal punto con quanto sappiamo di Gesù e mi aveva talmente emozionato che senza esitazione gli offrii i miei servizi e un po' di retribuzione, per potermi installare a casa sua per qualche giorno e ascoltarlo con più attenzione. Ra-Mose superava ormai i settant'anni, ma durante le serate passate insieme si esprimeva come se la sua memoria fosse quella di un mio coetaneo. Così mi raccontò che spesso quel falegname veniva a Eliopoli accompagnato dal figlio di quattro anni, un bambino sveglio e curioso che si mosse nel tempio per settimane e per il quale Neb Sen, il sommo sacerdote, nutriva un affetto speciale. Quel bambino non poteva essere altri che Nostro Signore.»

Giovanni Marco, di seguito, forniva ulteriori particolari: «Ra-Mose non ha mai detto se Neb Sen insegnò qualcosa a quel bambino, né ha chiarito se quella creatura vivace e curiosa fosse il nostro beneamato. Del resto, nemmeno io gli ho spiegato ciò che sapevo. Tuttavia il poco che ha ammesso di conoscere della vicenda era quanto di più incoraggiante io avessi sentito fino a quel momento.»

L'emozionata lettera dell'evangelista fece sussultare il patriarca dei copti. La missiva continuava spiegando come Giovanni Marco, dopo aver trascorso cinque giorni in casa di Ra-Mose, si fosse recato nella vicina Eliopoli alla ricerca di ulteriori informazioni. E riferiva anche che vi aveva incontrato rovina e desolazione. Per giunta Neb Sen era morto da anni, e da allora il culto del disco solare di Eliopoli a poco a poco era stato abbandonato.

«A Babilonia mi avevano parlato dell'origine di questa città. Gli egizi la chiamavano *Innu*, che significa pilastro, giacché in quelle terre oggi deserte esisteva in tempi remoti un'enorme colonna, sulla quale si posava un uccello divino che tutti chiamavano Bennu.»

Marco, inorridito da tanto assurdo paganesimo, proseguiva così il suo racconto: «Però non ho trovato neanche una traccia del pilastro Innu, né dell'uccello Bennu. Ho saputo invece che i greci lo chiamavano Fenice. Sono anche venuto a sapere che il culto principale di questo luogo sacro era dedicato alla resurrezione. Da quanto mi hanno raccontato, ogni trent'anni circa l'uccello Bennu si immolava su un rogo che egli stesso preparava con cura, riunendo rami secchi con il becco. Dopo essere bruciato fino a consumarsi, al terzo giorno l'uccello resuscitava ringiovanito emergendo dalle sue ceneri...».

Marcos VIII, che leggeva senza battere ciglio i fogli di papiro, giunto a quel punto si agitò.

«I sacerdoti, che proteggevano tale segreto con la loro vita, sapevano che non tutti gli uccelli erano creature Bennu, proprio come non tutti gli umani avevano nelle proprie vene l'essenza divina sufficiente per raggiungere una simile rigenerazione. Osiride l'ottenne grazie alle arti studiate da Iside nel tempio della Fenice. Iside fu in grado di restituire il soffio vitale al proprio fratello e sposo, dopo che questi era stato sacrificato dalle forze dell'oscurità e smembrato in quattordici pezzi dal suo stesso fratello. E il piccolo Gesù, se fu lui ad accompagnare il falegname giudeo che aiutò Ra-Mose, dovette senza dubbio essere iniziato a una tale conoscenza misteriosa. Tutto avvenne nelle settimane di restauro del tempio, con l'esplicito consenso di Giuseppe e Maria.»

Da quello stesso testo Marcos VIII venne a sapere che la festa dei re magi della tradizione cristiana coincideva con quella che gli antichi egizi chiamavano Giornata di Osiride. Durante quella notte, come lesse, i pagani invocavano il dio e raccoglievano l'acqua del Nilo in grandi quantità, nella certezza che sarebbe servita a purificarli dai loro peccati per il resto dell'anno. Durante quelle ore d'oscurità Osiride poteva anche favorire alcune famiglie trasformando l'acqua in vino... proprio come aveva fatto Gesù alle nozze di Cana.

Giovanni Marco aveva annotato tutte quelle rivelazioni con cura speciale. Il suo testo abbondava di particolari in apparenza insignificanti sulla vita quotidiana dei sacerdoti e degli ospiti del tempio del Bennu, che aveva saputo sia da Ra-Mose sia da altri informatori di cui si era guadagnato la fiducia.

Il testo insisteva particolarmente su uno di loro: uno stravagante commerciante di stoffe, membro del clan dei Rashid e oriundo dell'antico insediamento di Menfi, a una quarantina di chilometri da Eliopoli, con cui aveva stretto subito amicizia.

«Suleiman si rivelò un uomo gradevole e dai modi raffinati» scriveva Marco alla fine della sua introduzione. «Dopo essersi informato sulla mia provenienza e avergli io confidato di credere in un solo Dio, che aveva reso uomo il proprio figlio primogenito per salvarci dai nostri peccati e dimostrarci che la resurrezione della carne era possibile, mi accolse come un membro della sua famiglia. Mi disse di avere lo stesso nome del re saggio dei giudei, Salomone, con la differenza che il suo dio non era Yahvè ma l'antico Osiride. Fu lui a istruirmi sui misteri che rivelerò in queste pagine e che, a quanto mi ha assicurato, sono gli stessi che il sacerdote Neb Sen confidò al figlio del falegname.»

Marco interrompeva qui la sua descrizione per inserire un'avvertenza al lettore, che colse alla sprovvista il patriarca: «Suleiman mi disse: "So che il culto dei misteri di Osiride sta morendo e che il sapere dei miei avi confluirà presto in altre fedi, proprio come il Nilo Azzurro si fonde con il Nilo Bianco. La mia famiglia è stata scelta, ciò nonostante, per proteggere qualcosa di più grande di una fede. Il nostro clan custodisce il segreto della resurrezione dell'uccello Bennu e proteggerà il suo nido fuori da Kemet, la sacra terra nera d'Egitto, finché non sarà giunto il Tempo e questa creatura sarà vista volare di nuovo sopra Giza ed Eliopoli".»

Di seguito Marco riportava altre parole di Suleiman: «E io, caro discepolo, lo trasmetto a te: queste sono le rivelazioni di Suleiman e quanto ho appreso in seguito sul Maestro e sul suo ritorno dai morti grazie a ciò che Egli, a sua volta, apprese dal sommo sacerdote Neb Sen. Custodisci tale segreto finché non arriverà, com'è stato scritto, il Tempo».

«Finché non arriverà il Tempo...» ripeté il patriarca tra i denti, sconcertato da quell'ultimo appunto.

Le candele nella sua stanza si erano quasi del tutto consumate. E non c'era più vino nella coppa. Del resto, con il nodo che aveva in gola non sarebbe riuscito a mandarne giù nemmeno un goccio. Altre domande lo tormentavano: perché Suleiman nel testo chiama san Marco «caro discepolo»? Forse il diavolo – chi avrebbe potuto essere altrimenti quel Suleiman – lo aveva convertito alla sua strana fede?

Il dubbio che Marco avesse potuto soccombere alla tentazione e che, pertanto, il suo santo patrono fosse il più perverso degli eretici, gli mise in subbuglio lo stomaco.

Ora capiva Cirillo da Bologna: mal utilizzato, quel testo era peggio della peste. Aveva davanti un'arma così affilata che il solo mostrarla avrebbe potuto distruggere la sua Chiesa. E in seguito, opportunamente impugnata dal Male, avrebbe potuto trascinare nell'abisso l'intera cristianità.

Marcos VIII respirò profondamente.

Il sole del nuovo giorno stava per spuntare tra i sicomori del giardino su cui si affacciavano gli alloggi del patrirca, vicino ad Abu Sarga. Il pontefice rimuginò per un bel po' sulle strane rivelazioni di quella lettera, dimenticandosi che la costellazione del Leone era appena scomparsa all'orizzonte, proprio a est di Giza. In realtà era così assorto nelle sue elucubrazioni da non rendersi quasi conto che uno dei suoi assistenti, lo sguardo alterato dal terrore, aveva fatto irruzione nelle sue stanze senza annunciarsi.

«Santità, si tratta di fra Cirillo!»

Il ragazzo gesticolava con le mani davanti al viso impassibile del patriarca.

«Dovete venire con me!» gridò. «Immediatamente!»

IX

Luxor

Il cortile innalzato dal grande Ramsete era vuoto. Non una delle sue grandi colonne papiriforme si ergeva più nello stesso luogo disposto dal faraone oltre trenta secoli prima. In notti buie come quella solo le volpi del deserto e gli spiriti si rallegravano del caos che regnava da così tanto tempo.

Ma le bestie di questo o dell'altro mondo non erano le uniche creature che si aggiravano nei dintorni di Ipet Resyt.

A ogni nuova ondata di vento caldo un'ombra slanciata, infagottata in una tunica scura, avanzava verso la parte frontale del tempio. I suoi piedi non toccavano il suolo, lo accarezzavano senza sollevare un solo granello di polvere, come se volasse rasente il lastricato. Poteva essere un uomo adulto il cui modo di muoversi però non corrispondeva a nessuno dei guardiani del tempio.

Sembrava un *djinn*.

Due passi a est, cinque a nord... Con precisione millimetrica lo spettro avanzò verso la cappella costruita dai romani ai tempi di Diocleziano. Senza fermarsi a riprendere fiato, attraversò il sancta sanctorum di Alessandro Magno, superò la montagna di sabbia che seppelliva la parte più occidentale del complesso e, con estrema cautela, si avvicinò al suo obiettivo. Un braccio d'ebano lungo e muscoloso, depilato con cura, si distese circondando in un sospiro il collo della Perfetta. La mano dello «spirito», grande e forte, tesa come un arco, sigillò la sua bocca prima che la ragazza potesse reagire.

«Taci!» ordinò a bassa voce. «Sono Alì. Non temere.»

A Nadia, che ancora se ne stava rannicchiata nel suo nascondiglio, si gelò il sangue. Alì? Alì Ben Rashid? E cosa ci faceva lì suo zio di Dendera?

Il minore del clan dei Ben Rashid, con un'agilità sorprendente, si caricò sulle spalle la leggera Nadia e con la rapidità di un felino la portò fuori dal perimetro del tempio.

Subito dopo, senza scambiare una parola, salirono in groppa al suo cavallo e fuggirono verso oriente. In pochi minuti si lasciarono alle spalle le ultime case abitate di Luxor e, una volta costeggiato l'accampamento francese di fronte alla splendida Isola dei Coccodrilli, infilarono un sentiero che si perdeva tra le piantagioni di fagioli e riso.

«Ci hai messi in un bel guaio, Nadia. In un guaio enorme...»

Suo zio, un uomo sulla trentina, muscoloso e dallo sguardo penetrante, era l'immagine vivente degli antichi sacerdoti ritratti sulle pareti dei templi. Fin da bambina Nadia lo ricordava con il cranio rasato, sempre avvolto da quella singolare aura di solennità. Erano anni che non lo vedeva. O che, per essere più precisi, non lo frequentava. Ma cosa ci faceva nel tempio in piena notte? L'aveva seguita? L'avrebbe protetta da Omar... o forse, come quasi tutti a Luxor, lavorava per lui?

Alì borbottò: «Ti abbiamo venduta a quell'oste perché sorvegliassi da vicino Omar e i suoi seguaci». E parlando a denti stretti, rispose senza volerlo ai suoi timori. «Ti abbiamo educata perché tu fossi le nostre orecchie nel mondo degli infedeli. E pur sapendolo, sei venuta meno alla tua sacra missione. Perché sei scappata?»

I suoi rimproveri andavano aumentando di tono.

«Perché hai tradito i tuoi?»

«Non ne potevo più, zio. Ero stufa di...»

La Perfetta non ebbe il tempo di terminare la frase. L'enorme mano del nubiano scaricò su di lei un poderoso ceffone che la scaraventò nel fango.

«Traditrice!» sibilò, sputando a terra. «Chi sorveglierà ora quel profanatore? Chi lo distrarrà dalla sua voracità nei confronti dei nostri morti?»

Nadia, con il viso in fiamme e gli occhi umidi, sussurrò qualcosa mentre cercava di trattenere le lacrime.

«Zio Alì...» soffocò un singhiozzo. «Ero stanca di ballare danze profane per quei maiali. Stufa di essere la *a'hira** di Omar e di non sentire altro che sciocchezze. È così difficile capirlo?»

«Sciocchezze? Ti sembra una sciocchezza che i francesi stiano scavando nella Valle dei Re e stamattina abbiano trovato una nuova tomba tra le pietre della montagna sacra?»

La Perfetta sussultò. «E tu questo come lo sai?»

«Me l'ha detto la tua compagna, Fatima...» rispose Alì. «Anche se non ci crederai, il clan non ti ha mai abbandonata. Senza che tu lo sapessi Fatima era incaricata di proteggerti se le cose si fossero messe male; è stata lei ad avvisarci della tua fuga. Per fortuna ero in città. Sono giorni di rito per le inondazioni del fiume. D'altra parte, sei stata tu a scegliere la strada della danza, segnando il tuo destino.»

«Già...» mormorò lei, mentre scrollava il suo costume ormai rovinato. «Quindi non vi siete mai fidati di me.»

«Ti proteggevamo. Sei troppo preziosa per la nostra famiglia, e lo sai. Se così non fosse, avresti già pagato il tuo tradimento con la morte.»

«Forse lo avrei preferito.»

«Non dirlo nemmeno per scherzo.»

Non si rivolsero più la parola per il resto della notte.

Alì cambiò cavallo in un piccolo villaggio presso una delle anse del fiume, e cavalcò senza fermarsi fino al mattino. Scendeva lungo il corso del Nilo, controcorrente, con una direzione molto precisa.

«Non andiamo a Dendera, vero?» gli chiese la Perfetta.

Alì continuò a cavalcare senza risponderle.

«Potresti almeno dirmi se fuggiamo da qualcuno.»

Il nubiano, lo sguardo assorto, limitò la sua risposta a un laconico: «A suo tempo. Ogni cosa a suo tempo», allentando le redini con decisione.

Il robusto cavallo che avevano preso in cambio resistette senza dar segni di fatica fino alle porte del villaggio di Edfu. Entrarono dal lato posteriore, attraversando quelli che erano chiamati «gli orti degli ebrei», e smontarono davanti a una

* Prostituta.

pensione malfamata dove finalmente si sedettero a mangiare. Uova strapazzate – un'usanza importata degli invasori –, succo di melone e un po' di latte di capra bollito.

Mentre Nadia finiva di mangiare, gli occhi ancora arrossati per la mancanza di sonno e la guancia gonfia per lo schiaffo, suo zio si decise a confidarsi con la giovane. Il locale era vuoto. I pochi francesi appostati a Edfu formavano un misero picchetto d'emergenza lasciato da Desaix per coprire la sua retroguardia, ed era poco probabile che si facessero vedere così presto.

«Stiamo andando verso il delta. A Eliopoli, l'antica città dei saggi» disse finalmente.

«Eliopoli? Vuoi dire la città maledetta di On?»

«Proprio quella.»

«Ma stiamo cavalcando verso sud!» protestò la Perfetta. «Stiamo andando nel senso opposto!»

«Il percorso non conta, presto lo comprenderai. Solo la meta è importante.»

«E perché Eliopoli? La nostra famiglia non ci ha mai voluto mettere piede...»

«Fai troppo domande, Nadia» l'interruppe Alì con tono infastidito.

«Forse perché la famiglia, la nostra famiglia, non mi ha mai raccontato niente, non credi? Hanno sempre creduto che fossi una ragazzina stupida, senza il diritto di sapere nulla.»

«Sei stata tu a scegliere la tua educazione.»

«Ti sbagli! Io ho scelto la strada della danza, ma non di essere tenuta al margine delle grandi decisioni del clan. I miei fratelli sanno, le mie sorelle pure. Perché io no, se sono speciale come dici?»

«E va bene...» il nubiano sembrò intenerirsi. «Appena tre notti fa il patriarca Ahmed si è svegliato in preda all'agitazione. Conosci Ahmed?»

«Il veggente cieco. Ho sentito parlare molto di lui.»

«Ebbene, in sogno una figura evanescente, un angelo di Dio, gli ha rivelato che ciò per cui il nostro clan si sta preparando da secoli è sul punto di avverarsi.»

«Secoli? Che genere di preparazione? Di cosa parli, Alì?»

Ben Rashid non si scompose e proseguì il suo racconto.

«La nostra famiglia è la legittima depositaria di un antico segreto. Di qualcosa che già veniva custodito prima della nascita del Profeta e di cui abbiamo perso il controllo molto tempo fa. La visione del venerabile Ahmed era un oracolo, una profezia. Una rivelazione che lo ha fatto saltare dal suo giaciglio e svegliarci tutti per darci la notizia. In piena notte, con gli occhi vitrei di chi ha visto la Verità, ci ha avvertiti che presto avremmo avuto bisogno di tutta la nostra magia per recuperare quell'antica e preziosa eredità, nascosta con ogni probabilità a Eliopoli.»

«Nascosta? E da quando? Dall'epoca dei faraoni? E se non fosse più lì?»

«Lo abbiamo pensato anche noi. Ma siamo a conoscenza di documenti che sembrerebbero confermare la visione di Ahmed.»

«Documenti?»

Alì sorrise.

«Sappiamo da certi papiri che in tempi antichi a Eliopoli esisteva un edificio, da tutti chiamato l'Inventario.* Dentro tale edificio venne costruita una camera di granito che custodiva un grande scrigno di selce, il quale a sua volta ne conteneva un altro di bronzo, un terzo d'argento e infine uno d'oro. Dentro quest'ultimo il dio Toth in persona nascose l'eredità che cerchiamo, proteggendola con una maledizione perché nessuno la rubasse. Ma non è questa la cosa peggiore...»

«Ah, no?»

«L'angelo apparso ad Ahmed gli ha rivelato quello che temevamo: i sostenitori del culto solare, gli avversari di Toth e di tutte le divinità della notte, hanno deciso di prendere d'assalto quel luogo, rubare il suo segreto millenario ed eliminarci per evitare che ce ne impossessiamo prima di loro. E pensano di farlo scagliandoci contro gli avidi francesi.»

Nadia aveva l'espressione di chi non ha capito una parola. Le sembrava un guazzabuglio.

«Culto solare? E noi che cosa...?»

* Nel 1890 il filologo tedesco Adolf Erman portò a termine la traduzione di un misterioso papiro, nel quale veniva menzionato questo luogo situato a Eliopoli. Gli egittologi lo considerano un «papiro d'invenzione» – lo chiamano «Westcar» –, dal momento che finora non è stata trovata traccia alcuna dell'Inventario.

«Forse tuo padre non te lo ha mai spiegato» gli occhi del nubiano scintillarono per un istante. «Ma non lo si può incolpare di questo: è morto troppo presto. Tuttavia, Nadia, è ora che qualcuno lo faccia...»

«Fare cosa?»

«Mostrarti la Verità, la nostra Verità. La Verità della nostra famiglia e l'origine del conflitto nel quale tu, piccola perla dei Ben Rashid, giocherai un ruolo sacro. Vieni con me. Abbiamo deviato fino a Edfu, perché tu veda una cosa. Consideralo» ironizzò «il tuo primo giorno di scuola.»

La Perfetta era incuriosita. Da suo nonno Gabriel aveva saputo che la famiglia Ben Rashid affondava le proprie radici in sabbie ancestrali e che, dopo l'arrivo dell'islam in Egitto, buona parte dei suoi membri aveva deciso di sopravvivere ai cambiamenti religiosi abbracciando il sufismo, il ramo ascetico dei seguaci di Maometto.

Rifugiatisi nella ricerca dell'unione mistica con Dio predicata dai sufi, i Ben Rashid erano uno dei pochi clan che avevano continuato a dedicarsi a fondo alle diverse forme di magia ereditate dai loro antenati egizi. Uno degli ideologi di quel ramo ascetico, il filosofo iraniano Yahya Suhrawardi, si era sforzato di innestare nell'islam i resti di quella che, con un eufemismo, si può definire «religione orientale originale», rivelata al mondo da Ermete Trismegisto, identificato dagli egizi nell'antico dio Toth. Il suo tentativo fu scoperto e Suhrawardi crudelmente giustiziato dal califfo di Baghdad.

Nadia era cresciuta in quell'ambiente. Era stata iniziata alla danza e al ritmo, discipline che l'islam tollerava grazie agli insegnamenti del poeta e mistico Rumi, il quale nel XIII secolo aveva fondato l'ordine dei *mevlevi*, i dervisci. Ma l'ordine aveva camminato sempre sul filo dell'eresia. Di fatto la Perfetta aveva dedicato tutte le sue energie alla danza, e non era stata introdotta a nessuno degli altri saperi iniziatici della famiglia.

Sembrava chiaro che si era persa qualcosa di importante...

X

Edfu, 1° Rabi I*

Nel fresco del mattino Nadia e Alì camminavano verso il centro del paese, lasciandosi alle spalle la via del mercato e due moschee scalcinate che servivano da rifugio notturno ai viaggiatori indigenti. Era sabato e l'aria profumava di frutta fresca e menta. I venditori più mattinieri erano occupati a bagnare il selciato e a disporre le merci sui loro poveri carretti colorati. Nadia era stregata da quella attività mattutina. Non c'era da stupirsi: a Luxor, dopo un'estenuante nottata di lavoro nel caffè di Hayyim, a quell'ora di solito dormiva.

Finalmente, in mezzo a un gruppo di case di mattoni crudi, i viandanti videro emergere le mura dritte e squadrate di un tempio antico.

«Benvenuta nella casa del grande Horus» mormorò Alì con tono reverenziale. «Questo è il luogo in cui il divino trionfa sul mortale. Il palazzo della resurrezione.»

La Perfetta fischiò ammirata.

Tutto il complesso era il più suggestivo e meglio conservato di quanti ne avesse mai visitati. Le sue pareti svettavano più alte perfino delle enormi colonne della sala ipostila di Karnak e apparivano ricoperte di rilievi miracolosamente conservati. Per qualche motivo che Nadia non riusciva a comprendere, romani, copti e musulmani non si erano accaniti contro la mi-

* 3 agosto 1799 secondo il calendario islamico. Anno 1214 dopo l'Egira.

riade di uccelli, stelle e simboli pagani delicatamente lavorati sulla pietra bianca.

«Lo vedi?» Il nubiano all'improvviso era raggiante. «Questo posto è davvero degno degli dèi! Mille anni fa molto vicino a qui si trovava il Kap, il luogo dove il giovane Amenhotep apprese le lezioni più importanti della vita e dove gli narrarono la battaglia ancestrale di cui voglio parlarti oggi.»

Alì Ben Rashid, proprio come i sacerdoti senza barba sulle pareti, si inchinò cerimoniosamente prima di oltrepassare l'ingresso del tempio e di entrare nel cortile aperto che conduceva a un portale sorvegliato da due enormi statue di granito. Due colossali uccelli di pietra li stavano osservando.

L'uomo color dell'ebano incrociò le braccia sul petto e piegò un ginocchio a terra. Il recinto a quell'ora era ancora vuoto.

«Horus, il dio con la testa di falco, era figlio di Iside. Sua madre restò incinta di lui dopo aver temporaneamente resuscitato Osiride e aver ricevuto nel suo grembo il sacro seme del dio dei morti...»

«Questa storia la conosco» replicò Nadia con un sorriso ingenuo. «Quando quel figlio postumo crebbe e venne a sapere che suo padre, il divino Osiride, aveva perso la vita per mano dello zio, decise di vendicarlo. Ebbe così origine la lotta senza quartiere tra Horus e l'onnipotente assassino Seth. Il loro scontro segnò profondamente la fede dei nostri avi e, per generazioni, rappresentò l'ideale della lotta tra la Luce e l'Oscurità. Horus era figlio della Luce; Seth, delle Tenebre.»

«Proprio così» annuì il nubiano. «Questo tempio venne costruito per ricordare quella lotta, ma anche come monito per tutti i sostenitori di Seth, l'oscuro. Gli architetti che elevarono queste mura, le riempirono di immagini eloquenti del suo scontro con Horus. Vieni: te le voglio mostrare.»

Alì prese Nadia per mano e la condusse con sé all'interno di un secondo recinto. Poi imboccarono uno stretto passaggio laterale, senza soffitto, sulle cui pareti si vedevano scene distinte di un singolare scontro navale. I rilievi, chiari e pieni di particolari minuziosi, colpirono la Perfetta. Barche a una sola vela, governate da uno striminzito esercito di vogatori, inseguivano una strana creatura acquatica. A prua un maestoso Horus, lancia in resta, cercava di dare la caccia al mostro.

«I seguaci di Horus raccontano che il dio falco, una delle gloriose manifestazioni di Ra, il disco solare, trafisse Seth con la lancia e lo fece sprofondare nelle tenebre, sconfiggendolo per sempre. Qui Seth ha le sembianze di un ippopotamo, lo vedi?»

Nadia annuì, estasiata.

«Nel sesto mese dell'anno in questo tempio si celebrava la festa della Vittoria, con cui si commemorava il trionfo della Luce sull'Oscurità...»

«E così, alla fine, Horus sconfisse Seth» interruppe la Perfetta, meravigliata.

«Non proprio...»

Lei guardò di sottecchi Alì, che era come ipnotizzato davanti a quelle scene belliche.

«Cosa intendi dire?»

«Per questo ti ho portata fin qui, Nadia: perché impari che, anche se la storia la scrive sempre il vincitore, ciò non significa che il vinto sia stato eliminato. E nemmeno che il vincitore sia il giusto e il vinto il cattivo.»

«Spiegati meglio.»

«Horus e Seth erano molto più che semplici divinità. Rappresentavano due modi differenti di intendere la religione e l'esistenza. Il primo venerava il sole come fonte di vita, mentre il secondo adorava la notte come origine della conoscenza.»

«Non sono incompatibili...»

Alì sorrise di fronte all'ingenuità di Nadia.

«C'è qualcosa che questi muri non raccontano: molto prima del tradimento di Seth, il dio Osiride, geloso e possessivo come pochi, osservava con preoccupazione il cammino della specie umana che aveva addestrato. Vedeva che il loro cuore non era così puro come sperava e che non meritava di ricevere il prezioso dono della vita eterna. Seth, al contrario, credeva che solo la concessione di tale privilegio avrebbe migliorato l'animo degli uomini ma, non avendo ottenuto da Osiride l'assenso ai propri progetti, decise di rubare il segreto e di nasconderlo sulla Terra con l'aiuto di Toth.»

«Quindi lo affidò agli uomini?»

«No, Seth non era stupido. L'avrebbe affidato solo a chi lo avesse davvero meritato. A chi l'avesse cercato con spirito nobile e avesse dimostrato il proprio valore. Così facendo, però, dischiuse agli uomini la strada per la divinità, cosa che portò allo scontro radicale Seth, Osiride e la loro famiglia.»

«E come potrebbe un uomo dimostrare il proprio valore?»

«Scoprendo il segreto che unisce la Terra al Cielo» Alì strizzò un occhio. «Ma non è facile. Nell'Egitto dei nostri antenati non esisteva scienza più nobile dell'astronomia, lo studio del firmamento... Nella ricerca del prezioso lasciapassare per l'immortalità, alcuni scelsero lo studio del sole e altri quello delle stelle. Quasi tutti fallirono, perché erano spinti dal sogno dell'immortalità e non da una ricerca nobile che arricchisse il loro spirito.»

«Fu da lì che nacquero gli adoratori del Sole e i sethiani?»

«Proprio così. L'abisso fra le due dottrine si fece sempre più grande. I seguaci di Seth innalzarono templi sulla riva del Nilo imitando la forma delle costellazioni,* nella certezza che così avrebbero distillato dalle stelle l'elisir della vita. I fedeli di Horus fecero lo stesso, allineandoli al sole nei momenti chiave dell'anno. Il culto profondo dei solari era monoteista: credevano che dal sole emanassero tutte le altre divinità, le quali non erano altro che qualità parziali di una sola entità.»

«Ho sempre creduto che...»

«... Che noi egiziani fossimo politeisti?» Alì la interruppe divertito. «In realtà fu così solo sotto il dominio sethiano. Ma prima di quei tempi, i seguaci di Horus celebrarono i propri secoli di egemonia politica innalzando templi come questo a Edfu o, molto prima, imponenti piramidi simili a quelle di Giza.»

«Le piramidi sono opera dei solari?» Nadia inarcò le sopracciglia, assumendo un'espressione particolare e tenera.

«In realtà solo quelle di Chefren e Micerino, i cui nomi e titoli reali sono associati alla fede nel dio Ra.** La piramide di Cheope,*** la più antica e grande di tutte, fu invece un prodigio architettonico dei sethiani, e venne edificata per adempie-

* Rimando di nuovo il lettore al mio romanzo *Le Porte dei templari*, per comprendere la portata di questo culto e la sua diffusione in Europa fino a Medioevo inoltrato.

** In effetti, i nomi originali di questi faraoni, Kafra e Menkaura, significano rispettivamente «Ra, quando sorge» e «Durevoli sono le energie vitali di Ra».

*** Cheope, Khufu in antica lingua egizia, significa «Egli mi protegga».

re allo scopo di "macchina della vita eterna". Cheope credeva di aver trovato qui vicino, a Saqqara, l'eredità nascosta da Toth e la utilizzò come meglio poté nella costruzione del suo monumento.»

«E funzionò?»

Alì esitò.

«A dire il vero, non lo sappiamo. Il corpo di Cheope non fu mai trovato nella piramide. È scomparso probabilmente in tempi remoti, cosa che portò a una dura repressione e persecuzione dei sethiani. Non c'è dubbio che questa sopraffazione aveva il solo scopo di strappare loro il segreto di Cheope.»

Nadia stava per fare una nuova domanda, ma il nubiano la zittì con un gesto e proseguì: «A quell'epoca i solari, guidati da Chefren, presero il potere e edificarono le piramidi per dimostrare che anche loro erano capaci di creare le "macchine della vita eterna". E per un certo periodo perfino i sethiani, decimati e divisi, credettero che Horus avesse insignito i suoi seguaci della benedizione della formula della vita...».

La Perfetta ascoltava Alì senza smettere di ammirare le nitide scene di guerra di quel corridoio. La persecuzione del dio con la testa di falco nei confronti dell'ippopotamo Seth illustrava alla perfezione il racconto di suo zio.

«Ben presto si scoprì l'imbroglio» sospirò lui. «Gli adepti di Seth avevano fatto così bene il loro lavoro con la Grande Piramide di Cheope, che la religione dei solari si indebolì proprio per l'incapacità di imitare quella "dimora dell'eternità". Improvvisamente perfino i faraoni rimpiansero gli insegnamenti degli astronomi di Seth, che identificavano Iside con la stella Sirio, Osiride con la costellazione di Orione e Toth con l'amabile volto della luna.»

«Riuscirono a recuperare il potere?»

Alì rispose amaro: «Dovette scorrere il sangue. La guerra scoppiò alla fine della Quarta Dinastia, quando diventò evidente anche al popolo che il grande segreto che aveva reso forti i solari non era in realtà in loro possesso. Mi riferisco, è chiaro, alla formula che aveva permesso a Iside di resuscitare Osiride in modo che la mettesse incinta di Horus».

«Il segreto della vita!»

«Fu un dramma terribile. La formula della vita non serviva solo a mostrare la strada dell'immortalità al faraone, ma anche a dotarlo di forza ed energia, a prolungare i suoi anni di regno. I faraoni solari cominciarono a poco a poco a indebolirsi sotto gli occhi dei sudditi. Ormai non godevano più della salute e della forza dei loro predecessori: ed essi stessi persero fede in Horus. In queste circostanze con uno sforzo minimo i sethiani riconquistarono il potere e tornarono a governare l'Egitto.»

«E tornarono anche a costruire nuove "macchine"?»

«Per la verità no, Nadia. In tutto quel tempo anche loro avevano perso il segreto. I suoi custodi erano morti senza tramandarlo a nessuno. Probabilmente la trasmissione del segreto s'interruppe durante la repressione che subirono, e la formula nascosta da Toth sulla terra fu dimenticata. Ciò nonostante seppero tenere la bocca chiusa. Gli adoratori delle stelle dominarono sul Nilo per altri dodici secoli, finché vennero minacciati da un pericolo molto grave...»

«Un pericolo?»

«Nel XIV secolo a.C., dopo la morte del grande faraone Amenhotep III, il culto solare riapparve con una forza inusitata. I suoi sacerdoti sembravano capaci di prodigi che si ricordavano soltanto negli antichi racconti, e perfino i re avevano un aspetto più vitale ed esuberante che mai.»

«Avevano recuperato la formula di Iside?»

La deduzione della Perfetta fece sorridere Alì.

«Molti lo credettero. In realtà il loro ritorno fu l'esito di oltre mille anni di silenziosa resistenza, organizzata in modo scrupoloso e prudente. Però sì, senza dubbio tornarono perché in qualche modo avevano ritrovato il segreto di Iside. Tra i sethiani si diffuse di nuovo il timore di perdere il potere, ma anche la speranza di impadronirsi della formula che non erano stati capaci di custodire. Capisci, ora? Quella era la loro grande opportunità.»

«Hai detto Amenhotep?» gli occhi neri di Nadia brillarono. «Il re la cui tomba è stata appena scoperta dai francesi?»

Alì annuì.

«Amenhotep assistette impotente al passaggio alla fede solare del suo stesso primogenito, che aveva presagito il cambiamento politico di cui ti ho parlato. Il suo rampollo rinnegò d'un tratto tutte le antiche divinità e si dedicò al culto del brillante disco diurno, convinto che questo gli avrebbe rivelato l'ambita formula negata a suo padre e ai sethiani.»

«Ma cosa convinse il principe a cambiare religione?»

«Per quanto ne sappiamo noi, la ragione va cercata in certi popoli nomadi del deserto. In qualche modo, i più umili abitanti dell'Egitto avevano conservato la formula fin dall'epoca degli dèi, e videro nel figlio di Amenhotep uno strumento per partecipare di nuovo alle decisioni politiche del paese. Questi nomadi si vestivano di blu e, anche se non sappiamo niente di loro, dovevano essere una sorta di protetti di Seth, o di Toth, o del gruppo delle divinità "ribelli". Di fatto, uno di quei "saggi blu" salì alla carica di tutore reale del giovane figlio di Amenhotep. Si chiamava come il re, Amenhotep figlio di Hapu, e tra le altre cose arrivò a essere il supremo responsabile delle cerimonie Zed del faraone...»

«Cerimonie Zed?»

Le informazioni dello zio iniziavano a girare vorticosamente nella testa della Perfetta. Formule della vita eterna, lotte di potere del tempo degli dèi... A quale dottrina voleva iniziarla Alì?

«Sì, Nadia» continuò paziente il nubiano. «Le cerimonie Zed erano i riti che davano salute e immortalità al faraone e facevano parte del grande mistero ereditato dai tempi di Iside e Osiride. Furono le cerimonie Zed, che si celebravano ogni trent'anni, a dare prestigio agli adoratori del Sole, poiché sembrava che ricaricassero di vita i faraoni anziani. Ma dalla fine della Quarta Dinastia, una volta perduto il segreto, i riti si ridussero a poco più di un semplice spettacolo. Per questo il culto di Horus e del disco solare cadde in disgrazia fino all'epoca del re Amenhotep IV.»

«E dimmi, zio, che cosa capitò al tutore, il figlio di Hapu, quando il primogenito del faraone salì al trono?»

«Fu molto strano. Di fatto, i nomadi che avevano restituito all'Egitto la formula della vita scomparvero poco dopo l'incoronazione e la professione di fede di Akenaton, o "Spirito vittorioso di Aton", che fu il nome scelto per il regno dal principe rivoluzionario e traditore... Con loro scomparve anche il figlio di Hapu, il cui corpo non occupò mai la tomba vicino al tempio dei Milioni di Anni del faraone.»

«Cosa credi sia successo?»

«La nostra famiglia ha qualche sospetto: Akenaton alla fine non era poi un figlio malvagio come si crede. Sembra che nel trentaseiesimo anno di regno del padre abbia ordinato la celebrazione di una imponente cerimonia Zed in suo onore. Una festa fuori luogo, perché Amenhotep III l'aveva già celebrata sei anni prima. Ma il faraone era molto malato e stanco della vita. Akenaton si impietosì per la sua sorte e volle prolungargli la vita.»

«Prolungargli la vita?» Nadia spalancò gli occhi come due lune piene.

«Proprio così» confermò il nubiano. «Akenaton, già in contatto con la potente magia dei "saggi blu", utilizzò tutta l'intensità della formula della vita sul padre, infondendogli abbastanza forza da arrivare al suo quarantesimo anno di regno.»

«E cosa fecero i "blu"?»

«Evidentemente si sentirono traditi da colui al quale avevano affidato la restaurazione della loro millenaria saggezza. Akenaton per loro era linfa nuova, ma a causa di un sentimentalismo che non comprendevano aveva svelato parte della formula al padre moribondo.»

«Così Amenhotep III ne trasse giovamento...»

«In parte sì. In effetti, tale fu il suo entusiasmo per il successo di quella cerimonia Zed, che il faraone volle dirigere personalmente i lavori per la propria tomba, vicino alla Valle dei Re, e realizzò ogni genere di modifiche alla struttura e alle decorazioni. Cambiò tutto: le scritte, i rilievi, l'ordine dei testi sull'aldilà. Quasi volesse nascondere in quel luogo quello che aveva appena sperimentato.»

«La tomba!»

«Sì, Nadia. Proprio la tomba che hanno appena scoperto i francesi, e che anche Omar Ben Abiff conosce. Ora capisci? Se per un solo istante qualcuno di loro sospettasse che Amenhotep III possa aver inciso nel suo letto eterno informazioni sulla formula usata su di lui da Akenaton, potrebbero strapparci ciò che ci appartiene di diritto.»

Alì pronunciò l'ultima frase volontariamente con un tono che la fece sentire in colpa. La Perfetta aveva abbandonato il suo privilegiato posto di sorveglianza a Luxor, accanto a Omar, ideale per controllarne i movimenti sulla Riva dei morti. Ma ormai era tardi per rammaricarsi. Il nubiano rifiutò senza esitazioni la sua proposta di tornare a Biban el-Muluk per spiare di nascosto la scoperta dei soldati di Napoleone. Il ritrovamento della tomba del compianto Amenhotep III era per lui solo un segnale in più che qualcosa di importante stava succedendo in Egitto. Qualcosa che finalmente Alì le confessò.

«È inutile guardare indietro» disse molto serio. «Abbiamo seri indizi che i "saggi blu" sono tornati.»

Suo zio proferì quelle parole come qualcuno che apra la chiusa di un grande bacino. E senza attendere che sommergessero Nadia, sentenziò: «Il venerabile Ahmed, il nostro amato patriarca, lo ha visto con chiarezza in sogno. Da altre fonti abbiamo saputo inoltre che hanno incontrato il sultano dei francesi, Napoleone Bonaparte, quattro mesi fa. Sono tornati dal deserto, dove sono rimasti nascosti per secoli, e il nostro clan ha motivo di credere che vogliano imporre un'altra volta la religione solare in Egitto... Cercano un nuovo Akenaton. E per instaurarlo si insedieranno nella regione del delta e diffonderanno il loro credo in tutto il paese. L'oracolo di Ahmed è inequivocabile».

«Ma potranno farlo? Potranno imporre la loro fede?»

«Sì, se ottengono l'appoggio degli attuali eredi di Akenaton e stringono un'alleanza con loro.»

«Gli attuali eredi, dici? Credevo che Akenaton fosse stato il primo e unico re della sua epoca a difendere il culto del Sole. Che i suoi discendenti fossero tornati alla fede antica.»

Alì, che per tutto il tempo non aveva lasciato la delicata mano della Perfetta, le rispose con aria paterna: «E così è stato, bella Nadia. Quel regime naufragò senza perdere contatto con la vera fonte della saggezza. Tuttavia la corrente dei solari rimase infiltrata nella casta sacerdotale egizia fino all'arrivo di un principe straniero, destinato a trasformarsi in un potente capo spirituale. Riteniamo che appartenesse a quegli stessi "saggi blu", anche se non lo ammise mai. Fu un principe i cui seguaci in poco tempo diventarono assai numerosi anche in Egitto e la cui religione, contro ogni previsione, finì per dominare buona parte del mondo civilizzato...».

«Chi, zio? Chi fu questo principe? Ho mai sentito il suo nome?»

«Il suo nome era Yeshua.»

«Yeshua...?» Il tono melodioso della Perfetta di colpo si fece duro. «Ti riferisci al Messia dei cristiani? A Gesù?»

Il nubiano annuì: «Non so come accadde, ma quel giudeo in esilio ricevette la più alta delle iniziazioni in terra d'Egitto. Con certezza divenne depositario della formula della vita di Iside e la portò con sé lontano dal Nilo, per usarla sui mortali... e addirittura su se stesso!».

Nadia era stupefatta. «E i suoi eredi?»

«Si nascondono tra i copti, Nadia. Tra i primi e veri seguaci di Yeshua che ancora esistono.»

La Perfetta non fece altre domande.

XI

«È vero che conoscete la formula per ritornare dalla morte?»

La domanda del corso rimase sospesa nell'aria per alcuni istanti, gravitando minacciosa sui presenti.

Napoleone, impaziente, si guardò intorno con aria distratta, come per dare ai suoi interlocutori il tempo di trovare la risposta adeguata.

Non ci fu alcuna reazione.

«Generale...» mormorò alla fine il suo interprete «questi uomini sono scesi dalle montagne per la prima volta dopo molti secoli solo per parlare con voi. Quando tutto era perduto per le truppe di Kléber, alcuni di loro hanno aiutato di nascosto i soldati a trovare acqua e cibo. Sono amici. Ma desiderano parlare soltanto con voi.»

«E io sono solo con loro, Elias.»

Elias Buqtur abbassò i suoi brillanti occhi neri, evitando di guardare apertamente in viso Bonaparte.

«Quello che voglio dire è che le loro risposte varranno soltanto per voi. Non per la vostra missione militare, né per i vostri uomini. Sarà qualcosa di più personale. Però, signore, sono sicuro che risponderanno a questa vostra domanda e a molte altre.»

«Questo ti hanno detto?»

Buqtur scosse la testa.

«No. A dire il vero la loro volontà di rispondere è l'unica spiegazione al fatto che questi uomini abbiano tanto insistito per incontrarvi. In un certo senso sono loro i veri signori di questa terra e ne conoscono tutti i segreti.»

Bonaparte era affascinato. Sapeva bene che avrebbe conquistato la Terra Santa solo se fosse stato capace di accattivarsi potenti alleanze tra le autorità religiose delle più diverse fazioni. Temeva tuttavia di perdere più tempo del necessario in quel villaggio.

«Quanto tempo ci tratterremo a Nazareth, Elias?»

«Al massimo questa notte, generale.»

«Come puoi esserne così sicuro?»

«Perché l'acqua e il cibo che hanno preparato basteranno solo per questo tempo.»

La perspicacia dell'interprete sorprese Napoleone. La capanna scelta per quella strana riunione era stata, in effetti, allestita con cura per un incontro di breve durata: varie stuoie di bambù ricoprivano il suolo, inumidito in precedenza per soffocare la polvere. In un angolo un lavamano e un catino di rame, puliti e pronti per l'uso, erano a disposizione in qualsiasi momento. Nelle immediate vicinanze era stata posata una caraffa piena di acqua fresca. E per proteggersi meglio dal caldo esterno, tutte le finestre erano state oscurate: la luce del giorno filtrava solo dalle canne del soffitto. Se i beduini desideravano che nulla di quella conversazione trapelasse senza il loro permesso, avevano scelto il luogo adatto.

Con il prezioso aiuto di Buqtur il corso seguì, dunque, le indicazioni dell'imam Balasan e del suo seguito. Nessun'arma, né speroni, fibbie o altri oggetti di metallo. Nessun cibo abbondante o eccessivamente saporito. Solo minestra di mais, frutta e verdura. E un'ulteriore condizione da osservare: se desiderava assimilare il messaggio che dovevano affidargli, l'«invincibile» avrebbe dovuto dimostrare uno spirito aperto.

«La formula di cui chiedete vi si rivelerà da sé, se osserverete questi semplici precetti» promisero alla fine, davanti allo splendido sorriso di Elias.

«Ma prima è nostro obbligo informarvi in modo adeguato» sottolineò uno di loro.

Cominciò così un lungo e strano racconto, nel quale i tre uomini delle montagne narrarono in modo dettagliato i particolari del viaggio di Gesù verso l'Egitto e il suo successivo ritorno a Nazareth.

«È di vitale importanza che sappiate cosa successe veramente, perché il vostro destino si compia» lo avvertirono.

E a seguire gli spiegarono che la permanenza di Yeshua nella terra del Nilo durò sei lunghi anni, durante i quali Giuseppe e Maria si prodigarono affinché il loro figlio primogenito ricevesse una formazione adeguata.

Quella storia sembrava ossessionarli. Di certo riuscirono a risvegliare una certa curiosità nel «sultano Bunabart». Napoleone sapeva che nessun testo copto, cristiano o arabo aveva mai affrontato quel periodo della vita del Messia di Galilea. Nel peggiore dei casi, pensò mentre ascoltava le loro spiegazioni, le informazioni che gli stavano dando i beduini sarebbero potute tornargli utili per accattivarsi i gruppuscoli cristiani che ancora controllavano certe città dell'Egitto e della rotta verso Gerusalemme...

«Yeshua restò a Nazareth finché compì trent'anni.» Balasan, il più anziano, prese ben presto le redini del racconto. «Tuttavia, anche se ciò che successe in questa terra fino all'inizio della sua vita pubblica è un mistero per i credenti, non lo è per noi...»

Il beduino scrutò l'espressione severa di Bonaparte, che sembrava impassibile. Balasan sapeva che quel soldato non aveva sospeso la sua battaglia solo per ascoltare una manciata di superstizioni locali, così decise di andare direttamente al punto.

«Non vi siete mai chiesto perché Yeshua aspettò di compiere trent'anni prima di dedicarsi completamente alla sua missione di "conquistatore di anime"?»

Il corso, sempre senza cambiare espressione, fece segno di no con la testa.

«La risposta è facile, sultano dell'Occidente: perché aspettava che si compisse la sua *Hebzed*.»

«La *Hebzed* o cerimonia Zed era la più sacra e importante delle feste dell'antico Egitto» intervenne Titipai, il beduino più esile. «Si celebrava solo quando il faraone raggiungeva tre decadi di regno e, attraverso una serie di rituali segreti, lo si rinvigoriva, allungandogli la vita. La cerimonia aveva un'origine divina ed era patrimonio esclusivo dei re.»

Napoleone, finalmente, sembrava interessato.

«E funzionava?»

Titipai annuì.

«Le celebrazioni avevano una doppia finalità: da un lato il faraone si sottoponeva alla potente magia operata in passato da Iside su Osiride, con il noto risultato della sua resurrezione. E dall'altro, davanti al popolo e ai rappresentanti diplomatici dei vicini paesi, il re dimostrava la sua forza superando varie prove fisiche in un luogo appositamente preparato. Solo così si aveva la conferma che la magia egizia era efficace e che Dio continuava a stare con il faraone.»

«C'è una cosa che non capisco. Se voi dite che tale rito era riservato ai re, perché venne concesso al figlio di un falegname di Nazareth?»

L'obiezione di Bonaparte ridusse al silenzio il beduino più magro, ma non scompose l'imam. Questi, in apparenza estraneo alla loro conversazione, allungò la mano con un movimento fulmineo e acchiappò una mosca. L'ammazzò senza esitazione, schiacciandola facendo scricchiolare in modo sgradevole il suo corpo, per poi riprendere di colpo il dialogo. «Non siate precipitoso nel vostro giudizio, Bunabart» disse. «Yeshua fu iniziato ai segreti di questa magia nella terra dei faraoni perché era stato identificato come un figlio di Horus. Yeshua aveva sangue reale, divino, nelle sue vene.»

«Ma Gesù era ebreo» protestò.

«Yeshua era figlio di Miriam. E Miriam apparteneva alla tribù di Giuda, che a sua volta era figlio di Lia, la sposa ripudiata da Abramo: quest'ultima venne fecondata e diede alla luce almeno quattro maschi per intervento diretto di Dio. Non avete letto la vostra Bibbia?»*

«Ma che cosa aveva a che fare la stirpe di Lia con l'Egitto?»

«Più di quanto crediate. Dai discendenti di un altro dei suoi figli, Levi, nacque Mosè, che fu principe d'Egitto, sommo sacerdote e iniziato a tutti i segreti della magia di Iside. Comprendete dunque perché gli eredi di questo potere ancestrale della dea Iside offrirono a Yeshua le loro conoscenze, non appena lo identificarono come creatura di sangue divino? Potete immaginare l'emozione provata da quei vecchi saggi, quando seppero che Yeshua, come Giacobbe o Levi molto tempo pri-

* *Genesi*, 29, 31-35.

ma, era nato da seme divino e umano? Come avrebbero potuto non iniziarlo alle cerimonie Zed?»

«Proseguite, vi prego.»

«Prima che Yeshua giungesse in Egitto, importanti faraoni si sottoposero alla cerimonia Zed. Non tutti vissero a sufficienza per raggiungere i trent'anni di regno, cosicché alcuni, vedendo la propria morte vicina, celebrarono con anticipo la cerimonia d'immortalità, coscienti del suo grande influsso magico.»

«... Però morirono.»

«Ah, Bunabart! È proprio questo il grande segreto. Le cerimonie Zed potevano sì allungare la vita, ma non riuscivano a conservarla per sempre. Ramsete il Grande partecipò a nove di queste cerimonie; Amenhotep a tre. Eppure alla fine entrambi abbandonarono la vita terrena.»

«Quindi...?» Napoleone iniziava a pensare che stava perdendo tempo con gli uomini del deserto.

«Lo scopo finale delle cerimonie Zed era la rigenerazione dell'anima del defunto. La preparavano per la sua resurrezione. Però, come già dovreste sapere, per resuscitare bisogna prima morire...»

L'imam, che ancora non aveva gettato via il corpo della mosca, lo accarezzò con la punta dell'indice, e l'insetto, dopo una serie di convulsioni, iniziò di nuovo a battere faticosamente le ali. Imperturbabile di fronte ai suoi spasmi, Balasan proseguì: «Per questo si preparava scrupolosamente il corpo dei re mediante il rituale dell'imbalsamazione. Coloro che conoscevano la magia compiuta su Osiride credevano che mummificando i propri defunti prima o poi il loro involucro carnale avrebbe potuto essere resuscitato con l'aiuto dei potenti sortilegi evocati durante la cerimonia Zed».

L'imam scrutò a fondo gli occhi castani del corso, prima di proseguire: «Però questa magia, sultano Bunabart, andò persa ufficialmente mille anni prima della nascita di Yeshua. I rituali Hebzed, che nella notte dei tempi servivano per resuscitare i morti, a un certo punto furono dimenticati e da quel momento nessun rappresentante della vita pubblica egizia ricordò più come impiegarli per fare in modo che il monarca ritornasse dal regno di Osiride».

«E Yeshua?»

«Come?» sbottò Tagar, il terzo dei beduini. «Ancora non capite? Yeshua fu iniziato all'Hebzed all'età di trent'anni. Morì dopo tre anni di predicazione e, trascorsi tre giorni, resuscitò... Qualcuno che non aveva dimenticato il segreto della vita ha usato su di lui l'antica magia dei faraoni!»

«Forse Bunabart potrà comprenderlo meglio ascoltando il racconto di Hordedef, uno dei figli di Cheope, il padre della Grande Piramide di Giza...» disse Titipai.

Il racconto di Hordedef

Le mani nodose dell'imam tracciarono il contorno di una piramide sullo strato sottile di limo lasciato da chi aveva allestito la capanna. Il vecchio prese un rametto di legno, flessibile e appuntito, e ritracciò i vertici del monumento. Dopodiché volse il suo sguardo quasi trasparente su Napoleone Bonaparte.

«È vero...» disse. «Forse in questo racconto lo straniero può trovare la Verità.»

Buqtur si affrettò a tradurre le sue parole, approfittando di una pausa dell'imam.

«Cheope» proseguì «il cui vero nome era Khufu, "Egli mi protegga", un giorno fece riunire i suoi principi perché gli raccontassero le storie dei loro antenati che avevano appreso a corte. Il re era una persona curiosa e quella era un'usanza frequente nella sua famiglia. Ora, l'unico che ne disattese il desiderio e non fece riferimento a fatti del passato fu Hordedef, uno dei figli maschi più grandi del faraone. Quando Hordedef prese la parola davanti al suo divino padre, parlò a Khufu di un mago che lo aveva affascinato e che aveva conosciuto poco tempo prima nella città di Dyed-Sneferu, a monte del fiume. Lo stregone possedeva alcune abilità straordinarie: era capace di saldare le estremità mutilate di un corpo senza essere un chirurgo, poteva addomesticare un leone selvatico senza essere un cacciatore e, cosa più importante di tutte, conosceva il numero delle stanze segrete del santuario del dio Toth.»

«Il dio Toth?»

La domanda di Bonaparte non dispiacque a Balasan.

«Sì. Di sicuro lo avrete visto rappresentato in molti luoghi d'Egitto, poiché grande fu il suo potere e straordinaria la sua influenza. Era il dio della saggezza, colui che mostrò agli uomini la scrittura geroglifica, diede loro leggi per governarsi e insegnò loro a costruire le piramidi. Viene rappresentato con corpo di uomo e testa di uccello, un ibis dal becco molto lungo. E regge sempre in mano uno stilo e una tavoletta da scriba.»

«Lo ricordo» annuì il corso. «Proseguite.»

«Quando sentì i prodigi di cui era capace quel mago, Khufu ordinò a suo figlio di condurlo a corte. Il re voleva verificare di persona quelle meraviglie, desiderio a cui Hordedef si piegò senza indugio. Dyedi, questo era il nome del mago, risultò essere un personaggio anche più straordinario di quanto immaginava il faraone. Aveva centodieci anni e un aspetto invidiabile. Diceva di essere capace di mangiare più di cinquecento pani al giorno, mezzo bue, e di bere quasi cento anfore di birra. Tuttavia, quando Dyedi si prostrò dinanzi al faraone, questi volle metterlo alla prova. Ordinò che portassero un prigioniero da fare a pezzi per verificare l'efficacia della sua magia, ma il mago, costernato, si rifiutò in modo categorico. Riteneva che l'umanità fosse un "gregge illustre" con cui non si poteva giocare e per la sua prova chiese un'oca.»

Il beduino lasciò che Buqtur terminasse di tradurre l'ultima frase, prima di proseguire.

«Al cospetto di Khufu, Dyedi mozzò il collo dell'oca con un taglio netto, mise la sua testa nel lato orientale del Salone dei Giudizi mentre il corpo inerte dell'animale fu depositato nell'angolo occidentale. Una volta separati, e avendo verificato che il tronco dell'oca giaceva esanime dopo il suo ultimo spasmo, il mago pronunciò un misterioso salmo...»

Napoleone si aspettava che l'imam ripetesse la formula magica, ma non fu così. Questi si limitò ad alzare lo sguardo al soffitto di canne della capanna e a gesticolare con le dita contratte.

«... Immediatamente il corpo dell'oca si rialzò e barcollando percorse il Salone dei Giudizi da un lato all'altro. Quando giunse di fronte alla propria testa senza vita, il tronco s'inclinò davanti a essa con delicatezza. La testa si scosse, poi, di colpo, fece un salto e aderì perfettamente al collo. L'oca era tornata a vivere.»

Balasan prese fiato.

«Dyedi ripeté la formula con un fenicottero e un bue. Una volta soddisfatte le richieste di Khufu, quest'ultimo gli fece la domanda che tanto gli stava a cuore: "È vero che conosci il numero di stanze segrete del santuario di Toth? Ho bisogno di questa risposta per completare il mio Orizzonte".»* L'imam indicò allora il disegno che aveva tracciato per terra, aggiungendovi corridoi e sale come se fosse un progetto. Lo fece senza smettere di parlare, incidendo con precisione la sabbia usando la punta della sua asticella. «Il mago allora scosse la testa e rispose: "No, mio signore. Non conosco tale cifra, ma so dove si può trovare". E non fece aspettare il re, che diventava sempre più impaziente: "Ciò che cercate è racchiuso da secoli in uno scrigno di pietra nell'edificio dell'Inventario, all'interno del sacro tempio di Eliopoli. Però soltanto una dinastia reale che discenda veramente da Ra lo potrà aprire. Colui che avrà questo privilegio non è ancora nato".»

Napoleone trattenne il respiro. L'anziano imam, senza smettere di aggiungere dettagli al suo disegno nel limo, terminò il racconto: «Dyedi indicò Rudeddet, sposa di un sacerdote del tempio di Eliopoli e discendente diretta di Iside, come la donna dalla cui stirpe sarebbe nato colui che avrebbe avuto accesso allo scrigno e a tutti i suoi segreti».

«Quindi esiste uno scrigno...»

«Uno scrigno, un'arca... che importa!» replicò Balasan. «Secondo Deydi il dio Toth lo aveva depositato nel santuario della Fenice, che è poi il tempio di Eliopoli, per custodirvi i segreti della magia di Iside e Osiride.»

«Come posso credere a questa storia?» lo interruppe il corso.

«Dovete crederci. Il Figlio di Ra che tutti aspettavano come colui che avrebbe aperto lo scrigno, non fu il principe erede di Cheope. Né suo nipote. E nemmeno il nipote del nipote. Dovettero passare secoli prima che un lontano parente di quelle dinastie approdasse in Egitto e fosse riconosciuto come l'Iniziato: si chiamava Yeshua.»

* Gli antichi faraoni egizi chiamavano «Orizzonte» la propria piramide.

«D'accordo. Supponiamo che tutto sia proprio come lo raccontate voi. Che la storia sacra in cui crede l'intera Europa si fondi su una vita di Gesù non abbastanza conosciuta...»

Napoleone guardò Elias Buqtur prima di terminare la frase. Lo sorprendeva che il copto, nonostante quelle affermazioni così destabilizzanti sul «suo» Gesù, non sembrasse particolarmente turbato.

«... Anche in tal caso, quello che non riesco a capire è per quale motivo avete deciso di trasmettere una simile conoscenza a me. Io sono un militare, non un religioso. Non sono il papa!»

«I segni che vi circondano, Bunabart, hanno stabilito così.»

«Segni? Quali segni?»

L'imam si alzò, lasciando che i suoi piedi scalzi poggiassero sulla terra non ricoperta dalle stuoie. Benché non fosse molto alto, il suo portamento era maestoso, varie spanne sopra la testa del corso.

«Tutti i segni!» esclamò. «Sultano dell'Occidente, la vostra nascita è stata preceduta dall'apparizione in cielo di una stella, proprio come in passato accadde con Osiride e Yeshua. Siete venuto in Terra Santa, nella patria dello stesso Yeshua, quando state per compiere trent'anni e siete ormai pronto per ricevere la vostra iniziazione Zed. E, se tutto ciò ancora non bastasse, provenite dal paese dove è stata costruita l'ultima delle piramidi di Toth. L'ultimo santuario edificato per un *Hebzed*.»

«Ma...»

Napoleone soffocò la sua protesta. Era vero che il prossimo octidi della III decade di Termidoro* avrebbe compiuto trent'anni. Verissimo anche ciò che aveva detto della stella. Ma come poteva un semplice beduino disporre di quell'informazione? I nomadi del deserto avevano spie così abili? E cosa significava il riferimento all'ultima piramide? In Francia? Dove diavolo aveva già sentito tutto ciò?

L'«invincibile» scosse la testa.

«Dovete imparare a liberare la vostra mente, Bunabart» mormorò Balasan, avvicinandoglisi all'orecchio. «Altrimenti i vostri dubbi vi porteranno alla sconfitta. Noi siamo venuti a quest'incontro solo per ricordarvi che dovete celebrare il vo-

* Il 15 agosto 1799 secondo il calendario repubblicano.

stro Zed, se volete dominare l'Egitto. La nostra missione sarà di insegnarvi alcuni principi fondamentali, perché portiate a termine con successo quella cerimonia.»

«Cerimonia? Sarete voi a officiarla?»

L'imam annuì.

«Dove avrà luogo? Quando?»

«Tre giorni prima del vostro trentesimo compleanno, nella Grande Piramide di Giza.»

Un brivido scosse Napoleone.

«Ma io non so niente di questi rituali! Non so cosa dovrò fare!»

«È molto semplice: peserete la vostra anima sulla bilancia di Maat, la dea della giustizia, e le chiederete il permesso di sottoporvi allo Zed» intervenne l'emaciato Titipai.

«Non ho idea di come si faccia una cosa simile!» insisté Bonaparte.

Il terzo beduino estrasse da sotto la sua tunica una boccetta di cristallo scuro, che conteneva una densa pozione. Era avvolta in una tela color zafferano, che impediva la fuoriuscita di quello strano aroma pungente che ora inondava tutta la capanna...

«Dunque, bevete questo. Vi preparerà per quel momento.»

Napoleone gettò un'occhiata sospettosa alla bottiglietta. Detestava ingerire sostanze sconosciute e rifiutava per principio tutte le cose della cui «sicurezza» non fosse asolutamente certo. Tuttavia, in quella occasione il corso cambiò inaspettatamente il proprio atteggiamento e avvicinò la bottiglietta alle labbra.

Che cosa aveva da perdere? La vita forse?

Buqtur, alle sue spalle, sorrideva più enigmatico che mai.

XII

Luxor, 1° Rabi I

Sporco e livido in viso, Omar s'infilò di buon'ora tra le modanature di stucco bianco che ornavano l'ingresso di Abu Al-Haggag. Come un automa lasciò i suoi sandali sul ripiano superiore dello scaffale di legno accanto alla soglia e istintivamente rese grazie ad Allah per trovarsi in un rifugio speciale come quello. La sua singolarità consisteva nel fatto che Al-Haggag era l'unica moschea di tutto l'Egitto costruita all'interno di un antico tempio pagano, rispettando la sua struttura originaria. Non esisteva un edificio simile al mondo, se si escludeva la moschea di Cordova, invasa da una cattedrale cristiana dopo la caduta di Al-Andalus nel 1492. Ma a dire il vero Omar pensava ad altro.

Aveva costeggiato il perimetro del tempio di Luxor dal suo lato orientale e, dopo aver superato il dislivello del primo cortile, il nubiano s'era inoltrato nella casa di Dio senza degnare di uno sguardo i due orgogliosi colossi situati pochi metri al di là del caratteristico minareto di mattoni vivi. Non aveva mai sperimentato prima quell'umiliante sensazione di sconfitta. E il fatto che la causa ultima del suo stato d'animo fosse una donna non faceva che peggiorare le cose.

Per sua fortuna a quell'ora erano in pochi a cercare un angolo fresco, dove ripararsi dalla canicola, sui pavimenti di marmo di Al-Haggag. Difficilmente l'orgoglioso Ben Abiff avrebbe sopportato che qualcuno dei suoi correligionari lo vedesse in circostanze simili, mentre correva con quell'aria tormentata e turbata verso l'interno della moschea più sacra della città.

Avvilito, lo sguardo basso sui marcati zigomi scuri, non si accorse che Yusef, l'anziano imam responsabile della moschea, attraversava la sala delle preghiere diretto proprio verso di lui.

«Figlio mio» sussurrò appena lo ebbe raggiunto «sei tornato, alla fine! Sei stato via tutta la notte senza dare segni di vita. Sei riuscito a scoprire qualcosa?»

Omar cercò di evitare Yusef, ma senza successo. Aveva esaurito all'alba la sua voglia di parlare. Ma quando vide l'espressione preoccupata del suo protettore, si sentì in obbligo di rispondergli.

«Mi dispiace davvero» si lamentò. «Non sono ancora riuscito a trovarla. È come se fosse stata inghiottita dalla terra.»

«Inghiottita dalla terra? E dove potrebbe andare una creatura fragile e sprovveduta come lei?»

«Non lo so.»

«Non lo sai?» borbottò l'imam. «Ti rendi conto di quello che hai fatto, Omar? Hai perso Nadia Ben Rashid! Nadia Ben Rashid!»

Il rimprovero di Yusef fu la mazzata finale. Il suo peccato era stato quello di inebriarsi di hashish e sangue la notte prima, lasciando che la bella danzatrice sua amante eludesse con facilità la sua sorveglianza. Erano ore che la cercava ovunque. Sapeva che di notte la riva orientale di Luxor offriva molti luoghi dove nascondersi, ma né lui né qualcuno dei suoi uomini li aveva esplorati in tempo per trovare la fuggitiva.

Yusef, nel vedere il volto stravolto del suo discepolo, si rese conto dell'amarezza che lo turbava.

«Hai guardato nella tomba di Amenhotep?»

La domanda del vecchio lo fece sussultare.

«Sulla riva occidentale?» Omar spalancò gli occhi. «Certo che no! E come diavolo avrebbe potuto attraversare il Nilo, senza che nessuno se ne accorgesse? A nuoto? Di notte?»

«In realtà ne dubito anch'io. Tuttavia è una coincidenza piuttosto curiosa che i francesi abbiano appena aperto quella tomba e che, subito dopo, l'ultima nata dei Ben Rashid sparisca da sotto il nostro naso. Quanto a te, figliolo» aggiunse diffidente «dovresti trovarlo per lo meno sconcertante...»

Omar diede un'occhiata furtiva intorno, per assicurarsi che nessuno li stesse osservando. Quindi gettò un braccio intorno alle spalle dell'imam e, molto serio, gli disse a bruciapelo: «Senti, Yusef, sono stanco, irritato e affamato. Perché non mi inviti a mangiare qualcosa e ne parliamo? Non tocco cibo da ieri».

Yusef storse il naso, ma accettò senza opporre troppa resistenza. Sapeva che Omar era un uomo dai violenti accessi d'ira e non conveniva irritarlo. Del resto, anche lui era consapevole che la moschea non era il luogo migliore per parlare di un argomento così importante. Deciso, l'imam tirò Omar per un braccio e lo condusse fino a una terrazza di mattoni crudi da dove s'intravedeva la sagoma inconfondibile della montagna tebana. Da lassù si godeva di una vista incomparabile sulla collina sacra degli antichi, dalla parte opposta del fiume. Yusef si prodigò per far accomodare il meglio possibile il suo ospite.

Un istante dopo davanti a entrambi fumava una porzione di carne in salsa piccante, cipolla e grano macinato, servita da uno stuolo di ragazzine impegnate a mettere in fuga la nube di mosche che li avvolgeva. Una grezza coperta di sparto, che fungeva da efficace parasole per i commensali, cominciò a dondolare dolcemente grazie alla miracolosa brezza del mattino.

«Dal momento che sei venuto a casa mia, voglio che tu veda una cosa» disse l'imam con un'espressione più rilassata. «Sono pochi coloro che hanno avuto il privilegio di contemplarla, dato che se ne conoscono soltanto due esemplari in tutto l'islam.»

Omar, incuriosito, non rispose. Divorò con piacere il primo boccone di carne e pane, mentre l'anziano estraeva da sotto alcuni cuscini colorati un grande libro, rilegato con un cuoio molto logoro. L'opera doveva essere composta da sessanta o settanta pagine e aveva uno sgradevole odore di muffa. Come se si trattasse di un preziosissimo Corano, Yusef baciò quel tomo con devozione e lo porse al suo invitato al di sopra del tavolo.

«È un vecchio trattato di alchimia» disse mostrando la sua bocca sdentata, mentre sorrideva. «Sai cos'è l'alchimia, vero?»

«Sì, Yusef, la scienza dell'Egitto.»*

«Bene. Così apprezzerai il valore di ciò che hai fra le mani. Probabilmente non ti condurrà a nessun tesoro, né ti rivelerà il sito di qualche antichità che tu non conosca o non abbia già saccheggiato, ma soddisferà alcuni dei tuoi dubbi più umani...»

«Non capisco. Cos'è?»

Omar, superstizioso, accarezzava il logoro cuoio senza azzardarsi ad aprire il libro.

«Quello che tieni nelle tue mani fu scritto mille anni fa da un saggio tra i saggi chiamato Jabir Ibn Haiyan, conosciuto come Al Sufi. Lo intitolò *Il libro delle bilance*: rivela una parte dei numerosi segreti della scienza degli antichi, che l'autore poté studiare a Baghdad mentre era al servizio del califfo Harun Al-Rashid, l'uomo che, come sai, ispirò i racconti delle *Mille e una notte*.»

Quando sentì il nome di Al-Rashid, il nubiano ammutolì per lo stupore.

«Jabir» proseguì Jusef «visse quasi fino a cent'anni. Ancora molto giovane si guadagnò la fiducia del suo signore, Harun Al-Rashid; fu buon amico e istruttore del suo successore, Jafar Al-Sadiq, ma non rivelò i segreti appresi dal califfo Harun a nessuno tranne che al sultano Abdullah Al-Mamun, il terzo in linea di successione, quando l'alchimista si avvicinava già ai novantadue anni.»

«E di quali segreti si trattava, se è lecito chiedere? Forse la formula per fabbricare l'oro?» ironizzò Omar. Le sue mani continuavano ad accarezzare il volume con riverenza, senza osare sfogliarlo.

«Non sei molto fuori strada, impetuoso Omar, anche se ora stenti a crederlo. Jabir fu il primo uomo al mondo a fabbricare l'acciaio, disegnò il primo alambicco conosciuto, inventò l'acquaforte e scoprì il cloruro d'ammonio. Tuttavia i segreti più

* La parola «alchimia», di origine araba, deriva dall'espressione *al-kimya*, che a sua volta rimanda al vocabolo *kemi* (nero), con cui nell'antichità si designava l'Egitto. Gli studiosi ritengono che questo «nero» si riferisse alle sabbie limacciose del Nilo che, dopo le inondazioni annuali, ridavano vita al deserto. Così, dunque, «alchimia» può essere tradotto come «l'Egitto» o, più appropriatamente, come «il sapere o la scienza dell'Egitto».

importanti che gli trasmise Harun Al-Rashid, esattamente quelli che decise di nascondere fra le pagine di questo libro che ti sto mostrando, avevano a che fare con la ricerca della pietra filosofale e l'immortalità.»

«Solo Allah è eterno!» protestò l'altro. «Sono ben pochi i segreti che può contenere questo libro.»

«No, no» lo interruppe l'imam. «Stando a ciò che il califfo rivelò a Jabir, ci furono uomini straordinariamente longevi, che raggiunsero età venerande grazie agli elisir custoditi da Al-Rashid. In realtà, secondo quanto sosteneva il saggio Jabir, tutte le sue conoscenze alchemiche relative alla longevità derivavano da un libro degli antichi dèi egizi, che è tuttora nascosto nella Grande Piramide. Il sultano Al-Mamun dovette credere ciecamente a quanto gli rivelò il vecchio alchimista in merito, perché nell'anno 204* si recò al Cairo e incaricò i suoi migliori architetti di perforare la Grande Piramide e scoprire la camera che custodiva quel potente libro.»

«Lo trovò?»

«No, pur avendo lavorato per mesi non ottenne alcun risultato. La piramide era allora una struttura liscia e insormontabile: il potente sultano si vide costretto a far riscaldare i blocchi esterni con il fuoco di enormi falò e poi, una volta incandescenti, a versarvi sopra aceto freddo per incrinarli. Superato quell'ostacolo, fece scavare una galleria orizzontale che si collegava alla rete di passaggi segreti della piramide. Ma nonostante il successo dei suoi genieri, non scoprì né il libro né i tesori che si riteneva vi fossero nascosti.»

La parola «tesori» fece inarcare un sopracciglio a Omar che, tuttavia, continuò ad ascoltare in silenzio.

«Al-Mamun, è chiaro, si sentì ingannato da Jabir che, nel frattempo, era morto davvero vecchissimo. Così giurò a se stesso che lui e i suoi successori avrebbero sorvegliato tutti i discendenti di Harun Al-Rashid, finché uno di essi non avesse rivelato l'ubicazione della camera e del *Libro della scienza della vita*, nascosto nella piramide.»

«... E io ho perso una di queste discendenti!»

* La data si riferisce a dopo l'Egira, quindi all'820 d.C.

«Sì, Omar. Così facendo hai trasgredito a un ordine sacro, che ha più di mille anni. Forse abbiamo perso addirittura la nostra migliore opportunità di accedere ai segreti della sua famiglia e scoprire il luogo dove il vero *Libro della vita*, e non questa copia che conservo io, si trova nascosto oggi.»

Il nubiano baciò la copia in questione e la restituì a Yusef, che la guardò come se non meritasse di toccare quella reliquia.

«Non sono degno di sapere altro» disse con amarezza.

«Omar...» un barlume di pietà brillò negli occhi dell'imam. «... Non ti ho mostrato il libro né raccontato questa storia per aumentare il tuo dolore. Se noi sciiti ci dimostriamo tanto attenti a qualsiasi scoperta che annunci il ritrovamento del *Libro della vita*, è perché siamo sicuri che il dodicesimo imam della nostra famiglia, Al-Muntazar, grazie a quello vive nascosto in qualche angolo del mondo e presto tornerà per portare l'islam alle sue massime glorie.»

«Con l'aiuto di Allah...»

«Ciò che non sappiamo è da dove verrà e se lo farà sotto un'altra forma.»

«Sotto un'altra forma? Cosa vuoi dire?»

«Che forse l'imam arriverà da un paese non musulmano. Potrebbe accadere perfino che non si presenti come tale, ma come uno straniero infedele che abbia perso la memoria della sua sacra missione.»

Omar scolò in un sorso la brocca di acqua fresca che gli avevano servito per accompagnare il suo pasto speziato. Doveva scacciare dalla mente il senso di impotenza causato dalla scomparsa di Nadia, se voleva comprendere ciò che intendeva dirgli il vecchio Yusef. Ma prima che riuscisse a liberarsi dai suoi rimorsi, costui gli tese un altro foglio, scritto in caratteri arabi stentati e in francese, che il nubiano lesse senza difficoltà:

> Cadì, sceicchi, imam: vengo a restituirvi i vostri diritti contro gli usurpatori. Adoro Allah più di quanto lo facciano i mamelucchi, vostri oppressori, e rispetto Maometto e il mirabile Corano.

La nota, che poi si perdeva in dettagli su altre difficoltà di carattere militare, era firmata da Napoleone Bonaparte al Cairo.

Secondo Yusef era stata distribuita e letta dalle sue truppe in tutti i quartieri e i villaggi vicini a Luxor.

«E con ciò?»

«Questo, Omar, è un segnale. È Allah che richiama la nostra attenzione, perché recuperiamo la fede nel prossimo ritorno dell'imam» disse socchiudendo gli occhi, come se ora meditasse ogni sua singola parola.

«Stai insinuando che Napoleone è il santo imam che aspettiamo?»

«Perché no, figlio mio? Non è stato forse lui a liberarci dal dominio del sultano di Costantinopoli e a promettere di restaurare la nostra sovranità?»

«Ma è un infedele! Non sa niente d'alchimia! Il suo paese è completamente estraneo alle nostre tradizioni! E Al-Muntazar è scomparso novecento anni fa!»

«Omar, lascia che ti spieghi qualcosa che non sai.»

Yusef spostò il cibo sul tavolo di legno, creando uno spazio dove posare di nuovo *Il libro delle bilance*. Il volume, benché sottile, cadde pesantemente sul tavolino sollevando un'impercettibile nuvola di polvere.

Dopo averlo guardato cadere, proseguì: «Quando i romani invasero l'Egitto e conquistarono Alessandria, si portarono via volumi preziosi come questo dalla celebre biblioteca. A quei tempi, prima della nascita dell'islam, tali libri furono tradotti nelle lingue pagane e furono custoditi in luoghi poco accessibili ai non iniziati. Solo i più saggi di Roma, e più tardi anche di altre province dell'impero, poterono attingere alla loro sapienza e la assimilarono. Con il tempo alcuni di quei testi, ispirati al *Libro della vita* della Grande Piramide, furono studiati in quella che è l'attuale Francia».

«Ebbene?»

«Già in epoca islamica i discendenti di Harun Al-Rashid avevano passato al setaccio la Grecia alla ricerca di quei testi, trovandone alcuni nella biblioteca del monastero ortodosso del monte Athos, come pure in altri luoghi simili. E da lì viaggiarono per tutto il Mediterraneo alla ricerca dei frammenti dispersi di quel sapere millenario. Quando scoprirono l'esistenza in Francia di alchimisti che utilizzavano in modo maldestro concetti che potevano provenire soltanto dal *Libro della vita*, si diressero rapidamente verso le sue coste.»

Omar non perdeva di vista il volume che non aveva osato aprire, mentre seguiva senza battere ciglio la spiegazione del vecchio imam.

«Quello che voglio dirti» riprese Yusef fissandolo dritto negli occhi «è che i Ben Rashid localizzarono quegli apprendisti e li istruirono in modo scrupoloso. Così lasciarono dietro di loro una scia di iniziati in alchimia, che sarebbero riusciti a resuscitare l'interesse per la scienza su quella riva del mare. Costruirono perfino piramidi in scala minore per riprodurre in esse i loro riti di immortalità, ottenendo che alcuni dei loro seguaci sfiorassero la vita eterna.»

«Immortali? Tra gli infedeli?» Omar ormai non riusciva più a sorprendersi.

«E perché no? Ricordi in quale luogo dell'islam si sentì parlare per l'ultima volta di uno di loro?»

Yusef attese paziente la risposta. Era sicuro che Omar, che discendeva da una venerabile stirpe d'architetti, conoscesse quella storia altrettanto bene.

«A Granada!» rispose infine. «La Granada di Al-Andalus.»

L'imam sorrise, scoprendo di nuovo la sua terribile dentatura. «Molto bene. Che altro ricordi?»

«Be', è una vecchia storia di famiglia tramandata di generazione in generazione, e la conosco vagamente.»

«Non importa. Raccontamela!»

«Verso l'anno 200 dopo l'Egira giunse alla corte nazarita di Granada un anziano che assicurò di aver vissuto già ai tempi del Profeta, che aveva conosciuto personalmente. Si presentò come astrologo e alchimista. Benché il sultano Aben Habus volesse alloggiarlo nel palazzo dell'Alhambra, egli rifiutò tale offerta e si stabilì in una grotta con un pertugio nella parte superiore, attraverso cui controllava il movimento degli astri.»

«Ti ricordi da dove veniva?»

«Perfettamente: dall'Egitto. In effetti quel vecchio, il cui nome era Ibrahim, raccontò al sovrano di Granada che aveva scoperto il segreto per prolungare la vita nella Grande Piramide, dove aveva studiato il libro consegnato da Allah a Adamo, libro passato poi a Salomone e che in qualche modo finì nelle mani degli egizi.»

Omar si morse la lingua. Il ricordo di quel racconto, che sua madre gli aveva narrato tanti anni prima, si presentava ora come una lontana eco nella sua memoria. L'imam si rese conto della sua esitazione.

«Tutto ciò non ti è poi tanto estraneo, vero Omar?»

«... No, infatti» ammise alla fine con un sorriso orgoglioso. «Il mio cognome Ben Abiff, figlio di Abiff, è legato a Hiram Abiff, l'architetto che costruì il tempio di Yahvè sul monte Moriah di Gerusalemme per espresso ordine di Salomone. È probabile che anche il mio antenato abbia potuto leggere il *Libro della vita*.»

«Caro Omar, ora capisci dove voglio andare a parare con tutto questo?»

Il nubiano, sconcertato dalla mente agile del vecchio imam di Al-Haggag, scosse la testa.

«Da Granada e da Cordova, figlio mio, provenivano le conoscenze alchimistiche che avrebbero influenzato l'Europa nei secoli successivi e trasformato quei paesi in ciò che sono ora. Quanti ebbero accesso alla loro saggezza conseguirono risultati degni di nota come la trasformazione dei metalli, il dominio di certe forze della natura o la longevità. Non hai mai sentito parlare dell'alchimista Nicolas Flamel, il cui cadavere non fu mai trovato e che sarebbe vissuto fino a duecento anni? E non hai mai ascoltato le truppe di Bonaparte menzionare il nome di un certo conte di Saint-Germain, che aveva fama di essere immortale?... Ebbene, Omar, entrambi erano francesi. Questa opera» aggiunse indicando la rilegatura del *Libro delle bilance* «spiega in parte il loro segreto.»

«Ma perché lo mostri proprio a me?»

«Perché sei un Ben Abiff e hai il diritto di conoscere ciò che conobbero i tuoi antenati.»

«Sono solo un commerciante di antichità. Non un mago o un saggio. E per di più ho appena fallito, perdendo Nadia.»

«Una ragione in più, Omar! Se non possiamo più contare su Nadia, dobbiamo cercare di arrivare al *Libro della vita* per altre vie.»

«Altre vie?»

«Il *Libro delle bilance* è un'oscura eco delle cerimonie di longevità praticate dagli antichi egizi. Chi beneficiò del maggior numero di tali cerimonie fu proprio il faraone, la cui tomba stanno esplorando i francesi.»

«Amenhotep!»

«Sì, Amenhotep» ammise Yusef. «Quel faraone nascose nella sua tomba le indicazioni rituali necessarie per recuperare la formula con la quale gli prolungarono la vita. Dovresti studiare questo trattato e ripetere il rituale. Forse così la verità ci verrà rivelata senza l'aiuto di nessun Ben Rashid.»

«Senza Nadia?»

«Senza di lei, appunto.»

XIII

Il Cairo Antico, 29 Abib*

La colonna di fumo era nera come l'ossidiana. E così densa da sembrare solida.

«Affrettatevi, Santo Padre. È qui, vicino alla chiesa di San Michele.»

L'indicazione di Teodoro, il fedele assistente personale di Marcos VIII, suonò lontana, come se in realtà il diacono avesse la mente già occupata da qualcos'altro. Ma quel tono assente, lungi dal tranquillizzare il pontefice, lo allarmò ancora di più.

La faccenda doveva essere grave. Lo sguardo del fratello Teodoro, al pari della sua voce, sembrava lontano. Aveva perso l'immutabile espressione severa che gli aveva fatto guadagnare non poche antipatie tra gli altri assistenti del patriarca, e mai nessuno l'aveva visto così alterato. Ben presto ne scoprirono la ragione: dall'altro lato dei giardini di quella che al Cairo tutti chiamano la sinagoga di Ben Ezrà, un fumo nero e spesso si innalzava tra i tetti.

Fu allora che il turbamento dell'assistente parve motivato ai più.

Come lui tutti, perfino Sua Santità, si ritrovarono circondati dal caos. Un incontrollabile andirivieni di monaci con le tonache coperte di cenere, che trasportavano in tutta fretta recipienti pieni d'acqua da un pozzo adiacente alla chiesa. Accalcate vicino a un gruppo di palme da dattero, alcune donne

* 3 agosto 1799 secondo il calendario copto. Anno 1515 del *Synaxarion*.

avvolte nella tradizionale *melaya** non gemevano sconsolate. Già sapevano che la pattuglia incaricata di controllare il settore occidentale della città non avrebbe abbandonato il luogo prima di aver fatto luce sui fatti. I francesi avevano messo bene in chiaro con la popolazione che non avrebbero tollerato alcun tumulto. L'esercito d'occupazione temeva – e a ragione – che Il Cairo si potesse sollevare contro di loro.

Marcos VIII affrettò il passo.

In realtà il robusto patriarca, finché non superò la prima barriera di religiosi e attraversò il piccolo cimitero annesso a Ben Ezrà, non si rese davvero conto della causa di tanto allarme: un piccolo edificio a due piani, dalle pareti in mattoni crudi e il tetto di foglie di palma, bruciava in modo spettacolare, oscurando il tiepido mattino cairota. Era la biblioteca della comunità.

Il Santo Padre non voleva credere ai propri occhi. «Dio non vuole questo. Non può volerlo» ripeté quasi sull'orlo della bestemmia, ma presto dovette arrendersi all'evidenza. L'eredità di quasi cinque secoli si stava riducendo in cenere davanti a lui. In pochi minuti non sarebbe rimasto niente.

Ai piedi della costruzione un gruppo di uomini si dava da fare per contenere i muri inferiori e ritardare il loro inevitabile crollo. Avevano trasportato lì vari tronchi di palma che puntellavano contro i tramezzi maestri, ma questi si gonfiavano per il calore e si spezzavano con facilità. Uno dei manovali, nel veder arrivare la comitiva del papa Marcos attraverso l'asfissiante nube di fumo e scintille, abbandonò la propria postazione per avvicinarsi di corsa a loro. Aveva il cranio rasato e coperto di fuliggine, e gesticolava come se già conoscesse il pontefice.

«Fratello Takla? Sei tu, vero?»

I tratti giovanili ed effeminati dell'aiutante di padre Cirillo, ricoperti da una polvere nerastra e spessa, colpirono molto il patriarca. Il ragazzo aveva gli occhi arrossati, quasi fuori dalle orbite, e proprio al di sotto spiccavano grossi grumi scuri.

«Hai pianto?»

Takla annuì.

«Ma cosa fai qui? Ti pensavo in viaggio per Santa Caterina, di ritorno ai tuoi compiti.»

* Tunica nera usata dalle donne musulmane egiziane.

Il copto, tremante per lo spavento, sembrò chiamare a raccolta le poche forze rimastegli per rispondere.

«Santo Padre...» balbettò inginocchiato ai suoi piedi, mentre rabbrividiva. «È stato terribile... Terribile!»

«Che cosa è terribile, figlio mio?»

Il tono forzosamente pacato del pontefice trasmise un po' di coraggio al novizio. Di sottecchi Marcos VIII interrogò silenziosamente la sua comitiva sul comportamento del giovane monaco. Invano. Nessuno batté ciglio.

«Cirillo... È Cirillo» piagnucolò di nuovo Takla.

«Cirillo? Padre Cirillo? Non ti capisco. Che cosa vuoi dire?»

«Lui...» deglutì «... lui è entrato nella biblioteca due ore fa e poi... Poi è bruciata.»

«Padre Cirillo è ancora lì dentro? È questo che mi vuoi dire?»

Il pontefice fece un profondo sospiro prima di continuare.

«Figliolo, sei sicuro di quello che dici?»

Takla, il viso inondato di lacrime, si aggrappò con forza alle vesti del Santo Padre, annuendo di nuovo con la testa.

In quel momento un forte scricchiolio riempì l'aria. Il soffitto di palma del secondo piano era crollato, trascinando con sé le travi, le griglie azzurre delle finestre, gli ornamenti lignei e la parte superiore della biblioteca. Il fuoco divampato tra quelle pareti centenarie aveva raso al suolo tutto in poco più di mezz'ora, lasciando in piedi solo due delle quattro pareti.

«Avanti, fratelli!» si sentì gridare uno dei frati, a capo dell'improvvisato servizio di pompieri. «Ormai non c'è più niente che può bruciare!»

Takla, spaventato da quella visione infernale, nascose il viso tra le mani. Nemmeno per un istante si ricordò che tra le braci dovevano esserci anche le note originali redatte dal suo maestro a proposito del Vangelo di Marco. Gli uomini al seguito del patriarca non riuscivano a tranquillizzarlo.

«È una terribile tragedia» mormorò uno dei più anziani, un monaco sordo e con pochi capelli.

«Una perdita irreparabile.»

Quasi un'ora dopo le fiamme avevano concluso il loro lavoro. Con precisione da chirurgo avevano ridotto a una polvere grigia e fumante nove grandi scaffali colmi di libri e codici antichi, come pure una collezione di icone rare, riuniti con costanza dai monaci di Abu Sarga in un tempo difficile da calcolare.

Quando le ultime tinozze d'acqua ebbero raffreddato le braci, un gruppo di cinque monaci, i piedi avvolti in panni umidi, cominciò a rimuovere nervosamente i resti, nella speranza di trovare ancora qualcosa da salvare.

«Cercate il corpo di frate Cirillo!» gridò dal piano terra Takla sconvolto. «Dev'essere lì!»

I volontari controllarono dappertutto. Di tanto in tanto uno di essi emergeva dalla nube di fumo e polvere, informando sull'infruttuosità della ricerca. La loro conclusione fu unanime e definitiva: il corpo dell'anziano di Bologna doveva essere bruciato come legna secca, fondendosi nello strato di cenere che ricopriva il pavimento del secondo piano.

«Una fine degna di un saggio...» disse l'ultimo che emerse dalle rovine.

«Ma non è possibile!» protestò il novizio. «Deve essere rimasto qualcosa, anche solo un osso. Cercate il cranio! Qualsiasi cosa!»

Dietro l'insistenza di Takla e l'indulgente autorizzazione del pontefice, i monaci perlustrarono per un'ultima volta le ceneri: soltanto il grande anello d'argento che portava padre Cirillo spuntò alla fine, insieme ai resti di una Bibbia bruciacchiata. Nessuno si aspettava un simile ritrovamento. Apparve da sotto una lastra ramata, avvolta in un panno blu e aperta su un capitolo ormai quasi incomprensibile del Vangelo di Giovanni. L'inchiostro si era sciolto per effetto del calore, imbrattando quasi tutte le pagine. Anche così, in mezzo a quelle macchie, si poteva ammirare una graziosa miniatura d'oro zecchino nella quale si riconosceva l'apostolo che emerge da un rogo. Marcos VIII notò quell'ironia malvolentieri.

«E di Cirillo, niente?» domandò.

«Niente. Ma abbiamo trovato qualcos'altro, Santo Padre...»

Il più anziano dei cinque monaci, il cuoco Beniamino, si inchinò davanti al pontefice, cercando di nascondere la propria sorpresa. Non sapeva molto bene come avrebbe preso la notizia il Santo Padre, cosicché decise di dargliela in modo rapido e diretto, senza lasciargli la possibilità di cavillarci sopra.

«... Su una delle pareti che non sono crollate abbiamo trovato una scritta. E a giudicare dal luogo in cui si trova, in un punto ben visibile, dev'essere stata tracciata poco prima dell'incendio.»

«Un testo?» Il viso rotondo di Marcos si corrugò.

«Si tratta di un frammento del Vangelo di Giovanni. Potete vederlo voi stesso anche subito, se desiderate.»

Con una certa difficoltà, anch'egli con i piedi avvolti in stracci umidi, il patriarca s'inerpicò per la scala annerita della biblioteca fino al secondo piano. La struttura emise uno strano scricchiolio sotto il peso dell'illustre visitatore, ma resistette. Marcos, preoccupato per la sorte del suo professore, lasciò che Takla salisse con lui e lo aiutasse nel caso avesse avuto bisogno di un braccio giovane su cui appoggiarsi.

Non dovettero cercare a lungo. Il testo spiccava sulla parete occidentale della stanza, proprio di fronte al vano della scala. Solo l'inizio della frase era sparito con il crollo di parte del tramezzo:

> ... In verità, in verità ti dico che uno, se non nascerà di nuovo, non può vedere il regno di Dio.

La frase, grande, rossa e precisa, risaltava come se brillasse di luce propria. Era scritta in copto con una calligrafia curata, identica a quella che si poteva ammirare nei messali e nei libri biblici appena distrutti. Non c'era dubbio che fosse stata scritta di proposito. Senza badare a tempo e discrezione. Le linee erano diritte, il testo impeccabile, la citazione... esatta.

Il pontefice la lesse ancora un paio di volte, come se quelle parole contenessero una spiegazione di quanto successo.

«... Giovanni, capitolo 3, versetto 3.»

Takla annuì.

«Il testo preferito di padre Cirillo.»

«È strano» lo interruppe Marcos, senza distogliere lo sguardo dal muro. «Credevo che il suo Vangelo preferito fosse quello di Marco.»

«No, no... Affatto. Questo è un testo che racconta l'incontro tra il fariseo Nicodemo e Nostro Signore. Padre Cirillo, che il cielo l'abbia in gloria, lo leggeva spesso.»

«Sai anche perché, Takla?»

«Dunque...» esitò «a volte diceva che in quella conversazione Gesù aveva spiegato al fariseo che la sua capacità di compiere miracoli proveniva dalla Luce.»

«Dalla Luce?»

«È una metafora, Santità.»

Marcos VIII non replicò. L'attesa pattuglia di soldati francesi aveva appena fatto irruzione nella piazza. Dovevano essere dieci uomini, armati con moschetti e baionette, equipaggiati con l'immancabile casacca azzurra e i calzoni aderenti delle truppe di Bonaparte. Le loro facce non promettevano niente di buono.

«Cosa succede qui?» chiese in un arabo rudimentale quello che sembrava il capitano del gruppo.

Gli assistenti del pontefice si guardarono l'un l'altro, incerti se rispondere. A un gesto di Marcos il fedele Teodoro mosse incontro al capitano e cercò di spiegargli la situazione. Dato lo stato nervoso in cui si trovavano le truppe d'occupazione, era meglio collaborare.

Il soldato comprese a metà le spiegazioni di Teodoro, cui prestò tutta la sua attenzione perché si trattava di un vecchio dall'aspetto arzillo. Dai gesti e dal francese fortemente arabizzato di Teodoro comprese che l'incendio per cui erano stati allertati era accidentale e non aveva niente a che vedere con la catena di aggressioni che la città stava vivendo per mano della resistenza mamelucca. Capì anche che si trattava di un edificio degli stessi copti, i quali si sarebbero presi la responsabilità di impedire che il fuoco si propagasse ad altri immobili vicini.

Alla fine il capitano, soddisfatto, fece una domanda che turbò il vecchio monaco: «Non c'è nessuna vittima, vero?».

XIV

L'alloggiamento di Azbakiya non distava molto da Abu Sarga. Si trattava di un edificio nuovo, costruito dai francesi in stile parigino solo tre mesi prima, nel quale si erano stabilite le truppe responsabili di vegliare sulla sicurezza della città. La costruzione, un quadrato perfetto provvisto di un ampio cortile centrale, non ospitava solo soldati, ma anche cammelli, cavalli, cannoni e munizioni sufficienti per far fronte a qualsiasi situazione di crisi.

Takla e Teodoro furono scortati al secondo piano. Erano stati inviati da Marcos VIII, perché credeva che il primo potesse fornire ai francesi qualche informazione utile sulla morte di padre Cirillo, mentre il secondo avrebbe impedito che il novizio si confondesse nel caso in cui domande troppo insistenti avessero ferito, come temeva, la sua fibra sentimentale. Grazie alla posizione di diplomatico ricoperta nei difficili tempi del dominio turco e alla sua pur modesta conoscenza del francese, acquisita a forza di trattare con marinai alla ricerca di chiese nel porto di Alessandria, Teodoro avrebbe saputo rispettare le forme.

Entrambi attesero seduti e in silenzio su una panca di legno, in un corridoio non imbiancato, per quasi due ore. L'attività lì era frenetica. Uomini in uniforme uscivano da uffici diversi in tutta fretta. Tenevano tra le mani buste sigillate con la ceralacca e sembravano decisi a portare a termine gli ordini ricevuti, quali che fossero. Ai copti non risultò facile comprendere cosa stessero facendo quegli uomini, né se una simile frenesia fosse normale. Finalmente qualcuno si occupò di loro: un ufficiale, che si presentò come il tenente François Dumont, li fece accomodare all'interno di uno di quegli uffici.

La stanza aveva pochi mobili: tra le sue quattro pareti gialle spiccavano solo un tavolo improvvisato con l'asse di un'impalcatura, due sedie e una bandiera tricolore fissata al muro. Il minimo indispensabile per intimidire.

L'ufficiale, capelli biondi ben pettinati e pelle rosea, colpì il novizio per i suoi modi impeccabili. La verità era che non si aspettava tanta cortesia. Il militare parlava greco e qualche parola di arabo. Gli offrì un tè alla menta bollente, che rincuorò il religioso, poi gli confessò che sua madre era di Atene e che nella sua famiglia c'erano stati un paio di sacerdoti ortodossi che, come era normale nella loro confessione, si erano sposati e avevano avuto una folta discendenza. Quindi, con tatto squisito, l'ufficiale attese il momento migliore per cominciare a interrogarlo.

«Parliamo della vittima» disse. «Perché c'è almeno una vittima in questo incendio, no?»

«Sì.»

«Bene, fratello» disse prendendo carta e penna, senza smettere di guardare il novizio. «In questo caso dobbiamo espletare alcune formalità inevitabili... Nome dello scomparso?»

«Cirillo da Bologna.»

«Età?»

«Settantun anni.»

«Attività?»

«Traduttore.»

«Ho bisogno che mi forniate una sua descrizione nei minimi particolari. È importante per il verbale e per le indagini che seguiranno.»

Lo stomaco di Takla si contrasse. Che l'importanza del suo maestro, e magari anche il chiarimento dei fatti, dipendesse dalla descrizione che ne dava un verbale della polizia, gli provocò uno strano malessere.

«Vedete, benché fosse già molto anziano, nessuno l'avrebbe detto. Era calvo e quasi cieco da un occhio, ma nessuno di noi, che lo frequentavamo tutti i giorni, avrebbe potuto dire che non ci vedesse. I suoi occhi erano grandi e non si perdeva nemmeno un particolare di quanto succedeva intorno a lui.»

«Quanto era alto?»

«Più o meno come me, cioè non più degli altri monaci della nostra comunità, però era un po' gobbo.»

«Colore della pelle?»

«Bianca.»

«Colore dei capelli?»

«Sempre bianchi, ma gliene rimanevano ben pochi...» Il copto iniziava a spazientirsi. Gli scarabocchi del suo interlocutore avevano già riempito una cartella e mezzo.

«Vivete in questa città?»

«No.»

«E dove, allora?»

«Siamo monaci del monastero di Santa Caterina, nel Sinai. Be'» esitò, mentre guardava Teodoro che non si perdeva un solo particolare «mi riferisco unicamente a padre Cirillo e a me.»

«E cosa facevate in città?»

«Eravamo al Cairo perché convocati dalla nostra massima autorità.»

«Il papa Marcos, già...» prese nota.

«Esatto.»

«E ditemi, fratello, siete sicuro che l'ultima volta che l'avete visto, Cirillo da Bologna si trovava all'interno dell'edificio bruciato questa mattina?»

Takla annuì.

«Conoscevate già la biblioteca?»

«No. Era la prima volta che la visitavo.»

«E secondo voi potrebbe essere accaduto che Cirillo da Bologna abbia abbandonato l'edificio da un'uscita laterale?»

«C'era un'altra uscita, signore?»

L'ufficiale sorrise malizioso. «In realtà, no.»

«Allora non capisco dove volete arrivare.»

«È semplice. Non possiamo certificare il decesso di Cirillo da Bologna senza prima trovare il suo cadavere. E questo non è ancora comparso sul luogo dell'incidente.»

«Che intendete dire?»

«Forse padre Cirillo ha organizzato l'incendio per darsi alla fuga. Prima avete detto che era traduttore. Che genere di opere traduceva?»

«Opere religiose. Niente per cui dovesse fuggire. Ma come potete pensare che...?»

Il tenente fece una smorfia e insistette: «Non avete risposto alla mia domanda».

Teodoro allungò il braccio sinistro e sfiorò la tonaca di Takla con fare paterno: «Rispondigli, fratello Takla» disse. «Solo portando la verità anche alle sue estreme conseguenze, sapremo cos'è capitato al nostro venerabile Cirillo.»

Il giovane copto colse nelle parole dell'assistente del patriarca un interesse che non aveva intuito prima. Il suo sguardo gelido aveva lasciato il posto a una sincera preoccupazione per lo scomparso.

«Va bene...» acconsentì guardando l'ufficiale francese. «Padre Cirillo lavorava a una traduzione molto delicata, dove si profetizzava l'arrivo di un Tempo nuovo per l'Egitto. Era una specie di testo profetico molto antico e sacro per la nostra Chiesa.»

«Un Tempo?»

«In realtà bisognerebbe dire "il Tempo". Un momento storico che si realizza solo di tanto in tanto e che si crede porterà grandi rivelazioni per i credenti.»

Il tenente annotò febbrilmente quelle parole nel suo rapporto.

«E credete che questa rivelazione potrebbe giustificare l'accaduto?»

«Forse a qualcuno non interessa che una simile rivelazione venga divulgata» intervenne padre Teodoro. «Per esempio a un acerrimo nemico della nostra Chiesa, che volesse privarci di un testo sacro e fondamentale.»

«Padre Cirillo godeva dell'assoluta fiducia della vostra Chiesa?»

Takla indugiò di nuovo. «Cosa intendete?»

«Proprio questo: se Cirillo lavorava a un testo così importante, forse ne avrà parlato con la persona sbagliata e la sua indiscrezione ha indotto qualcuno a farlo sparire.»

«... Ucciso, ufficiale. Fra Cirillo è stato ucciso.»

«Siete sicuro?»

Quella domanda esaurì di colpo tutta la sua pazienza. Come azionato da una molla interiore, il giovane Takla balzò in piedi davanti al tavolo dell'ufficiale, piantandovi sopra le mani.

«Ora rispondete voi alla mia domanda» disse con gli occhi arrossati. «Da quando i francesi si preoccupano di cercare monaci copti? Da cosa dipende questo improvviso interesse per le nostre faccende, se nemmeno le vostre truppe hanno potuto finora garantire la sicurezza nelle nostre chiese e nei nostri conventi?»

Dumont alzò lo sguardo da dietro gli occhiali che aveva appena inforcato. Quella reazione lo coglieva di sorpresa. Non era comune che un pacifico monaco tradisse di colpo tanta rabbia.

Senza scomporsi, rispose: «Forse non sapete che da quasi un mese la città è oggetto di una sciagurata serie di attentati. Non ve ne faccio una colpa, poiché venite da fuori, però è nostro dovere indagare su ogni incendio, ogni morte e ogni scomparsa avvenuti in città fino a trovarne i responsabili... Anche nel settore del Cairo amministrato dalla Chiesa copta. Comprendete, fratello?».

Il giovane monaco indietreggiò di nuovo fino alla sedia, mentre l'ufficiale terminava la sua arringa: «Esiste perfino la possibilità che lo abbiano rapito per chiedere un riscatto al patriarca e attingere ai suoi forzieri. In questi giorni circolano in città troppi fanatici religiosi fuori controllo».

All'improvviso Takla ricordò qualcosa: «Questi attentati hanno a che vedere con le spie che si suppone circolino nel quartiere?».

«Come?!» Il tenente Dumont tossì. «E voi come lo sapete, fratello?»

«Da ieri sera al Cairo non si parla d'altro. Si mormora addirittura che alcuni uomini siano stati catturati nella Cittadella. Ne ho sentito parlare al mercato delle spezie, appena arrivato in città. Ma ditemi, sono mamelucchi? O forse inglesi?»

La curiosità del copto sorprese il tenente per la seconda volta.

«Non posso rispondere a questa domanda, tra le altre cose perché non è vero che li abbiamo acciuffati. Li stiamo ancora cercando. Sappiamo soltanto che sono arrivati al Cairo dal deserto orientale, si sono sistemati in un paio di alloggi cittadini, hanno pagato in oro tutte le loro consumazioni e si sono messi in viaggio per Eliopoli, dopo aver visitato il centro.»

«Sono... pericolosi?»

«In qualche modo tutte le spie lo sono. Anche se pare che costoro viaggino disarmati.»

«E cosa pensate di fare, se li catturerete?»

«Li consegneremo direttamente al generale Bonaparte. Tutti gli ordini di ricerca e cattura partono da lui. Ed è sempre lui a insistere che gli vengano consegnati vivi.»

«Sapete se sono musulmani?»

Il tenente Dumont si insospettì.

«Vi ho già fornito fin troppi particolari» disse seccamente. «Se avete qualche pista che permetta alla giustizia di catturare i fuggitivi, siete tenuti a fornircela.»

«No, assolutamente no. L'incendio ha distrutto tutto tranne...»

«Tranne?» Le pupille del tenente si contrassero.

«Tranne una Bibbia mezzo bruciata, l'anello di padre Cirillo e un panno blu nel quale erano avvolti entrambi gli oggetti.»

«Un panno blu? Siete sicuro?» Dumont spalancò gli occhi.

«Sì... Per caso vi interessa questo particolare?»

«Be', finora l'unico particolare certo in nostro possesso sugli uomini che stiamo cercando è che portano turbanti blu» ammise Dumont.

«Sembra una coincidenza straordinaria, non è vero?»

Il tenente osservò in silenzio quel giovane e il suo attempato accompagnatore, senza sapere bene che cosa rispondere.

XV

Giza

Un brivido si impadronì fugacemente del corso nel rivivere l'episodio della pozione dei beduini. Peccato! Era quasi riuscito a dimenticarlo del tutto.

Di colpo tornava a gravitare nella sua memoria la spiacevole sensazione di avere lo stomaco in preda a un vortice. La vista gli si era annebbiata, la coscienza intorpidita e una terribile forza, potente e invincibile, si era impossessata di lui in pochi secondi. La misera capanna di Nazareth in cui aveva trascorso ore a parlamentare con i beduini si era trasformata in un incredibile crogiolo di colori e forme.

Dopo avergli rivoltato lo stomaco senza pietà, l'intruglio aveva cominciato a fare effetto. Bonaparte, estenuato dallo sforzo compiuto per mantenersi eretto, si era lasciato cadere a terra senza poter articolare una sola parola. Se lo avevano avvelenato – aveva pensato nel suo ultimo istante cosciente –, il principio attivo non avrebbe tardato a ucciderlo. In caso contrario, l'imam era un uomo onesto, del quale potersi fidare... Ma che cosa aveva voluto dire il beduino, quando gli aveva promesso che avrebbe pesato la sua anima sulla «bilancia di Maat»?

Un violento spasmo lo lasciò privo di sensi. La sua mente, ormai catapultata verso quella specie di rete variopinta che la circondava, sembrava volare a gran velocità verso i suoi ricordi più profondi.

Era curioso: in un certo senso l'effetto della sostanza ingerita non era stato troppo diverso da quanto gli accadeva ora, dentro la Grande Piramide. Napoleone, ancora sdraiato per tutta la lunghezza nel sarcofago di granito scolpito a sua misura, sorrise di fronte all'ironia del destino. Era come se la sua mente si fosse convertita in una di quelle bambole russe multicolori, tutte uguali tra loro d'aspetto ma non di misura, che s'incastrano alla perfezione l'una dentro l'altra.

Proprio come per le bambole, era il ricordo di un altro ricordo a trasportarlo capricciosamente verso una memoria molto più antica. In questo caso, la meta inseguita dalla sua mente, ormai lanciata a briglia sciolta, sembrava un bizzarro episodio di cui lui stesso era stato protagonista anni prima e che aveva cancellato quasi completamente da quella sua memoria.

«Strano sortilegio» mormorò, anche per provare se fosse ancora vivo. «Ecco come si svuota l'anima in questo posto...»

Piramide e pozione, dedusse il corso, dovevano costituire una specie di «macchina dei ricordi».

Comunque fosse, nello stato di semicoscienza in cui si trovava Bonaparte poté vedere un'altra volta come quella capanna di Nazareth, trasformata per un istante in arcobaleno, fosse ritornata poi buia e inospitale tanto quanto il nucleo dell'«Orizzonte» di Khufu. A quel punto non aveva potuto fare niente per impedire che l'intruglio del beduino lo trasportasse a un giorno di quattro anni prima, obbligandolo a «ritornare» a Parigi.

Erano passati quattro anni esatti. Non un giorno di più.

Dapprima fu una vampata simile a quella di un cannone quando spara e poi, dopo la luce, ecco l'immagine dello scuro portone di una via di Parigi. Il corso sapeva bene qual era il suo indirizzo: rue de l'Estrapade 13. Era il 12 agosto del 1795. Quel «fantasma» tornava solo per caso? Per un semplice capriccio della sua mente?

Parigi, quintidi della III decade di Termidoro. Anno III.

Napoleone, artigliere e generale di brigata in cerca di fortuna, aveva deciso di beffare il futuro come tante volte aveva visto fare alla sua famiglia nella natale Ajaccio. Cosa aveva da perdere? Doveva solo assicurarsi che la sua decisione rimanesse assolutamente segreta. E a ragione.

I militari di carriera, compagni d'Accademia, da tempo lo guardavano con diffidenza. Era povero, lo credevano difensore delle idee di Robespierre e mormoravano insulti nei suoi confronti a ogni occasione. Però, più di ogni cosa, odiavano il suo ingegno, la sua integrità e i suoi meriti come studente. Con questa prospettiva, l'ultima cosa che poteva permettersi era fornire nuovi pretesti ai suoi «nemici».

Quei mesi, dalla primavera all'estate del 1795, erano stati i più duri della sua carriera. Lavorava dall'alba al tramonto nell'elaborazione di mappe, studiava campagne impossibili contro l'Italia e la Turchia, e durante il giorno faceva buon viso a cattivo gioco dissimulando la salute debole e le ricorrenti emicranie. Quale futuro attendeva un generale di venticinque anni, disoccupato come tanti altri, emarginato da un vertice militare classista e obsoleto?

Era roso dai dubbi.

Quella calda mattina d'agosto, deciso a determinare il proprio futuro, abbandonò più allegro del solito la sua topaia dell'Hotel dei Patrioti in rue Saint-Roche. Sembrava avesse qualcosa d'importante da fare, giacché si affrettò a passo spedito verso i quartieri alti di Parigi.

Arrivato alla meta, il corso frugò con ansia nelle tasche della sua finanziera blu. Un paio di scosse bastarono a localizzare lo stropicciato foglio volante che lo aveva così colpito la sera prima.

Affannato, lo lesse per l'ennesima volta:

Bonaventure Guyon.
Professore di matematiche celesti.
Offre consulti infallibili su tutto quanto possa interessare l'avvenire felice o infelice delle cittadine e dei cittadini di Parigi. Predice in particolare i futuri trionfi della Patria. Rivela alle ragazze il seduttore che le minaccia e lo sposo che le renderà felici. Svela ai padri la carriera nella quale i loro figli incontreranno fortuna e celebrità. E per tali profezie patriottiche accetta solo un contributo volontario, e unicamente nel caso in cui dimostri la sua Scienza delle Cose Future attraverso l'esattissima rivelazione delle Cose Passate.
Riceve dall'alba al tramonto.

Era proprio quello di cui aveva bisogno. Un astrologo abile e a buon mercato che gli indicasse la strada da prendere.

Napoleone, come per darsi un'ultima opportunità prima di compiere quel passo, rilesse il messaggio per verificare l'indirizzo. L'inchiostro stinto del volantino, bagnato di sudore come la sua camicia, non lasciava adito a dubbi: quella era la casa, proprio in cima a Sainte Geneviève, dietro il Panthéon.

Il portone numero 13 era chiuso da un battente di rovere sporco e tarlato, che il corso aprì senza troppa difficoltà. Arrivò alla fine dell'ingresso, da dove si saliva per una lunghissima scala che sboccava su un'altra più piccola, con le ringhiere arrugginite e cigolanti, la quale a sua volta dava su una colombaia. Lassù, in un sesto piano che non figurava sulle buche delle lettere, si poteva leggere il nome del professor Guyon su una lercia targhetta di rame.

«Entrate, entrate» grugnì una voce all'altro lato della porta. Era evidente che l'aveva sentito inerpicarsi fino a lì. «Oggi non chiedo niente per guardare...»

Il «professore di matematiche celesti» in questione si nascondeva dietro un tavolo pieno zeppo di libri e spiegazzate mappe del firmamento. Costellazioni, complesse addizioni ed elenchi di gradi, oltre a una mezza dozzina di mozziconi di candele, erano sparsi sulle assi centenarie del suo scrittoio. Guyon presidiava quel paesaggio con piglio militare. Il volto tondo solcato da rughe di tutte le misure, calvo e con la pelle macchiata, l'astrologo alzò lo sguardo per osservare il suo nuovo cliente.

«Avanti, ufficiale, non temete» sorrise, lasciando intravedere una dentatura precaria e gialla. «Accomodatevi dove potete, sono subito da voi.»

Napoleone obbedì all'istante.

«Già so cosa state pensando» farfugliò. «Povero pazzo! Rinchiuso in questo abbaino caldo come un forno, deve aver perso la ragione!»

Il corso continuò a non aprire bocca.

«Già, già... Le lastre metalliche che rivestono il tetto sono molto utili per riscaldare questo abbaino della casa in inverno, ma d'estate si trasformano in un nemico implacabile.»

«Perdonatemi, signore, ma siete voi il professor Guyon?»

La domanda mise fine alle lamentele del vecchio, che si raddrizzò orgoglioso sulla sedia.

«E chi se no, giovanotto? Benché ora per voi, che mi vedete povero in canna, sia difficile crederlo, in tempi non molto lontani sono stato ricco e rispettabile. Voi dovete essere di quelli che ancora non sanno che caddi in disgrazia per aver predetto a Luigi XVI che avrebbe terminato i suoi giorni come re senza testa...»

«Io non...»

«E vedete» proseguì di filato Guyon «Sua Maestà mi condannò per averlo avvisato. Il peggio è che, in seguito, quelli che lo avevano decapitato mi isolarono come un cane rognoso, per non aver predetto loro il successo del regicidio.»

«Questa è la politica, Monsieur.»

Bonaventure Guyon smise di muovere nervosamente le carte sul suo tavolo e guardò il nuovo cliente con espressione fredda.

«Siete un politico?» Si schiarì la voce. «Come avete detto di chiamarvi?»

«Ancora non ve l'ho detto.»

«Signor...?»

«Bonaparte» rispose il corso. «Napoleone Bonaparte. E non sono un politico. Sono generale.»

L'astrologo spostò il suo sguardo di lato, come se calcolasse qualcosa. In realtà si rimproverava l'errore grossolano: non aveva notato l'immacolata uniforme del suo cliente.

«*Bona-parte*» sillabò lentamente, con espressione assorta. «*Napo-leo Bona-parte*... Non dovete preoccuparvi per il futuro, mio giovane generale! Il vostro è assicurato, anzi più che assicurato. Quasi quanto il destino di Luigi XVI. A proposito, sapevate, generale, che il XVI arcano dei tarocchi è proprio quello della "torre decapitata"? Non vi sembra ironico?»

Guyon, con un sorriso quasi malizioso da orecchio a orecchio, non attese la risposta. Con piglio professionale, l'astrologo si affrettò a decifrare il futuro del suo cliente attraverso il nome, davanti allo sguardo stupito del militare. Con una minuscola punta di gesso, lo annotò su una lavagna.

«Vedete? Il vostro nome si può ricomporre quasi perfettamente in una frase latina» disse, visibilmente eccitato. «*Napo-*

leo bona parte fruitur, "Napoleone fruisce della buona parte", la parte del leone. Non sarete del segno del Leone, per caso?»

Il corso si accarezzò il mento divertito.

«Proprio così. Compirò gli anni fra tre giorni.»

«Meraviglioso! Quando siete nato? In che anno? Evitate i formalismi rivoluzionari: ditemi la data secondo il calendario gregoriano, per favore» Guyon accennò un altro generoso sorriso.

«Nel 1769 ad Ajaccio, in Corsica.»

«Italiano.»

«L'isola è francese da quello stesso anno» sottolineò Bonaparte.

«Ah, sì! L'abbiamo invasa, vero?»

Il corso non rispose. E Guyon non s'aspettava che lo facesse. Con lo sguardo perso in un fascio di fogli zeppi di tavole logaritmiche, l'astrologo si immerse in calcoli astrusi che lo tennero con la bocca chiusa per un paio di minuti. Si muoveva da un lato all'altro del tavolo, come se soffrisse di qualche genere di mania compulsiva che si sforzava di nascondere. Respirava con affanno. Si asciugava la fronte a ogni momento con un fazzoletto dal colore incerto, e di tanto in tanto sbuffava.

«Ecco» esclamò infine, con l'indice puntato sopra un libro sulle effemeridi. «Che cos'abbiamo qui? Giusto sette giorni prima che nasceste una cometa attraversò mezza Europa, da Parigi a Cadice, scomparendo sopra Tenerife.»

Poi aggiunse in tono misterioso: «Questo sì che è interessante... La cometa, grande e molto luminosa, apparve ai confini della costellazione dell'Ariete. Senza dubbio, un buon segno».

«Un segno? Di che cosa?»

«Vi prego di non essere impaziente» sussurrò il «professore». «L'astrologia è una scienza complessa e necessita di calcoli che richiedono il loro tempo. Tuttavia, così su due piedi, essendo nato un 15 d'agosto – che nel calendario tebaico corrisponde al 23° grado del Leone – avete enormi possibilità di ottenere successi e fortuna. La "stella reale" indica che siete uno spirito avventuriero e ambizioso. Accumulerete una grande fortuna...»

«Non mi lusingate invano, non è questo di cui ho bisogno. Mi aspettavo maggiore concretezza dalla vostra scienza, professor Guyon.»

«Non vi sto lusingando, generale. Gli astri e il vostro nome di battesimo indicano che voi possedete la forza del leone.»

Con un goniometro e una riga, senza perdere di vista le tavole con le effemeridi del 1769, Bonaventure Guyon disegnò con mano ferma la carta astrale di Napoleone. Intorno a un triangolo perfetto altre figure minori finirono per dar forma a un guazzabuglio di rette e angoli che al «professore» fecero inarcare le sopracciglia dall'incredulità in più di un'occasione.

«Siete sicuro di essere nato a mezzogiorno?» chiese senza distogliere lo sguardo dallo scrittoio. «E che fosse il 15 d'agosto?»

Il corso annuì a ciascuna delle domande con un certo malumore. Iniziava a dubitare che da quel pasticcio potesse uscire qualcosa che gli avrebbe chiarito il futuro.

«Siete un Leone con ascendente Scorpione. La vostra Luna è in Capricorno, in opposizione a Saturno, e avete un Marte ben situato nella Vergine. In guerra sarete un eccellente militare, Monsieur Bonaparte!»

«Già. E che altro?»

«Ecco...» esitò. «Non prendetela come una lusinga, generale, ma l'unione di Nettuno con Marte nella vostra carta fa di voi un uomo geniale. Dovete solo proteggervi dalla vostra stessa tendenza al fatalismo: l'opposizione Luna-Saturno rivela che è questo il punto debole della vostra personalità.»

«Continuate.»

Napoleone, assorto, osservava incredulo la sua carta astrale. Se quello che diceva il professore era vero, quel foglio di carta costituiva una specie di ritratto matematico della sua anima. Una fedele rappresentazione del suo passato, del suo presente e del suo incerto futuro.

A mano a mano che Guyon proseguiva i calcoli e ne sussurrava con stupore i risultati, il suo tono s'andò smorzando. Quello era certamente l'oroscopo di una persona iperattiva, interessata alle scienze occulte nella misura in cui le tornassero utili per ottenere il potere. Lo rivelava Giove vicino nell'ascendente, spiegò a denti stretti Guyon. Era inoltre la carta di una persona dallo spiccato carattere solare. Il sole, situato a mezzogiorno del suo tema natale, potenziava nel corso la forza e il magnetismo del re della foresta, benché allo stesso tempo lo caratterizzasse come poco abile nell'arte del dialogo. Tuttavia, anche se quello che gli astri «dicevano» non sembrava presagire alcunché di negativo per Bonaparte, stranamente il «professore» a poco a poco andò moderando il suo entusiasmo.

«Vedete qualcosa che non vi piace, professor Guyon?»

«No, no.» Si schiarì la voce. «È che non vedevo una carta astrale con così tanti aspetti positivi da...»

Il vecchio non terminò la frase. L'astrologo, altrimenti chiacchierone, soffocò la sua affermazione come poté, voltandosi da un lato. Napoleone si rese conto che qualcosa non andava.

Senza proferire parola, Guyon si diresse verso gli scaffali colmi di matracci, lampade a nafta, mortai e boccette piene di piante secche, che poggiavano contro la parete più orientale dell'abbaino. Era come se all'improvviso avesse avvertito la necessità di cercare qualcosa di importante proprio lì.

«Da quando, Monsieur?»

La domanda del corso lo fermò bruscamente.

«... Dai tempi in cui ero priore dell'abbazia di Trapa, generale.»

«Siete stato un ecclesiastico?» Napoleone era sorpreso. «Voi?»

«Proprio così » ammise quello. «Ma non sono solito parlare di queste cose con i miei clienti.»

«Da quello che mi avete appena detto, non sono un cliente normale. Potete fidarvi di me. Non m'importa il vostro passato religioso: se vi denunciassi, tutta l'Accademia saprebbe che sono venuto a consultare un ciarlatano e, credetemi, ciò non favorirebbe per niente la mia carriera.»

Il «professore», benché diffidente, sembrò accettare quell'argomentazione.

«E va bene, generale. Ve lo spiegherò, anche se dubito che vi interessino le mie ragioni.»

«Correrò questo rischio. Sono poche le cose che non mi interessano.»

«L'avete voluto voi» sorrise. «Appresi l'astrologia dai bibliotecari dell'abbazia di Lagny, che mi iniziarono anche ai tarocchi e alla cabala. Furono così tanti gli anni da me dedicati a queste scienze occulte che monsignor Rohan, ai tempi di Luigi XV, mi pregò di trasferirmi a corte per prestarvi servizio come professore di matematiche celesti del re.»

«Un bell'eufemismo.»

«Non meno che chiamare Comitato di salute pubblica il nostro nuovo governo.»

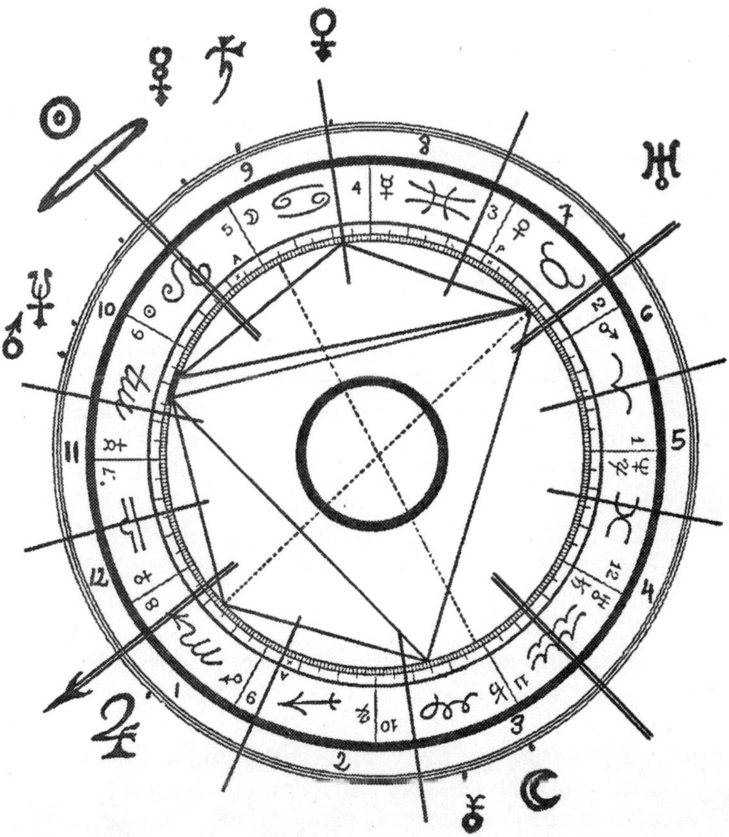

La carta astrale di Napoleone

Bonaparte apprezzò il sarcasmo dell'ex frate. «Vi prego, continuate.»

«Fu proprio a corte che vidi una carta astrale identica alla vostra. La tracciai per un certo conte di Saint-Germain, che a quei tempi si vantava di avere oltre duecento anni d'età e aveva incantato la metà dei cortigiani.»

«Duecento anni! Un buffone, non v'è dubbio.»

«Lo credevo anch'io, generale. Tuttavia il duca di Choiseul, uomo di fiducia di Sua Maestà, ordinò alle proprie spie di scoprire qualcosa di più sull'affascinante cavaliere che aveva stregato le nobildonne nelle serate di quell'autunno del 1765. Non trovarono mai il suo certificato di nascita, né alcun accenno ai suoi avi. Non seppero nemmeno dove trovasse i mezzi per essere oggi a Parigi, domani ad Amsterdam e la settimana dopo a Londra. Era come se fosse caduto dal cielo!»

«Una spia, Monsieur?»

«In tal caso, una spia per nulla discreta, generale» obiettò Guyon. «Vestiva in modo appariscente, non mangiava mai niente in pubblico e rifiutava sempre di organizzare feste a casa sua. Quello che allarmò il duca di Choiseul, diffidente per natura fino alla morte – e sono già passati dieci anni! – fu che Saint-Germain seppe guadagnarsi la fiducia del Re mediante arti che potremmo definire... oscure.»

«Oscure?» ripeté Bonaparte. «Volete dire magia?»

«Giudicate voi, generale: in un'occasione Luigi XV gli affidò un diamante di grande caratura deturpato da una macchia interna. "Siete capace di levargliela e di farmi guadagnare quattromila franchi?" lo sfidò. Saint-Germain si portò il diamante a casa e nel giro di un mese lo restituì immacolato a Sua Maestà. Fu pesato e valutato, ma la pietra aveva perso appena pochi milligrammi di peso. Alchimia, senza dubbio.»

«Avete detto che nessuno entrò mai in casa sua...»

«Il caso volle che, di fronte all'impossibilità di scoprire alcunché su di lui, il ministro Choiseul mi chiese di guadagnarmi la fiducia di quel conte venuto dal nulla. "Di un uomo di Chiesa si fiderà" pensò il duca. "Prendetevi tutto il tempo che vi occorre." E così feci.»

«Che cosa scopriste?»

«Che il conte di Saint-Germain era un tipo decisamente curioso. Ogni volta che gli domandavo quali erano la sua data e il luogo di nascita per tracciare la carta astrale, mi rispondeva sempre allo stesso modo: "Sono nato vicino a Nizza, in faccia al Mediterraneo, ma dovete specificarmi quale delle mie date di nascita preferite per il vostro oroscopo". Credevo che quello fosse un gioco, uno dei suoi indovinelli con cui intendeva mettere alla prova il mio ingegno, tuttavia in seguito scoprii che non era così. Saint-Germain era davvero convinto di essere morto e rinato in diverse occasioni negli ultimi due secoli. "Ogni ottantacinque anni ritorno. Scegliete voi la data" insisteva.»

«Nient'altro che menzogne!»

Bonaventure Guyon scosse la testa. Sembrava che non avesse le idee così chiare come il corso.

«Vedete, generale, il conte mi comunicò una data, il 1509, per la sua "prima nascita". Con le coordinate di Nizza tracciai il suo oroscopo e proprio allora vidi le sue linee maestre che, se dichiarò il vero, sarebbero identiche alle vostre. La sua carta astrale presentava gli stessi trigoni della vostra: uno con Urano e un altro con Plutone. Segno di ambizione e genialità. Lui trionfò: donne, viaggi e successo. Voi, amico, avrete tutto ciò... e forse di più.»

«Anche il segreto di morire e rinascere, come il galante conte di Saint-Germain?»

Il tono sarcastico di Napoleone venne zittito all'istante dal professore.

«Finirete per cercare anche quello. Ve lo posso assicurare.»

«Come potete esserne tanto convinto? Solo i truffatori e i pazzi lo sono...»

Bonaventure Guyon notò con piacere l'inferiorità del suo cliente nelle questioni celesti.

«Monsieur, è una vecchia legge astrologica. Ogni trent'anni Saturno orbita nello stesso luogo in cui si trovava al momento della nascita. Nel vostro caso, quando compirete trent'anni, ripasserà nella nona casa, quella che influenza la filosofia della vita. Le grandi domande sul destino e sulla morte.»

«E questo cosa significa?»

«Che, raggiunta quell'età, prenderete coscienza di quale direzione dare alla vostra vita. Gesù Cristo fu battezzato a trent'anni, proprio quando si fece carico del suo ruolo messianico e cominciò il percorso pubblico. Ignazio da Loyola cadde ferito in combattimento alla stessa età, per poi iniziare il proprio cammino spirituale in una grotta vicino a Montserrat. A Buddha accadde lo stesso...»

«Si vede che la tonaca vi ha segnato, professore» sorrise ironico il corso. «E nel mio caso, signore mio, dove cercherò il senso della vita e della morte?»

«Per prima cosa, molto lontano da qui. Poi Dio solo lo sa.»

«E se non vi pagassi per questo rompicapo?»

«Lo farete al vostro ritorno, generale» rispose Guyon senza alterarsi. «Ho il dono della pazienza e so che tornerete a domandare i miei servizi. A ogni modo, vi accorgerete di essere in debito con me. E che, davvero, tutto cambierà per voi quando compirete trent'anni.»

«D'accordo» brontolò il corso. «Dove posso trovare altre informazioni su quel Saint-Germain?»

Guyon gli restituì lo stesso sorriso malizioso di prima.

«Per questo non avete bisogno del mio aiuto. Tutta Parigi ha sentito parlare di lui.»

XVI

Tutta Parigi?

Napoleone, in mancanza di un passatempo migliore, decise di verificarlo.

Anche se gli era costato fatica e denaro, nelle settimane precedenti alla sua visita al professor Guyon il corso era riuscito a guadagnarsi qualche amicizia in seno al Comitato di salute pubblica. Cercava contatti che gli garantissero una rapida carriera militare. Era ansioso di entrare in azione. Invece, benché l'Europa intera potesse sollevarsi in armi in qualsiasi momento, la Repubblica sembrava aver scelto di voltarsi dall'altra parte e non immischiarsi in nessun conflitto. La Francia e la Prussia avevano appena firmato la pace a Basilea, ed erano stati perfino restituiti alla Spagna i territori persi negli scontri passati. Non c'era possibilità di gloria per un uomo come lui.

Bonaparte, disgustato dalla negligenza dei burocrati, decise di incanalare la sua attività in un'altra direzione. Furono i ritrovi nei caffè alla moda, come Chez Laurent o Procope, ad alleviare le sue frustrazioni. Gli liberavano la mente da preoccupazioni più serie e lo tenevano al corrente dei pettegolezzi della capitale. Di fatto non gli era per nulla difficile portare quelle lunghe conversazioni serali sul tema che più gli stava a cuore in quel momento, e per alcuni giorni le monopolizzò con l'unico proposito di verificare cosa si mormorava in certi ambienti sullo stravagante conte di Saint-Germain.

«È scomparso poco prima della Rivoluzione. Si è volatilizzato!»

Doulcet De Pontécoulant, uno dei membri del Comitato di salute pubblica con cui aveva stretto amicizia, sciolse la lingua alla seconda acquavite. Napoleone gli aveva dato appuntamento, insieme ad altri illustri colleghi dell'Accademia, in una sala riservata del Procope. Avrebbe speso una piccola fortuna in liquori, ma sperava di placare certe inquietudini...

«Che razza di individuo!» proseguì euforico De Pontécoulant. «Fu uno degli uomini più chiacchierati della sua epoca. I rivoluzionari lo cercarono dappertutto per ghigliottinarlo. Immaginatevi, cittadino Bonaparte: a Versailles si imbatterono in varie lettere dirette alla regina nelle quali il conte l'avvertiva dell'esistenza di un complotto per prendere la Bastiglia e rovesciare il regime.»

«E non lo trovarono, suppongo.»

Napoleone, che cercava di nascondere il proprio interesse, riempì di nuovo il bicchiere del suo amico Doulcet fino all'orlo. Gli altri invitati lo imitarono e brindarono per l'ennesima volta.

«Nemmeno una traccia! Come se fosse stato inghiottito dalla terra!» Il commissario svuotò il calice in un sorso. «E credetemi, vi dico che un uomo così non poteva passare inosservato in alcun luogo.»

«Un uomo così? Spiegatevi, per favore.»

«Dunque...» esitò. «Quel personaggio parlava tutte le lingue, conosceva tutti i paesi, dipingeva, scriveva ed era un virtuoso del clavicordo. Si guadagnò i favori delle grandi dame della corte regalando boccette d'acqua, che a sentir lui le avrebbero aiutate a conservarsi senza rughe. E le stupì con la sua erudizione poetica: recitava sia Dante che Molière. Ma la cosa più bizzarra era che, nonostante il suo evidente successo, non si seppe mai di qualche tresca amorosa con una di loro. Niente di niente!»

«Forse non gli piacevano le donne...»

Julien Regnaud, un giovane capitano della Champagne collega del corso, si lasciò sfuggire quell'allusione come se fosse una condanna alla ghigliottina.

«No, non era questo» Doulcet, decisamente ubriaco, fece segno di no. «Il tipo doveva essere una specie di monaco o soffrire di qualche grave malattia venerea perché non si seppe mai di nessun amante, uomo o donna che fosse. Inoltre, spariva con frequenza da Parigi. Diceva che si "doveva rigenerare" nel suo paese natale... anche se non rivelò mai dove si trovasse.»

«E spiegò come riusciva a farlo?»

«Bonaparte!» Il commissario scoppiò in una sonora risata, che attirò l'attenzione di tutta la clientela. «Non vorrete conquistare anche voi il segreto dell'eterna giovinezza!»

«Ma lo spiegò o non lo spiegò?» ribadì Regnaud.

L'insistenza degli ufficiali fece cambiare l'espressione al loro interlocutore. «Vi interessate a questioni davvero singolari, cittadino Bonaparte. E voi, capitano, non avete niente di meglio a cui dedicare la vostra attenzione? Davvero io non ne so molto di più di tutti i presenti...»

«Però avete conosciuto gente che frequentò Saint-Germain» insisté il corso.

«Sì. E nella maggior parte dei casi sono morti.»

«Siete un ingenuo, Monsieur De Pontécoulant!» sbuffò il capitano Regnaud. «Mi duole ammettere che avete ragione: qui sto solo perdendo il mio tempo...»

«E più ancora mi rammarico io per voi» rispose Doulcet, acido. «Che altro potreste volere, capitano, se non raggiungere l'immortalità senza rinunciare al sesso!... Ecco perché il trionfo è riservato soltanto ai grandi di spirito.»

Ciò ferì l'onore dell'infervorato Regnaud. Prima che Napoleone potesse fare anche solo un gesto per placare l'animo offeso dell'ufficiale, questi abbandonò la sala sbattendo rumorosamente la porta. La sua ultima imprecazione – «Idiota!» gridò, senza che fosse chiaro se si rivolgeva a se stesso o al commissario – si confuse con la nuova domanda del corso, ipnotizzato da quelle scarne rivelazioni.

«Allora, Monsieur De Pontécoulant... benché possa sembrarvi un'impertinenza, ditemi: il conte di Saint-Germain spiegò mai come riusciva a rigenerarsi, ammesso che ciò fosse vero? Se i vostri confidenti sono morti» insisté con fermezza Bonaparte «ormai non dovete temere per loro né di venir meno alla vostra parola di cavaliere.»

Doulcet riempì con mano tremante il suo calice, sorbendone avidamente il contenuto prima di rispondere. Intorno ai due un piccolo gruppo di ufficiali aveva formato un vivace capannello, percorso da ogni genere di commenti.

«In realtà non sono molto sicuro, generale» disse, cercando di nascondere quanto lo infastidisse parlarne in pubblico. «Dovete comprendere che su questo conte circolano informazioni confuse e contraddittorie. Alcuni credono che fosse un ebreo portoghese, altri che fu il figlio legittimo di Francesco Leopoldo, principe Ragoczy di Transilvania, dato che in qualche occasione utilizzò questo titolo.»

«Davvero?»

«Sì. Lo confessò al principe Kart de Hesse, rivelandogli di essere stato istruito dall'ultimo duca de' Medici.»

«Sciocchezze!»

«Già, già... Però in Transilvania si vocifera di nobili che raggiungono l'immortalità bevendo o facendo il bagno nel sangue umano. Anche se, da ciò che ho capito, Saint-Germain scoprì un metodo più raffinato di quello dei principi rumeni.»

«Quale, commissario?» insisté Bonaparte.

«D'accordo, generale: ho sentito dire che durante i suoi prolungati soggiorni nella nostra amata Repubblica, entrava per tre giorni in una piramide e poi ne usciva completamente ringiovanito.»

«Ma in Francia non ci sono piramidi!»

«Qui sbagliate, cittadino Bonaparte» lo interruppe De Pontécoulant con aria di sfida. «Vi sbagliate di grosso. Venite domani nel mio ufficio e vi mostrerò dove potete trovare piramidi nella nostra patria.»

«Avete bevuto troppo, Monsieur.»

«Avete fatto troppe domande, generale.»

XVII

Quel lunedì mattina la vista sui giardini delle Tuileries dal Pavillon de Flore era magnifica. Gli spogli finestroni rotondi dei piani alti di quello che in altri tempi era stato il palazzo reale lasciavano intravedere il lussureggiante labirinto di fontane e statue disegnato secondo i gusti del decapitato re Luigi. Il palazzo era superbo. Benché avesse smesso ormai da tempo di essere la residenza reale, se ne percepivano ancora la solennità e lo sfarzo, in apparenza così in contrasto con lo spirito popolare della Rivoluzione.

Al sesto piano dell'edificio, nei corridoi che conducevano agli uffici del dipartimento cartografico dove lavorava De Pontécoulant, l'attività languiva. Perché mai lavorare? Il Direttorio non avrebbe utilizzato le sue mappe in nessuna campagna militare.

Prima di entrare nella stanza con la porta più decorata, Napoleone gettò un'ultima occhiata al paesaggio. Quel luogo aveva qualcosa di inebriante, era l'incarnazione stessa del potere in terra. Da lì, rimuginò in un attimo di fantasticheria, un buono stratega avrebbe potuto dominare il mondo civilizzato. Uno stratega... come lui.

Il tacchettio regolare di un funzionario lo distolse da quei sogni.

«Cittadino Bonaparte, il commissario De Pontécoulant vi attende nel suo ufficio.»

Napoleone si morse la lingua per non rispondere in malo modo all'usciere. Lui non era un semplice cittadino, era generale. Tuttavia decise di seguirlo senza replicare.

De Pontécoulant, agghindato con una parrucca convenientemente incipriata e annodata con un fiocco nero sulla nuca, mostrava ancora i postumi della sbornia. Del buffone festaiolo della notte passata non restava niente, ma i suoi occhi arrossati ne tradivano gli eccessi.

«Bonaparte!» esclamò dal fondo del suo ufficio, zeppo di grandi mappe della Francia appese alle pareti. «Siete più puntuale della maggioranza dei soldati del nostro valoroso esercito.»

«Oggi non avevo niente di meglio da fare, Monsieur.»

«Fantastico!» applaudì divertito il commissario. «Allora vi intratterrò io.»

In realtà al corso non piaceva per niente quel verme addobbato con giubba raffinata e tirabaci di seta. Lo interessava, questo sì, per i propri disegni e lo tollerava nella misura in cui poteva fornire buone referenze di lui al ministro Aubry o a Barras, che tutti ormai chiamavano «il re della Repubblica». Del resto, era da tempo che Barras non nascondeva la sua predilezione per Napoleone. Ormai Bonaparte intuiva che il suo futuro si sarebbe deciso solo lì, tra gli intrighi di palazzo, più che combattendo da eroe in una guerra a cui mai l'avrebbero mandato...

«Commissario, volevate mostrarmi dove si trovano le piramidi francesi. Vi ricordate, vero?»

«Certo!» sorrise di nuovo l'adulatore. «Questo è un argomento poco conosciuto qui, che però ha destato il mio interesse fin da quando mi assegnarono al dipartimento di topografia del Pavillon de Flore. Ieri, parlando dello scomparso Saint-Germain, me l'avete ricordato.»

«Un'opportuna coincidenza, senza dubbio.»

«Certamente, generale. A proposito, conoscete Autun?»

De Pontécoulant aprì un cassettino della sua scrivania, ne estrasse una bacchetta e indicò con un cerchio un piccolo punto sulla mappa più vicina, poco sopra Lione.

«No, signore.»

«Ebbene, lì si trova la prima piramide... In realtà resta solo un ammasso informe di pietre, che si possono ancora visitare prendendo la strada per Vézelay o Digione e scendendo poi parallelamente al fiume Arroux.»

De Pontécoulant parlava come se Bonaparte stesse per condurre una spedizione nella zona.

«Noi crediamo che venne innalzata ai tempi dei romani, forse come tomba per qualche patrizio facoltoso, però non ci è stato possibile verificare niente di più. Abbiamo fatto alcuni scavi, incaricando i commissari delle strade e dei porti, ma senza successo. Non hanno recuperato nemmeno una maledetta moneta d'argento. Niente.»

«E dove dite che si trova, Monsieur?»

«Più o meno a un chilometro e mezzo da un monte chiamato Briscou. Non è difficile vederla, perché in origine doveva misurare diciassette metri di larghezza per ventisette metri circa d'altezza.»

«Non male, in effetti. È come una casa di dieci piani nel centro di Parigi.»

«E chi ha detto il contrario, cittadino Bonaparte?»

Il corso, abile, riprese rapidamente il filo della conversazione. «Ditemi, commissario, avete trovato qualche pista che collega questa piramide al conte di Saint-Germain?»

«Purtroppo no. Abbiamo esplorato anche un pozzo naturale, situato proprio sotto la piramide, alla ricerca di una qualche prova di riti strani o, chi lo sa, perfino di un tesoro nascosto dal conte. Ma, come vi ho detto, non abbiamo trovato niente. Niente di niente.»

«Suppongo che abbiate continuato a cercare in altri luoghi.»

«Nel villaggio di Commelle, a Orry-la-Ville, abbiamo scoperto un'altra piramide. Anche a me sembrava incredibile che avessimo trovato due piramidi antiche in mezzo alla Francia. Per fortuna, di quest'ultima abbiamo potuto verificare molto di più. Venne eretta nel XIII secolo come camera sepolcrale di una famiglia nobile della zona, ma quando è stata ispezionata dai nostri uomini non hanno trovato nemmeno lì tracce di qualche uso recente...»

«Che fatalità» Bonaparte schioccò la lingua, come in segno di solidarietà con quell'istrione di De Pontécoulant.

«Sapete una cosa, Bonaparte? Fu proprio in quel periodo, tra il 1100 e il 1200 del calendario cristiano, che venne costruito il maggior numero di piramidi in Europa. Come se, oltre alle cattedrali gotiche, si fosse imposta la moda di erigere questo tipo di costruzioni.»

«Una moda, dite?»

«Non saprei che altra parola utilizzare: è l'unico sostantivo che tranquillizza la mia curiosità. Pensare che si innalzarono piramidi per un puro vezzo estetico e niente più...»

Bonaparte fece una smorfia prima di rispondere.

«Però, commissario, sapete meglio di chiunque altro che il Medioevo non fu un'epoca di esteti. In tutto ciò che veniva fatto si seguiva una finalità pratica. Le cattedrali si costruivano per onorare la Vergine. Ma le piramidi?»

De Pontécoulant scosse la testa, senza riuscire a evitare la nuova domanda del generale.

«Mi tenete sulle spine, commissario. Cos'altro avete trovato durante le vostre ricerche, Monsieur?»

«Un'altra piramide. Forse la più straordinaria di tutte.»

«Davvero?»

«L'abbiamo individuata su una montagna vicino a Nizza. O meglio, proprio sopra la città.»

Nel sentire Nizza il corso si fece più attento. Forse non era stata poi tanto malvagia l'idea di sprecare quella mattinata alle Tuileries.

«Perché vi ha colpito più delle altre?»

«Senza dubbio per la sua posizione privilegiata. La piramide non è molto grande: in origine non doveva superare i nove metri d'altezza, però domina ancora la baia della città e gode di una vista invidiabile sul Mediterraneo. Se non fosse che si tratta indubbiamente di una piramide, avrebbe potuto ospitare benissimo un faro per le nostre navi...»

«Continuate.»

«Vi si accede dal paese di Falicon, un postaccio infame abbarbicato in cima a un grande monte, il Chauve. Ed è così isolata che, dopo averla localizzata, abbiamo dovuto sfoltire una gran quantità di cespugli per riportarla alla luce.»

«Vi siete recato a vederla di persona?» si meravigliò Bonaparte. Era difficile immaginarsi quel grassone salire qualcosa che non fossero le scale del caffè Procope o di qualche postribolo in voga.

«Be'» sorrise orgoglioso «ho acconsentito ad accompagnare la spedizione, dopo che mi parlarono della sua fattura impeccabile e mi riferirono che nessuno aveva potuto determinare se fosse greca, romana o egizia.»

«Egizia! Ora esagerate...»

«No, no. Credetemi. Anche se in paese nessuno ne conosceva l'esistenza, abbiamo trovato un documento catastale del XII secolo che ne concedeva la proprietà a un certo Ahmed, commerciante egiziano di stoffe conosciuto nella zona per le sue importazioni di cotone. Inoltre c'è un particolare toponimico davvero curioso: Falicon deriva dal francese *faucon*, falco, e questo uccello è fondamentale nell'iconografia egizia. Horus, ve lo devo ricordare, generale, era un dio con la testa di falco.»

«Questo spiegherebbe tutto, non credete, Monsieur De Pontécoulant?»

«Cosa intendete dire?»

Napoleone sorrise, enigmatico. «È semplice: quel tale Ahmed, avendo nostalgia delle piramidi del suo paese, decise di farne erigere una uguale per essere seppellito in Francia. E cercò il luogo più adatto.»

«O forse la ereditò.»

«La ereditò?»

«Vedete, Falicon è un paese abitato già ai tempi dei romani. Vi si trovano perfino i resti di un acquedotto sotterraneo di quell'epoca» sentenziò il funzionario.

«Ma i romani non costruivano piramidi, Monsieur.»

«Non ne sarei così sicuro. A Roma, dovreste saperlo, si può ancora ammirare la piramide di Caio Cestio, costruita ai tempi di Augusto, vicino all'attuale porta di San Paolo. E poi, generale, che cosa ne sapete voi di piramidi?»

«Non molto» ammise Napoleone seccamente «ma qualcosa sì. Ho appena terminato di leggere un'opera curiosa, *Sethos, ou vie tirée des monuments. Anecdotes de l'ancienne Egypte*. La conoscete?»

«Sia l'opera, sia l'autore. Un prete, ellenista eccellente e abate di Terrason.»

«Io ne sono rimasto colpito. L'abate di Terrason narra con dovizia di particolari le prove iniziatiche a cui si sottomise il re Sethi nella Grande Piramide...»

«Ma viaggia anche molto con la fantasia, generale. Il buon abate non è mai stato in Egitto.»

«Però sembra conoscere tutto di Sethi.»

«E chi tra di noi conosce a sufficienza il regno di questo Sethi per confutare le sue affermazioni? Nessuno, generale!»

Doulcet, visibilmente accaldato, si liberò della giubba lasciandola cadere sopra uno dei sofà della stanza. La sua camicia color vaniglia era inzuppata di sudore, ma il commissario cercò di non farvi caso e continuò il suo discorso.

«Per questo credo che il vostro buon abate si inventò tutto» disse, mentre tentava di regolarizzare il respiro. «Non sono mai esistite simili iniziazioni nella Grande Piramide. E se fossero esistite, mi risulta alquanto difficile immaginare che l'abate di Terrason ne sapesse qualcosa. Ammesso pure che venissero davvero celebrate, dovevano essere cerimonie segrete precluse a pagani e cadute nell'oblio molto prima che i cristiani arrivassero in Egitto.»

«Non posso controbattere al vostro ragionamento, Monsieur De Pontécoulant» rispose Bonaparte, improvvisamente docile. «Oggi ho comunque avuto la soddisfazione di aver appreso molto da voi. Peccato che nessuna delle nostre letture, e meno ancora il signor abate e il suo libro su Sethi, ci abbiano aiutato a far luce sul mistero del conte di Saint-Germain...»

«Andiamo! Già vi congedate, generale?»

«Devo, signor commissario. Altri doveri mi chiamano.»

«Forse la piramide di Falicon?»

Il corso rise alla trovata.

«Senz'altro... la prima volta che mi recherò a Nizza, amico Doulcet. Vi terrò informato, se necessario.»

XVIII

Luxor, nonidi della II decade di Termidoro*

I baffetti di Jean-Baptiste vibrarono lievemente da parte a parte, come sempre quando stava per dire qualcosa di solenne. L'ufficiale si era fatto crescere quei mustacchi per superare il suo complesso d'inferiorità e aggiungere alle ventitré primavere appena compiute quattro o cinque anni in più. Non sopportava che lo chiamassero senza distinzione «bambino» o «ragazzino» e di recente, in uno dei suoi frequenti scatti d'umore, aveva preteso dai colleghi che si rivolgessero a lui solo con i suoi cognomi: Prosper Jollois. Mai più Jean-Baptiste.

«Che potenza hanno i secoli, barone!» esclamò dunque, mentre osservava il pezzo di gesso policromo che teneva in mano. «Ieri siamo entrati in una tomba reale, abbiamo raccolto questa pietra scolpita trenta secoli fa e oggi si disfa nelle nostre mani come arenaria...»

«È arenaria. Cosa vi aspettavate?»

La risposta secca di Édouard de Villiers non lo scoraggiò. «E questo non vi dice nulla sulla fragilità dell'uomo e delle sue opere?»

«Questa sì ch'è buona!» grugnì l'altro. «Oltre a filosofare, avete provveduto a raccogliere maggiori informazioni sulla nostra guida dell'altra sera, quel Mohammed? Il tempo non vi è certo mancato.»

* 6 agosto 1799 secondo il calendario repubblicano. Anno VII della Rivoluzione.

L'aspetto dolce del giovane Prosper si indurì di colpo. I sei anni di differenza che lo separavano dal barone de Villiers – un titolo vuoto, senza grandi fortune a sostenerlo, come spiegava alla minima opportunità il diretto interessato – lo ponevano in netto svantaggio. Benché entrambi si fregiassero del titolo di ingegnere e fossero buoni amici dagli anni al Politecnico di Parigi, Prosper finiva sempre ai suoi ordini. E quella non era un'eccezione.

«La verità è che ancora non ho potuto scoprire niente, barone. Quel Mohammed non è di Luxor, né di una riva del fiume né dell'altra. Nessuno lo conosce, né tantomeno ha lavorato per lui.»

«E per quale motivo credete che ieri ci abbia condotti al tempio di Luxor, spiegandoci così amabilmente a chi apparteneva la tomba che abbiamo scoperto? Per fedeltà verso la Francia, forse?»

«Ammetto che forse voleva usarci.»

«Sì» sospirò il barone. «L'ho pensato anch'io. Ma non riesco a capire perché.»

Prosper non rispose. Chinò la testa e continuò a camminare verso ponente.

I due ingegneri si erano alzati all'alba. Avevano intenzione di raggiungere l'ingresso della tomba posta dietro le colline libiche che spuntano a ovest di Biban el-Muluk. Volevano cominciare a togliere pietre dall'entrata prima che il sole fosse troppo alto e il caldo impedisse loro di lavorare all'aperto. Le straordinarie rivelazioni di Mohammed nel tempio avevano con ragione rinnovato le loro speranze di trovare qualcosa di veramente prezioso nel luogo del riposo eterno del faraone Amenhotep.

«Non vi pare strano che nessuno conosca questa guida e che, tuttavia, sembrasse tanto informata sui nostri movimenti?»

«Sì. È molto curioso, barone» ammise il giovane Prosper. «Sono arrivato addirittura a pensare che fosse una spia di Alì Bey.»

Il nome del condottiero mamelucco ricercato fece trasalire Édouard.

«A proposito ho dimenticato di dirvi che stanotte è morto Salaj.»

La strana sovrapposizione di idee – il ricordo del turco assassino e la morte di Salaj – allarmò ancora di più l'ingegnere.

«Salaj? Il nostro acquaiolo? Ne siete certo?»

«Certissimo.»

«Che cosa è successo? Ditemi... Perché nessuno mi ha informato prima?»

«Neanch'io conosco con esattezza i particolari, barone, ma sembra che l'abbia ucciso Omar Ben Abiff con le proprie mani, davanti a testimoni, nel locale di Hayyim. In quanto al perché nessuno vi abbia informato, devo ricordarvi che al nostro ritorno all'accampamento voi stesso avete dato precisi ordini di lasciarvi dormire fino all'alba.»

«Già, già. E quando è successo?»

«Proprio mentre noi eravamo nel tempio. Sembra che stessero discutendo della nostra scoperta, quando gli animi si sono riscaldati e Omar ha squarciato il ventre dell'acquaiolo.»

«Povero ragazzo...»

Édouard de Villiers soffocò un sospiro. Reagiva in quel modo ogni volta che qualcuno menzionava un assassinio. Non erano i morti a spaventarlo, lo terrorizzavano i giustiziati. Tra gli studiosi della spedizione di Bonaparte si speculava spesso sul fatto che il barone non avesse ancora superato il trauma di essere scampato per un soffio al Terrore instaurato da Robespierre.

«E ditemi, Prosper, non credete che l'assassinio abbia qualcosa a che vedere con questa tomba? Non occorre ricordare che Omar è un saccheggiatore conosciuto su tutta la riva orientale.»

«Devo ammettere che l'idea non mi ha abbandonato per tutta la notte» i baffetti di Prosper tornarono a oscillare sopra la sua bocca. «Ricordate quando entrammo nella tomba la prima volta? Tutto era sottosopra. C'erano calcinacci e resti di ceramica ovunque, come se qualcuno ci avesse anticipati di poco e si fosse portato via qualunque oggetto di valore proprio sotto il nostro naso.»

«Compresa la mummia del re.»

«È vero, compresa la mummia.»

Il barone fece mente locale. A Versailles, lavorando a fianco del padre presso il ministero delle Finanze, aveva imparato che un'attenta valutazione delle circostanze riguardanti un furto o una truffa, se fatta per tempo, può aiutare quasi sempre a individuare il colpevole. Nel caso della tomba di Amenhotep, le sue osservazioni erano state estremamente meticolose. Erano entrati da un'apertura praticata nel lato orientale della collina e, dopo aver sceso quattro rampe di scale schivando un pericoloso pozzo profondo quasi cinque metri, erano sbucati nella sala del sarcofago. Lì dentro non c'era più nulla, a parte alcuni frammenti di ceramiche e di gesso policromo staccato dall'umidità, e soprattutto un odore terribile. Il sarcofago di pietra era stato forzato e depredato.

Allora avevano dato scarsa importanza al fatto, attribuendo il disordine nel sepolcro al saccheggio che doveva aver subito ai tempi dei faraoni. Ma ora ne dubitava. Nella camera del sarcofago di pietra, nell'ordine la terza sala all'interno della tomba, in un angolo risaltava un singolare *ankh*. Questa croce degli egizi, il cui braccio superiore è simile a un occhiello esageratamente grande di un ago, era stata modificata fino a farla sembrare un crocifisso cristiano. Qualcuno l'aveva adattata, eliminando il foro superiore e semplificandone le linee. Édouard si chiese se la tomba non fosse stata saccheggiata in tempi recenti, magari per mano di cristiani. O forse Omar era stato informato da un qualche confidente e li aveva anticipati, portandosi via i pochi oggetti di valore che ancora poteva contenere.

«Non c'è modo di sapere se la croce è antica o recente, barone. Forse i cristiani copiarono questo simbolo dagli egizi secoli fa e, di conseguenza, la tomba fu profanata e dimenticata prima che nascessero i nostri bisnonni» intervenne Jean-Baptiste, cercando di non dare troppa importanza alla scoperta.

«Fate attenzione a quello che dite, amico. Sapevate che questa stessa idea costò il rogo a Giordano Bruno? Il monaco credeva che gli apostoli avessero copiato il simbolo della croce dagli egizi e difese quest'idea fino alla morte.»

Il giovane ingegnere non rispose. Stavano ormai per raggiungere il terrapieno dove si apriva l'ingresso al mausoleo reale. Entrambi sapevano che li attendeva una giornata di duro lavoro.

«Prosper, devo chiedervi una cosa...» Il tono del barone si era fatto improvvisamente confidenziale.

«Ditemi, Édouard.»

«Ricordate ciò che Mohammed ha detto di Bonaparte?»

«Vi riferite a quella teoria astrusa, secondo la quale il generale sarebbe venuto in questo paese per seguire le orme di Gesù in Egitto?»

«Esatto» rispose secco il barone. «Il nubiano ci ha raccontato qualcosa di un elisir e si è offerto di portarci alla sua fonte...» de Villiers esitò un istante prima di proseguire «... benché io non sappia nulla dell'interesse del nostro generale per queste cose. E voi?»

«Nemmeno io. E dubito fortemente che ne sia informato Girard.* Ogni volta che arriva a un tempio, quell'imbecille si preoccupa soltanto di individuare il miglior punto all'ombra per schiacciare un pisolino. "Il Nilo, il Nilo... Ci hanno ordinato di studiare il Nilo, non le rovine."»

La grossolana imitazione dell'accento bretone del cittadino Girard fece sorridere il barone.

«D'accordo, d'accordo. Lo ammetto, Prosper, Girard è un idiota, ma Bonaparte no. Sappiamo tutti e due che farebbe qualsiasi cosa per guadagnarsi la fiducia degli egiziani. Al Cairo si è dichiarato musulmano, ha perfino pronunciato proclami in lode di Maometto. Però da lì a giustificare la sua campagna di Nazareth come una specie di viaggio evangelico sulle orme di Gesù, il passo mi sembra eccessivo.»

«Mio buon amico, ho parlato solo una volta faccia a faccia con Bonaparte...»

«Davvero?»

«... È stato a Tolone, prima che salpassimo per Malta e poi per l'Egitto con l'Armata d'oriente. E sapete una cosa? La verità è che non mi è sembrato affatto un buon cristiano.»

«La sua famiglia è credente. Viene dalla Corsica più cattolica.»

«Giudicate voi stesso: era una splendida domenica di Fiorile** e ho assistito con i miei stessi occhi a come cacciava fuori dai piedi il cappellano del porto, che gli rimproverava di non essersi recato a messa con il resto della truppa.»

* Pierre Simon Girard, ingegnere civile sotto il cui comando si trovavano Prosper Jollois e Villiers du Terrage durante la spedizione nell'Alto Egitto nell'estate del 1799.

** Approssimativamente maggio secondo il calendario repubblicano.

«Questo non significa niente.»

«Oh sì, invece. Se Bonaparte è andato fino a Nazareth con il generale Kléber, non è stato per pregare nella casa della Vergine e nemmeno per cercare la bottega da falegname di Giuseppe.»

«Cosa state insinuando, ora?»

«Che forse Mohammed, dopo tutto, non ci ha mentito. E che Bonaparte, dal canto suo, non ha detto ai suoi soldati tutta la verità sui propri scopi. Forse» sottolineò con aria misteriosa «il nostro generale sta cercando il segreto della vita eterna, proprio come i faraoni molti secoli fa.»

Istintivamente de Villiers guardò nella stessa direzione del suo compagno. Erano giunti all'imboccatura della tomba di Amenhotep. Il barone trasalì non appena la vide: l'improvvisata porta di assi che avevano sistemato il giorno prima per bloccare l'ingresso al mausoleo era stata forzata.

Qualcosa frusciò al suo interno.

XIX

Il Cairo, 4 Rabi I*

Nadia e suo zio Alì impiegarono poco più di quattro giorni di navigazione per raggiungere la città del Cairo. La Vittoriosa – questo è il significato di al-Qahira in arabo – si mostrò di buon mattino davanti a loro, sfoggiando le mezze lune argentate dei suoi infiniti minareti.

Era difficile immaginare uno spettacolo più superbo di quello: grandi chiatte da carico, circondate da un esercito di piccole imbarcazioni e lance a remi, avanzavano in tutte le direzioni senza un ordine apparente. Anche i più miscredenti dovevano ammettere che Allah, nella sua infinita saggezza, aveva benedetto quel fiume con un ordine invisibile e misterioso, capace perfino di regolare un traffico di mezzi e persone tanto indiavolato. Il Creatore, il Signore dell'Universo, si compiaceva nel mostrare in queste piccole cose l'immensità del suo potere.

«Il Cairo è molto cambiata da quando sono arrivati i francesi» li avevano avvertiti sulla barca. «Gli stranieri hanno trasformato rapidamente "la madre di tutte le città" in un luogo differente e Dio, per qualche oscura ragione, glielo ha permesso» avevano aggiunto.

Ai Ben Rashid ciò importava assai poco. Non erano venuti nella regione del delta per un capriccio o per fede, e dei francesi, a dire il vero, non si curavano affatto.

* 6 agosto 1799. Anno 1214 dopo l'Egira.

Sulla loro chiatta, una piattaforma di grandi tronchi sulla quale era stato fissato un telo enorme e rattoppato che fungeva da vela, non parlarono quasi con nessuno. La Perfetta si era coperta il capo con il velo prescritto dall'islam e i due non ebbero troppe difficoltà a farsi passare per una giovane coppia del Sud. Pagarono inoltre religiosamente il prezzo dei passaggi, recitarono le cinque preghiere quotidiane rivolti alla Mecca e attesero con impazienza di sbarcare su un piccolo molo vicino al quartiere di Giza, verso le otto del mattino.

Era caldo e afoso.

La prima cosa che richiamò la loro attenzione fu l'enorme quantità di soldati, che pattugliavano le immediate vicinanze delle piramidi. Non avevano mai visto così tanti francesi insieme, armati di tutto punto. La cosa strana era che lì non c'era quasi niente da proteggere, a parte sabbia e pietre, per cui la presenza poliziesca di europei armati fino ai denti sembrò loro ridicola e insieme misteriosa. Correva voce che gli stranieri si stessero preparando per sventare un altro attacco di Murad Bey. E ne avevano motivo: solo cinque giorni prima del loro arrivo il temuto Murad aveva scalato impunemente la Grande Piramide per inviare dalla sua cima, con l'aiuto di un piccolo specchio d'argento, un messaggio in codice a Nefissa, un'influente dama del Cairo da lui corteggiata. Quando i francesi se ne erano resi conto, Murad era già fuggito verso l'oasi di El Fayyum. Aveva però lasciato nella città l'ambigua impressione che le agitazioni contro l'esercito d'occupazione gallico potevano ricominciare in ogni momento...

«Credo che in centro, lontano dalle piramidi, saremo più sicuri. Almeno finché non arriverà il giorno...»

L'enigmatico sorriso di Alì sorprese la Perfetta.

«Il giorno?»

«Sì, Nadia. Il momento in cui dovremo andare a Eliopoli per reclamare ciò che appartiene al nostro clan.»

Lo sguardo del nubiano s'incrociò per un momento con quello della lontana Sfinge. Immobile davanti alla piramide di Chefren, il suo volto eterno sembrava sfidare chiunque volesse strapparle i suoi segreti. Dallo sporco vicolo in cui si trovavano la visione della testa del colosso che emergeva dalla sabbia sembrava l'eco di un paesaggio ultraterreno.

«Siamo insieme da diversi giorni e ancora non so bene a cosa ti riferisci, zio» si lamentò la Perfetta.

«Ah, Nadia! Quello che siamo venuti a cercare è così antico ed è stato custodito in così tanti luoghi sacri diversi che occorre prestare attenzione a qualsiasi segnale divino. Chissà...» aggiunse misterioso, lo sguardo perso nell'orizzonte di sabbia che li circondava. «Forse non dovremo nemmeno uscire da Giza per trovare il segreto della vita eterna.»

La ragazza si strinse nelle spalle. Ogni volta che lo zio spiegava qualcosa della loro «missione», un mare di dubbi si agitava dentro di lei. Ora non riusciva a capire perché la formula dell'immortalità potesse essere nascosta in più di un luogo santo. A Edfu aveva capito dal racconto dello zio che Eliopoli fosse il luogo dove l'uccello Bennu ritornava periodicamente per recuperare le sue forze vitali, risorgendo dalle proprie ceneri rinvigorito e giovane. Se suo zio non sembrava nutrire dubbi in merito, allora perché non si mettevano subito in cammino verso Eliopoli e carpivano una volta per tutte il segreto alla Fenice?

«Ciò che dici è ragionevole» concesse il nubiano, nel sentire le sue obiezioni. «Ciò nonostante, se avessi studiato a fondo come me il racconto di Hordedef, sapresti perché centri di potere così diversi tra loro come Eliopoli e Giza possono indistintamente custodire la formula.»

«Hordedef?»

«Lo vedi? La tua mancanza di preparazione ti tradisce. Era uno dei figli di Cheope» il gigante di ebano sorrise con aria di superiorità «e la sua è una delle storie più conosciute dell'epoca dei faraoni.»

La ragazza inclinò docilmente il capo, pronta ad ascoltare.

«Durante il regno di suo padre, il principe Hordedef cercò di scoprire per conto di Cheope come fosse fatto il particolarissimo e segreto tempio che il dio Toth aveva costruito per nascondervi uno scrigno che conteneva tutta la sua saggezza. Cheope desiderava a tutti i costi imitare quel tempio perso nella notte dei tempi, ma non sapeva a chi rivolgersi per realizzare il suo sogno. Nessuno in tutto il regno sembrava conoscere l'ubicazione del tempio di Toth, né tantomeno i suoi progetti.»

«E fu Hordedef a scoprirlo?»

«Esatto. L'intelligente principe trovò un anziano che ancora ricordava quel segreto. Viveva a Saqqara e, grazie all'informazione che gli confidò, il re si affrettò a costruire la tanto agognata copia del tempio di Toth: la Grande Piramide di Giza.»

«Capisco» gli occhi della danzatrice brillarono. «Quindi la nostra famiglia non sa dove si trova lo scrigno che racchiude la saggezza di Toth... Se nel tempio originale o nella "copia" di Cheope...»

«Proprio così. Benché il racconto non dica niente in proposito, è probabile che Cheope avesse dissotterrato le rovine del tempio di Toth e si fosse impossessato dello scrigno che ne conteneva la saggezza. In seguito potrebbe averlo rinchiuso nella propria piramide. Forse per questo gli antichi greci credevano, a torto, che le piramidi di Giza fossero state innalzate dallo stesso Toth.»

«Ma chi potrebbe conoscere la verità oggi, dopo tutto il tempo che è passato?»

Alì sorrise di nuovo davanti all'ingenuità di Nadia: «Solo i "saggi blu". Ricordi che cosa ti ho detto di loro? Ricordi come a Edfu ti ho parlato della loro umile origine e ti ho spiegato che erano stati designati come custodi del segreto della vita fin dall'epoca degli dèi? Senza dubbio soltanto loro oggi sanno dove è ubicato esattamente il tempio di Toth a Eliopoli o, in sua assenza, dove si trova la camera dello scrigno all'interno della Grande Piramide».

«E per quale motivo dovrebbero dirci dov'è?»

L'ennesima domanda della Perfetta rimase sospesa nell'aria per qualche istante. Sembrava che il nubiano la considerasse attentamente, quindi rispose solenne e senza altre esitazioni: «In realtà aspettano solo l'arrivo di qualcuno come te per svelarci il segreto».

«Come me?»

Le sopracciglia della Perfetta s'inarcarono in un'espressione d'incredulità.

«Se pensi di essere pronta, è arrivato il momento che ti venga rivelata la tua sacra missione.»

«Sono pronta, zio.»

«In tal caso» sussurrò lui «così sia.»

Alì condusse Nadia per mano verso il cuore della folla. Lei all'inizio era spaesata, ma poi lo slanciato minareto di mattoni della moschea del califfo Al-Hakim l'aiutò a orientarsi: suo zio la trascinava verso la via Bein al-Qasrein, che significa «Tra i palazzi», costeggiando il poco che restava delle vecchie dimore fatimite anteriori alla decadenza ottomana.

La marea umana disgustò la giovane Ben Rashid. Gli aromi delle spezie, l'effluvio degli stufati cotti per strada e il fetore dello sterco di cavalli e cammelli si fondevano in una sinfonia di odori intensa e disarmonica. Al-Qasrein, a differenza di altri settori del Cairo, non sembrava regolato ancora dalle ordinanze municipali dei francesi: continuava a essere una via stretta, lercia e putrida, poco in accordo con il suo nome, a meno di chiamare palazzi quelle catapecchie.

Per fortuna la loro passeggiata durò poco. In uno dei vicoli laterali, perpendicolari alla strada principale, dietro una tenda sudicia si apriva un cortile insolitamente pulito e ordinato. Alì doveva conoscerlo alla perfezione, perché non si dovette mai fermare per chiedere ai passanti né esitò nell'entrarvi.

La Perfetta, docile, si lasciò guidare.

Due bambini, accovacciati in un angolo, giocavano a qualcosa di simile agli scacchi. Quando li videro entrare, si alzarono dal loro nascondiglio e attraversarono il cortile a grandi salti. Pochi istanti dopo una donna robusta, dal viso gentile e rotondo, andò loro incontro. Mormorò qualcosa di incomprensibile e baciò Alì su una guancia. La signora, in preda a un'incontenibile eccitazione, condusse subito Nadia in un secondo cortile, più grande e profumato di zagare, nel quale un vecchio con gli occhi bianchi sembrava aspettarla da un bel po'.

«Nadia?» sussurrò il cieco, appena avvertì la sua presenza. «Sei tu, vero?»

L'anziano girò la testa verso il punto esatto in cui si trovava la giovane, ma non fissò il proprio sguardo su nulla.

«Non aver paura, ti prego» proseguì con un ampio sorriso sulle labbra. «Siediti vicino a me, perché ti possa toccare. È da molto tempo che desideravo conoscerti...»

Nadia obbedì senza esitare. Quell'anziano, che doveva avere intorno ai settant'anni, con la sua barba bianca e irsuta, i capelli radi e gli zigomi sporgenti, sprigionava uno strano magnetismo. La sua voce e i gesti solenni emanavano una profonda autorevolezza. La donna, probabilmente una delle sue mogli, accompagnò Nadia al suo cospetto e l'aiutò a sedersi sopra un cuscino ricamato di gemme.

«Io sono Ahmed» disse infine il vecchio «il grande patriarca dei Ben Rashid. La guida spirituale del clan, da quando Al Hussein affidò a me questo compito molti, moltissimi anni fa. Però, è chiaro, tu non mi conosci.»

«Alì mi ha parlato molto di voi.»

«E ti avrà raccontato anche il sogno, in cui un angelo di Dio mi rivelava che la nostra famiglia si sarebbe mossa compatta per recuperare la formula dello Zed. La fonte della vita eterna. Non è così?»

«Sì.»

Le mani nodose e forti di Ahmed si tesero fino a prendere quelle di Nadia. La Perfetta notò che erano calde e vigorose.

«E non sai perché ti ha condotta da me?»

«No.»

«Non ti ha parlato dell'origine della nostra famiglia? O del perché siamo così gelosi nel preservare il nostro lignaggio?»

«No.»

«Non ti ha rivelato nemmeno le ragioni per cui ti abbiamo venduta come serva a Luxor e ti abbiamo affidata alla sorveglianza di Omar Ben Abiff?»

«No, maestro Ahmed.»

L'espressione dell'anziano cambiò. Contrariato dall'ignoranza della sua ospite, il patriarca dei Ben Rashid decise di istruire il più rapidamente possibile quella nuova discepola. Lui, come nessun altro, sapeva quanto urgesse completare la sua formazione e prepararla per il momento stabilito. Per il Tempo che già stava arrivando.

«Tua madre, Sara... Ti ricordi di lei?»

Nadia spalancò gli occhi.

«Mia madre? Certo! Sono stata con lei fino a quando ho compiuto tredici anni, poi il clan mi ha venduta a Hayyim.»

«Ebbene, piccola, ascolta attentamente quello che ho da dirti, perché da ciò dipende la missione che oggi ti affiderò. Non perdere nessun particolare, anche quello che non ti piacerà o ti contrarierà...»

«Sì, maestro.»

Ahmed strinse con forza le delicate mani di Nadia, prima di continuare.

«Tua madre, come già tua nonna e le tue antenate in linea materna da sessanta generazioni, apparteneva a una casta di iniziate ai segreti di Iside. Benché fosse di origine semita, la famiglia conseguì presto i più alti onori presso gli antichi egizi.»

«Ebraica? La mia famiglia è di origine ebraica?»

«Fa' attenzione, Nadia» la interruppe Ahmed. «La tua famiglia discende in linea diretta e favorita da Miriam, la madre del Messia dei cristiani. Lei venne in Egitto, costretta da una terribile persecuzione politica scatenata proprio contro il suo figliolo appena nato. Colei che era stata destinata da Dio a essere la madre del profeta dei cristiani si stabilì nelle vicinanze di Eliopoli, che allora era ancora un prospero centro di saggezza e conoscenza, e fu iniziata ai riti di Iside grazie ai segni celesti che avevano accompagnato la sua venuta.»

«Segni celesti?»

«Oh, sì! Già molto prima della comparsa dei faraoni, noi egiziani eravamo valenti astrologi. Noi abbiamo visto nelle carte astrali di Yeshua e Miriam le linee che ne facevano gli eletti degli dèi. Per questo i nostri antenati accettarono con piacere di iniziarli ai segreti più arcani della religione di Iside. In un certo modo li stavano aspettando da molto tempo, come chi attende il ritorno di un lontano e perduto parente. Non dimenticare che Mosè, il grande patriarca dei giudei, era stato principe e sacerdote in Egitto e aveva portato con sé parte della nostra fede...»

«In che cosa consistette l'iniziazione di Miriam, maestro?»

Ahmed sorrise.

«Nel mostrare alla sacra famiglia le basi di una potentissima scienza dell'immortalità» disse solenne. «La giovane Miriam apprese quel sapere e lo trasmise a suo figlio con l'aiuto dei sacerdoti del tempio del Bennu. Ma Miriam insegnò la nostra scienza anche ad altri suoi discendenti.»

«Yeshua non fu l'unico figlio di Maria?»

«Oh no, assolutamente. Perfino i suoi discepoli nei loro scritti parlarono dei fratelli e delle sorelle di Yeshua. E furono le sue sorelle a ricevere la specialissima iniziazione di Iside. C'è di più: a partire da Miriam quell'iniziazione fu anche più segreta che nell'antichità, dato che con l'arrivo dei romani si temette di perdere tale scienza per sempre. I saggi che possedevano il segreto dell'immortalità erano riusciti a salvarlo dalla rapacità di faraoni e sacerdoti, ma erano a tal punto consapevoli che su di loro incombeva un'epoca difficile, di grandi ambizioni, che decisero di proteggerlo in modo molto speciale...»

Ahmed percepì l'inquietudine di Nadia dai suoi movimenti. Le mani della Perfetta stringevano forte le sue, come se temesse di cadere.

«Sì, piccola, decisero che il segreto si sarebbe trasmesso solo attraverso il sangue. I saggi stabilirono che, da quel momento, solo l'appartenenza alla famiglia di Miriam avrebbe garantito il pieno accesso delle sue donne alla scienza segreta dell'immortalità... E anche se non sempre esse avrebbero deciso di metterla in pratica o di riceverla, l'iniziazione si sarebbe trasmessa con efficacia.»

«E mia madre?»

«Tua madre, come quasi tutte le tue antenate, non volle esercitare ciò per cui era stata predestinata. D'altra parte le circostanze non erano le stesse nelle quali ti trovi a vivere tu. Né venimmo mai a sapere, dai tempi di Yeshua, che in terra d'Egitto fosse arrivato qualcuno degno di ricevere l'iniziazione di Iside e che potesse riprodurre come protagonista maschile il rito che un giorno aveva restituito la vita a Osiride...»

La Perfetta si strinse nelle spalle.

«Volete dire che, oltre a una nuova Iside, deve arrivare un nuovo Osiride con il quale ripetere l'alta magia degli antichi dèi?»

«Qualcosa di simile, Nadia.»

«E sapete già chi è l'Osiride tanto atteso?»

Ahmed restò in silenzio per un istante, meditando la risposta. Poi, accarezzando la morbida mano della Perfetta, sussurrò la sua risposta in modo che nessun altro potesse sentire: «È Bunabart, il sultano venuto dall'altra estremità del mare...».

XX

Luxor, riva occidentale

Quegli occhietti piccoli e luminosi lo fecero fermare.

Jean-Baptiste, il primo che si era deciso a entrare nella tomba di Amenhotep, seppe subito cosa aveva di fronte. E fu preso da un terrore improvviso, che lo paralizzò da capo a piedi. Ne aveva ben motivo: a pochi palmi da lui un cobra eretto, teso, gli anelli del collo rigonfi, le squame romboidali luccicanti come specchi e la lingua bifida sibilante lo stava osservando con ferocia.

Il barone non era ancora arrivato davanti all'ingresso, quindi la luce che filtrava all'interno della tomba illuminava abbastanza bene il rettile. Teso come la corda di un arco, si dondolava in modo quasi impercettibile sul ventre, studiando la sua prossima vittima. Non fosse stato per il luccichio degli occhi, Jean-Baptiste Prosper Jollois avrebbe potuto credere che si trattasse di una statua. Invece no. Era come se il serpente lo aspettasse da ore, studiando il modo più efficace per ucciderlo. L'ingegnere lo lesse chiaramente nel suo atteggiamento: di lì a poco, dopo aver finito di esaminare l'intruso, lo avrebbe attaccato nel punto più esposto iniettandogli nelle vene una morte rapida.

Jean-Baptiste non osò nemmeno gridare. Se lo avesse fatto, l'aspide gli sarebbe balzato al collo e tutto sarebbe terminato molto in fretta.

Così, bocconi, con le mani appoggiate sul suolo calcareo del mausoleo, non aveva scampo. Per l'epilogo – di questo era sicuro – era solo questione di tempo. Di pochissimo tempo.

La mente dell'ingegnere immaginò il peggio: nei successivi dieci o dodici secondi il cobra, sempre più rigido e ipnotico, lo avrebbe visto battere le ciglia o deglutire e avrebbe approfittato di una sua minima contrazione muscolare per saltare su di lui. Allora sì, avrebbe gridato. Allora sarebbe entrato correndo il barone de Villiers, rimasto fino a quel momento all'ingresso della tomba a cercare tracce di saccheggiatori, e si sarebbe imbattuto in una scena terrificante. Mentre lui, contorto dal dolore, i pugni premuti contro lo stomaco, avrebbe chiuso gli occhi per sempre senza nemmeno il tempo per pensare a sua madre, alle sorelle, alla loro casa di villeggiatura a Aix-en-Provence o al suo cane Lucas.

La sua vita si sarebbe conclusa tra le braccia del barone, mettendo fine a tutti i suoi sogni di grandezza e felicità.

Il rettile soffiò.

Il suo sguardo diventò ancora più fisso, mentre la piccola testa quadrangolare si inclinava improvvisamente all'indietro, come a prendere lo slancio. Jean-Baptiste, impotente, pensò che la sua ora era arrivata.

Invece il cobra si arrestò di colpo.

«Non muovetevi, Prosper Jollois!»

La voce familiare di Édouard de Villiers risuonò nitida dietro di lui. Il rettile, confuso, non seppe decidere quale dei due uomini attaccare.

«Soprattutto, non distogliete lo sguardo da lui.»

Jean-Baptiste obbedì. Da quando erano in Egitto non aveva eseguito nessun ordine del suo superiore con tanto piacere. Di colpo, con la precisione di un chirurgo, qualcosa tagliò l'aria all'altezza del suo orecchio destro. La sciabola di Édouard, brillante come un fulmine, mozzò di netto il collo del rettile, che in silenzio rotolò sulla pietra della tomba contorcendosi tra spasmi irregolari.

«Per Dio, barone!» L'ingegnere si alzò. «Quasi mi tagliavate la testa!»

«Zitto!»

Prosper Jollois fece il gesto di non capire.

«Silenzio!» ripeté l'altro a voce bassa. «Chiunque si sia introdotto nella tomba di Amenhotep, dev'essere ancora qui dentro. Ci sono diversi cavalli là fuori, nascosti in una grotta nella roccia. E non sono del nostro esercito.»

Il giovane ingegnere sussultò. Ancora palpitavano vicino a lui i resti sanguinolenti dell'aspide, ricordandogli quanto era stato vicino alla morte.

«Sono... molti?»

«Almeno sei o sette. Avete portato la carabina?»

«No.»

Il barone fece una smorfia di disapprovazione.

«Non importa! Oggi scopriremo che cosa sta succedendo in questo posto. Scendiamo nella tomba, presto!»

«Ma se ci fossero altri serpenti, signore?»

«Correremo questo rischio.»

Édouard de Villiers prese un paio di candele dalla sua giubba e subito le accese. La loro luce, assai esigua rispetto alle tenebre che si spalancavano davanti a loro, si agitò come se non fosse sicura di rimanere accesa. Ma resistette.

Il barone era nel giusto: oltre le prime due rampe di scale, in fondo a un lugubre corridoio ricoperto di scene incomprensibili, si intuiva un bisbiglio. All'inizio fu poco più di un brusio. Un rumore lontano, che emergeva dalle viscere della terra e che fece drizzare i capelli a Jean-Baptiste.

Nessuno dei due proferì parola. Scesero con molta prudenza, cercando di non spostare i detriti sparsi lungo il percorso. Figure umane con testa di cane, cortigiani vestiti con veli di ottima fattura e uccelli con le ali spiegate sembravano seguirli con lo sguardo.

«Ascoltate» sussurrò il barone. «Lo sentite?»

Prosper Jollois si avvicinò, fino a raggiungere il suo superiore. Erano scesi per altre due rampe di scale e, giunti in fondo, udirono un rumore sordo accompagnato da un tenue bagliore proveniente da quella che sembrava una sala più grande. Gli ingegneri soffiarono sulle candele e coprirono i sei passi che li separavano dalla fine del corridoio.

Là dentro l'umidità si poteva quasi tagliare con la spada. Jean-Baptiste tirò il barone per la giubba e si avvicinò per bisbigliargli qualcosa. «Non mi piace affatto. Se sono sei e ci scoprono, non usciremo vivi da qui.»

Édouard ignorò il suo monito e, scostandosi dal viso del suo compagno, allungò con prudenza la testa per affacciarsi all'interno della sala limitrofa.

Per qualche istante non reagì.

In fondo a una sala divisa su due livelli e fiancheggiata da sei colonne finemente ornate con figure e geroglifici, si ergeva un sarcofago dietro il quale s'indovinava un trono di legno, su cui sedeva – Édouard esitò spaventato – una mummia!

La luce era scarsa: una dozzina di lampade a olio illuminavano tutto l'ambiente. Ma anche così in mezzo alla sala, di fronte alla sagoma immobile della mummia regale, distinse il volto familiare e ben rasato di Omar Ben Abiff.

«Omar...!» sussurrò soddisfatto.

Non c'erano più dubbi: aveva sorpreso il maggior trafficante di reliquie del Sud dell'Egitto con le mani nel sacco, all'interno di una proprietà francese. Non appena l'avesse denunciato al generale Desaix, l'avrebbero arrestato e inviato al Cairo per essere giudicato.

Ma qualcosa nel suo atteggiamento insospettì il barone. Omar non sembrava intento a frugare tra i calcinacci e le macerie della tomba. E nemmeno la sua stravagante compagnia, un gruppo di esseri per metà umani e per metà animali, che lo circondavano mentre Omar recitava una strana cantilena. Ripetevano in coro:

O Osiride!
Non ho perpretato iniquità contro gli uomini.
Non ho maltrattato la gente.
Non ho commesso peccati nel Luogo della Verità.
Non ho cercato di conoscere ciò che non si può conoscere.
Non ho bestemmiato contro Dio.
Non ho costretto nessuno a patire la fame.
Non ho fatto piangere.
Non ho ucciso.
Non ho ordinato di uccidere...

Il barone indietreggiò. Due di quei fantasmi, con teste di sciacallo e di falco, si erano girati a metà della cantilena per prendere una grande bilancia di rame appoggiata contro una delle pareti, molto vicino a dove stavano loro. Mentre la preparavano, Omar, estasiato, continuava a recitare la sua monotona litania con il braccio sinistro piegato sul petto:

Non ho ridotto le offerte per il tempio.
Non ho insozzato il pane per gli dèi.

Non ho commesso atti di sodomia.
Non ho fornicato nei luoghi santi del Dio della mia città.
Non ho cacciato nei canneti degli dèi.
Non ho pescato nelle loro lagune.
Non ho eretto dighe contro le acque.
Non mi sono opposto a nessuna processione.
Sono puro! Sono puro! Sono puro!

Édouard, che capiva abbastanza bene quella specie di orazione recitata in arabo, lasciò prudentemente passare un po' di tempo prima di tornare ad affacciarsi. A pochi passi da lui «Sciacallo» e «Falco» avevano montato la bilancia. E così, mentre due donne truccate come mai aveva visto in Egitto suonavano i loro sistri, una nebbia acida d'incenso li avvolse nel giro di pochi secondi.

All'improvviso lo «Sciacallo» parlò. La sua voce, vagamente familiare e molto profonda, rimbombò nella sala. «Tu che hai superato l'implacabile giudizio dei quarantadue consiglieri dei morti e sei stato capace di dichiararti innocente dei quarantadue peccati fondamentali del vero credente, ti sottoporrai ora al verdetto della bilancia?»

«Sì, mi sottoporrò» rispose Omar. La sua pelle nera e profumata con olio di sandalo brillò di riflessi d'argento.

«In tal caso devi sapere che se supererai il giudizio e il tuo cuore peserà meno della sacra piuma della divina Maat, regina della Verità, accederai ai misteri della vita eterna. Altrimenti, il tuo *Ka* e il tuo *Ba* verranno ingoiati dalla dea Ammit, il terribile mostro dalla testa di coccodrillo che divorerà la tua esistenza e ti condannerà all'oblio eterno e alla dimenticanza.»

«Accetto.»

Ka? Ba?

Édouard si stropicciò gli occhi, irritati dall'incenso, prima di spiegare a Jean-Baptiste quello che stava accadendo là dentro. Quasi non riusciva a credere che il temibile Omar non fosse entrato in quella tomba per farla a pezzi o spogliarla dei suoi scarsi tesori. E meno ancora che partecipasse a un simile rituale e giurasse di non aver ammazzato né peccato. Quanto a quel gergo esoterico, a malapena poteva identificarlo con l'idea che gli antichi egizi avevano dell'anima.

Il «Falco» si chinò con gesti rituali su uno dei piatti della bilancia e vi posò sopra una boccetta d'alabastro di piccole dimensioni.

«Qui si trova *Ib*, il tuo cuore» disse.

«E qui *Shes maat*, lo spirito della giustizia» concluse lo «Sciacallo», depositando una ciotola opaca sull'altro piatto.

Una terza creatura, con corpo d'uomo e testa d'uccello, provvisto di un becco lungo e affilato, si avvicinò al gruppo e davanti alla bilancia esclamò: «E sia, dunque, secondo la tua volontà. Io, Toth, Colui che creò se stesso, che non fu generato da nessuno, Colui che calcola dal cielo ed è capace di contare le stelle e di chiamarle tutte per nome, registrerò per l'eternità il risultato di questo severissimo giudizio».

«Così sia.»

Mentre i sistri inondavano la stanza di un suono sibilante che a Jean-Baptiste ricordò i soffi del cobra, la bilancia cominciò a oscillare. Il giovane ingegnere, atterrito dagli echi di quella cerimonia, si rannicchiò sul fondo del corridoio, mentre il barone, eccitato, non staccava gli occhi dal rituale.

La bascula esitò. Si inclinò alternativamente in favore di un piatto e dell'altro, rimanendo alla fine in bilico tra i due. Se gli antichi salmi non mentivano, Omar era ormai un *Maat kheru*, un giusto e retto davanti a Dio. L'imputato, al conoscere l'implacabile verdetto della bilancia, sospirò sollevato.

«Abbiamo compiuto tutto ciò che ordina il *Reu Un Pert Em Hru*»* disse Toth. «Abbiamo seguito scrupolosamente i dettami degli antichi esorcismi. Ora, Omar, se Maat tiene fede alla sua giustizia, dovrà confidarti lo stesso segreto che rivelò al padrone di questa tomba, il grande Amenhotep III.»

«La formula della vita.»

Édouard sussultò. L'ultima frase dello «Sciacallo» gli rievocò qualcuno... Ma attese.

«O Osiride!» esclamò di nuovo quello, mentre tastava la base della sua testa da lupo. «Ora che abbiamo ormai concluso il rituale, guidaci fino all'uomo che deve ricevere il tuo segreto.»

E detto ciò, si tolse la testa da lupo. Depositò con cura la maschera al suolo e strinse Omar Ben Abiff con un forte abbraccio.

* Letteralmente: *Libro di ciò che verrà un giorno*.

«Mohammed!» esclamò felice il saccheggiatore. «Grazie per avermi indicato il cammino.»

Il barone, stupefatto, scoprì che sotto la testa dello «Sciacallo» si nascondeva la loro guida di Luxor. E, quel che era peggio, che lavorava gomito a gomito con Omar Ben Abiff.

«Non devi ringraziarmi» disse lui. «È mia sacra missione guidarti fino al successo, e con esso ai veri seguaci del Sole che custodiscono il segreto.»

Omar strinse l'avambraccio di Mohammed, che inarcò le sue inconfondibili sopracciglia nere verso il centro della fronte.

«Dopo la fuga di Nadia ho creduto che avessimo perso l'intermediaria per ottenere la formula.»

«No. Ci resta ancora Bonaparte. Se è lui l'imam che aspettiamo, se quanto annunciano i profeti sciiti è corretto, solo quando lo incontrerai e lo obbligherai ad affrontare questo stesso rituale, avremo ciò che cerchiamo.»

«Così sia, Mohammed Ben Rashid.»

La guida trafisse con lo sguardo il saccheggiatore.

«Non chiamarmi così» replicò con evidente disgusto. «È da molto che ho abbandonato il clan, da quando ho scoperto che nessuno della mia famiglia mi avrebbe portato alla Luce. Il culto che professano si basa su un'antiquata religione astrale, incapace di conservare e custodire il segreto dell'immortalità, che pure un giorno possedevano.»

«Ma una volta che avrà ricevuto tale segreto, Bonaparte sarà all'altezza?»

«È il suo destino.»

Édouard e Jean-Baptiste abbandonarono la tomba a tutta velocità, avanzando tastoni per tornare sui propri passi. Erano sconvolti. Avevano ascoltato abbastanza per comprendere, anche se a metà, ciò che stava succedendo sotto i loro stessi occhi. Qualcuno nel Sud del paese preparava un'imboscata al comandante in capo della spedizione. Qualcuno – e questo lo sapevano bene – disposto a tutto per un'assurda superstizione egizia.

Dovevano fare qualcosa. Magari inviare un messaggio a Bonaparte. Subito.

XXI

Napoleone non capiva cosa gli stesse succedendo. Lui, giovane generale dai trascorsi irreprensibili, si era lasciato trascinare fino a Nazareth per partecipare a una riunione con alcuni nomadi del deserto, che sembravano usciti da un racconto delle Mille e una notte. *E, peggio ancora, aveva acconsentito di buon grado a farsi somministrare una specie di «medicina della memoria». Una droga dalle conseguenze imprevedibili che avrebbe potuto costargli la vita.*

Invece no. L'effetto, una straordinaria lucidità, gli aveva restituito i ricordi dei suoi primi anni da ufficiale a Parigi.

A poco a poco il corso iniziava a comprendere che cosa faceva lì, lontano dal suo paese, immerso in un mondo di credenze così diverse dalle sue. Nel rivedere con quell'inaspettata intensità tanti personaggi e circostanze, prendeva sempre più coscienza del fatto che dietro tutto ciò si nascondeva una missione, una sorte inevitabile.

Un astrologo, un destino scritto da qualche parte, un misterioso conte immortale, l'esistenza a Nizza di una piramide dimenticata, costruita a imitazione di quella che ora lo ospitava nelle sue viscere... Doveva dunque ammettere che quelli erano tutti fili di una stessa matassa? A Napoleone, inebriato da sensazioni nuove, cominciava a sembrare possibile. Ma quei fili facevano parte dell'arazzo del suo destino personale? O era troppo azzardato supporre, a quel punto, che la droga dei «saggi blu» prima, e il cofano di granito nel quale riposava poi avessero uno stesso scopo? Forse, addirittura, una stessa origine?

Il corso, allungato sul fondo della fredda arca nella Camera del Re della Grande Piramide, meditava in silenzio su tutto ciò. Una volta di più non poté evitare di ricordare qualcosa: una visita riservata che aveva effettuato in un vecchio ristorante parigino, poco dopo aver lasciato gli uffici del funzionario Doulcet De Pontécoulant...

Bonaventure Guyon non aveva saputo resistere al seducente tintinnio di alcune monete d'argento. E Bonaparte astutamente aveva approfittato al meglio della sua avidità.

Anche se le disponibilità del generale non gli consentivano simili spese, la sua generosa retribuzione al mago gli aveva strappato un'ultima informazione, forse fondamentale per il rompicapo nel quale sembrava essersi trasformato il suo futuro.

Secondo quanto aveva ammesso il «professore di matematiche celesti» in un accesso di entusiasmo, all'ambiguo conte di Saint-Germain piaceva frequentare un certo ristorante della città, dove era solito riunire le sue amicizie più intime. Se mai gli fosse scappata una rivelazione sulla sua origine o sulla misteriosa formula della vita che tanti gli attribuivano, doveva essere stato tra quelle quattro pareti.

«Chiedete lì» aveva detto l'astrologo, indicando vagamente un angolo di Parigi oltre le finestre del suo abbaino. «Chissà che non vi sappiano dire qualcosa. Vi darò l'indirizzo, ma non dite che l'avete avuto da me.»

Napoleone annuì. Non aveva tempo da perdere e così, subito dopo aver lasciato l'astrologo, scese verso la Senna diretto al suo nuovo obiettivo.

Il locale a cui l'aveva indirizzato Guyon, al numero 51 della oscura rue de Montmorency, si rivelò un edificio grigio dalle pareti così imbarcate da sembrare sul punto di crollare. Il palazzo, quattro piani più una mansarda, nonostante l'aspetto cadente era il migliore di tutta la via.

Ci mise parecchio a localizzarlo. Vicina alla centrale rue Saint-Martin, in pieno Quartier du Temple, rue Montmorency non era che un vicolo privo di vita commerciale di alcun genere e di scarso charme per un uomo che, in epoca prerivoluzionaria, sosteneva di essere conte e dilapidava le sue fortune nelle corti di mezza Europa. Ma una volta lì, di fronte alla facciata del ristorante in questione, il giovane generale credette di comprendere la raffinatezza della scelta di Saint-Germain.

Incise sulla facciata, nella pietra viva, grandi lettere annunciavano che quello era l'Auberge Nicolas Flamel, «la casa più antica di Parigi». Ovunque guardasse c'erano medaglioni di pietra in altorilievo, privi da molto tempo dei loro smalti vivaci. Figure di angeli e profeti emergevano da ogni dove, dando all'insieme un aspetto grottesco.

E, proprio come gli aveva detto il professor Bonaventure, le tre porte sulla strada introducevano a un ristorante intimo e raccolto.

Bonaparte sorrise tra sé e sé. Se la memoria non lo ingannava, quel tale Flamel a cui era dedicato l'edificio altri non era se non un celeberrimo alchimista parigino del XV secolo, stampatore e copista, del quale si diceva che avesse trovato il segreto della pietra filosofale insieme alla moglie, la bella e non meno famosa Pernelle. Saint-Germain, naturalmente, doveva conoscere quella storia a menadito. Non a caso per molti iniziati la pietra filosofale era sinonimo di albero della vita o elisir dell'eterna giovinezza.

«Ma queste sono idiozie! La pietra filosofale non esiste, se non nei deliri dei pazzi!»

La signora Nerval, una donna in carne e chiacchierona, vedova dell'antico padrone dell'esercizio, rise alla trovata del suo nuovo ospite, mentre gli serviva un magnifico *saumon roti et ses lentilles aux lard* accompagnato da un generoso boccale di birra.

«Molti credevano che la pietra esistesse davvero...» protestò il corso senza troppa convinzione, e invitò la cuoca a sedersi al suo tavolo. Erano soli. La servitù aveva il giorno libero.

«Oh, andiamo, cittadino generale! Con la Rivoluzione tutte queste superstizioni ce le siamo lasciate alle spalle. Queste sono cose da preti.»

«No, non mi fraintendete, signora... Non sto dicendo che ci credo. Ve lo chiedo per pura curiosità.»

«Capisco» sorrise maliziosa. «Lo dite per quello che avete visto inciso sulla facciata, vero?»

Napoleone annuì per cortesia. In realtà la parte anteriore del ristorante gli era sembrata così annerita, che non aveva nemmeno pensato che ci fosse qualcosa da leggere. Mentre il generale dava l'assalto al roseo filetto di salmone la sua ospite, evidentemente soddisfatta di poter conversare con un cliente inaspettato, proseguì: «Dovete sapere che questa casa fu costruita da un mago, quel Nicolas Flamel che dà il nome al locale. Un altro matto! Vedete, era un riccone di quelli di una volta e si divertì a far costruire varie case in tutta Parigi, riempiendole poi di statue e simboli strani. Questa è l'unica rimasta in piedi. La più solida. Ed è del 1407: la data compare nella frase incisa sopra l'architrave».

«La frase sopra l'architrave?»

«Sì, generale! Non posso credere che non l'abbiate vista.»

«Ebbene no, signora.»

«È come una preghiera. In realtà se qualcuno vi togliesse "Amen" e cancellasse la faccenda del Padre Nostro e dell'Ave Maria, potrebbe passare perfino per un editto della Giunta rivoluzionaria...»

Madame Nerval rise di gusto per la propria trovata, davanti allo sguardo sorpreso del generale.

«Per caso ricordate la frase esatta?»

«La so a memoria! "Noi, uomini e donne lavoratori, viviamo nella parte anteriore di questa casa, che fu costruita nell'anno di grazia 1407. Ciascuno di noi ha l'obbligo di recitare tutti i giorni un Padre Nostro e un'Ave Maria, chiedendo a Dio che per mezzo della sua grazia perdoni i poveri peccatori defunti. Amen."»

«Impressionante. La recitate così di filato...»

«Sì» sorrise euforica. «Mio marito apprezzava più la mia memoria che la mia cucina.»

«Sono certo che siete in grado di ricordare quasi tutti i vostri clienti abituali...»

Napoleone, a poco a poco, iniziava ad avvicinarsi al terreno che lo interessava. Madame Nerval annuì con convinzione.

«In tal caso, vi ricorderete di aver visto nel vostro locale un certo conte di Saint-Germain...»

«Saint-Germain!» Il viso della locandiera s'illuminò come se, all'improvviso, si fosse ricordata di un lontano parente. «Ma certo! Era anche amico vostro, generale?»

«Naturalmente» mentì lui.

«Il conte passava spesso di qui. Diventò molto amico di mio marito e con frequenza usava il nostro ristorante come fosse una sala da tè, per ricevere le sue amicizie. Un onore!»

«Davvero?»

«Sì, sì. Il poveretto era sempre alle prese con lavori nella sua casa e si rivolgeva a noi, perché lo aiutassimo. Non abbiamo mai avuto alcun problema con lui o con i suoi invitati, anche se alcuni parlavano di sciocchezze. Ma il conte era un vero cavaliere. Educato, galante...»

Il tono della voce di Madame Nerval lasciava trapelare una certa nostalgia. Il corso la invitò a bere un sorso del vino secco della casa e lei, in men che non si dica, scolò un paio di calici uno dietro l'altro.

«E che genere di amici era solito frequentare?»

«Oh, Monsieur!» rispose con aria soave. «Di tutti i generi. Ce n'erano di istruiti e di umili. Soldati e uomini di alto lignaggio. In questa sala abbiamo visto sfilare perfino sacerdoti e vescovi.»

«Suppongo che parlassero di politica...»

«No, no. Assolutamente no. Non smettevano di parlare dell'Egitto. Sapete qualcosa dell'Egitto, generale?»

Bonaparte annuì. «Ho letto molto su quel paese. Ma sono tante le cose che si dicono e non so bene di cosa potesse parlare il conte...»

«Posso dirvi anche questo. Di piramidi. Era il loro argomento preferito.»

«Tutto qui?»

«Be'» la signora Nerval si servì un terzo calice di vino «non solo di quelle. Una volta passarono una notte intera a chiacchierare del viaggio di un certo Paul Lucas in Turchia, circa ottant'anni fa, e di come un derviscio gli avesse confidato di aver incontrato Nicolas Flamel in persona, in India...»

«Flamel?» sbottò il corso. «Vivo? Ma se fece costruire questa casa nel 1407!»

«E morì dieci anni dopo, sì. Come le dicevo, tutti matti!»

La cuoca, tuttavia, aveva cambiato espressione al pronunciare il verbo morire. Come se non le sembrasse appropriato.

«Ma questo è impossibile.»

«Così credevo anch'io, cittadino generale, ma mio marito era convinto che fosse tutto vero. E non finisce qui: secondo quel Paul Lucas, Flamel aveva dato disposizioni perché lo seppellissero nella chiesa di Saint-Jacques-de-la-Boucherie, qui vicino, e mettessero sulla sua lapide una piccola piramide. Saint-Germain, a conoscenza del particolare, spiegò che in quell'operazione stava il segreto del suo ritorno alla vita...»

«Ma come poteva conoscerlo Flamel?»

«Mio marito sosteneva che conoscesse la magia egizia. Oh, andiamo! Voi che avete l'aria di aver letto tanto, ignorate forse l'esistenza del famoso *Libro delle figure geroglifiche** di Flamel?»

Napoleone scosse la testa.

«Ebbene, vi si parla della magia racchiusa in certe immagini e di come attraverso di esse e conoscendo alcune "formule di lettura" si possa accedere alla saggezza degli antichi. Per me è un gran pasticcio, ma Flamel, secondo quanto affermò Saint-Germain a questo stesso tavolo, "lesse" in alcune immagini egizie la via del ritorno alla vita per quei defunti che fossero puri di cuore.»

«Vi disse questo?» Gli occhi del corso trafissero lo sguardo umido e vagamente alcolizzato di Madame Nerval.

«Ricordo che, prima di farlo, ci impose una condizione: che lo aiutassimo a ripristinare in Francia la vera fede degli egizi.»

«La vera fede degli egizi? E che diavolo sarebbe?»

«Il conte non ve ne parlò? Strano! Non vi confessò nemmeno la sua ossessione per Marsilio Ficino?»

«Non ho mai sentito parlare di lui, Madame. Chi è?»

«Oh, mio ignorante generale» rise. «Ficino nacque in Italia nella stessa epoca di Flamel e, secondo quanto ci spiegò il conte, lavorò alle dipendenze del mecenate Cosimo de' Medici con l'incarico di riunire tutti gli umanisti dell'epoca. Quell'improvvisata accademia diede vita al Rinascimento, Monsieur!»

Bonaparte ebbe un sussulto. Era sbalordito, stentava a credere che quella cuoca dall'aspetto trasandato parlasse come niente fosse di concetti che, evidentemente, dovevano essere troppo grandi per lei.

* Questo celebre trattato di Nicolas Flamel è stato pubblicato in italiano da Edizioni mediterranee, nel 1986.

«Ma ditemi, Madame Nerval, che cos'ha a che fare quel Ficino con la restaurazione della religione egizia e con il nostro comune amico, il conte di Saint-Germain?»

«Molto! Ficino tradusse in latino importanti testi di origine misteriosa. Diffuse il gusto per la cultura egizia tra i suoi contemporanei, consapevole dell'enorme influenza che quel popolo aveva avuto sulla nostra storia e la nostra religione...»

«E Saint-Germain?»

«Non fece altro che seguire i suoi passi per trovare il segreto della vita e proteggerlo. Individuò varie piramidi in Europa, costruite in scala rispetto alla Grande Piramide egizia, e per anni cercò con zelo i discendenti dei loro costruttori. Era convinto che dovessero custodire parte dei saperi arcani che lo ossessionavano...»

«E li individuò?»

Madame Nerval puntò i suoi robusti gomiti sulla tovaglia di lino e, appoggiando il mento tra le mani, rispose con tono di sufficienza: «Certamente. Gli amici del conte potevano essere matti, ma lui no. Faceva sempre le cose per qualche motivo. Chi pensavate che riunisse qui, burocrati in cerca di una festa?».

Uno strano brivido percorse Bonaparte.

«Intendete dire che...?»

«Che quelli che invitava qui erano i discendenti di quei costruttori.»

Napoleone tacque per un istante. Una domanda, soltanto una, gli era rimasta in gola dopo quell'ultima rivelazione. Deglutì a fatica e chiese tutto d'un fiato: «... E voi, signora, avete conosciuto qualcuno di loro?».

«Diversi. Ma nessuno come Nicodemo Buqtur, bisnipote o che so io di un certo Ahmed Buqtur, l'uomo che a Nizza innalzò la maggiore e più perfetta di quelle piramidi. Veniva, è ovvio, dall'Egitto e si riteneva il miglior amico del conte.»

«Buqtur...?»

Napoleone ripeté quel cognome ancora un paio di volte. Ma di certo in quel pomeriggio del 1795, nell'anno III della Rivoluzione, difficilmente avrebbe potuto dirgli qualcosa. Quanto al nome di battesimo, Nicodemo, di colpo ricordò dove lo aveva visto per la prima volta: nel Vangelo di Giovanni. Lì si dice che, insieme a Giuseppe d'Arimatea, Nicodemo fu l'unico che si avvicinò al cadavere di Gesù e lo cosparse di aloe e mirra. In un certo modo fu lui il responsabile della sua purificazione e preparazione per il ritorno alla vita.

Stolto chi è ancora convinto che la nostra esistenza carnale non sia già stabilita dalla nascita alla morte, perfino nei particolari più insignificanti... Stolto chi, pur avendo affrontato le peripezie della vita, crede ancora nella casualità.

XXII

Nazareth

Il contatto brusco con l'acqua gelata lo riportò alla realtà. Il più robusto dei beduini con il turbante blu, Tagar dagli occhi di ossidiana, lo scosse senza riguardi dopo avergli rovesciato addosso un secchio d'acqua. Le sue intenzioni erano buone: voleva che il loro ospite recuperasse a poco a poco il movimento di gambe e braccia.

L'austero Balasan osservava la scena con la stessa attenzione con cui un padre guarda gattonare il proprio figlioletto. Mormorò ai suoi aiutanti che lo straniero sembrava aver superato il primo giudizio di Maat con successo, recuperando i ricordi che lo avevano portato alla sacra terra d'Egitto. E, per la prima volta, sorrise compiaciuto.

Bonaparte non prestò attenzione alle parole dell'imam, che echeggiarono incomprensibili nella sua testa. Ancora piuttosto disorientato, ci mise qualche secondo ad alzarsi. Benché pensasse che era stato tutto un sogno, i suoi occhi cercarono l'interprete.

«Elias» mormorò «tu sei un Buqtur, vero?»

Il copto, sorpreso dalla reazione del generale che aveva ancora il viso alterato e tremava, annuì senza aprir bocca. I beduini, pur non riuscendo a comprendere la lingua parlata dai loro ospiti, si guardarono soddisfatti.

«Tu hai concordato quest'incontro con gli uomini del deserto...» continuò il corso con un filo di voce. «Sapevi cosa mi avrebbero fatto. Dimmi, dunque: per chi lavori, Elias?»

«Servo soltanto voi, generale...»

Mentre cercava di asciugarsi, muovendo alternativamente gambe e braccia, Napoleone trafisse il suo interprete con quello sguardo severo e adirato che gli aveva visto tante volte al Cairo. E pur sapendo che il corso era ancora debole e disidratato, un brivido percorse Buqtur da capo a piedi.

«Non mentirmi, Elias! Per chi lavori?» ripeté.

«Per voi e per il Signore, che sta nei cieli e vede tutto.»

«Nel sogno che questi uomini mi hanno provocato ho visto cose che ti riguardano, Elias.»

«Cosa?» Il copto fece segno di non capire.

«Verità che spiegano alcuni dei tuoi atteggiamenti. Per esempio: non mi hai mai detto come hai imparato il francese...»

«Nella mia famiglia si parla la vostra lingua da anni, generale. Eravamo un clan di commercianti e avevamo barche che partivano di continuo da Alessandria verso la Grecia, l'Italia e la Francia per vendere e scambiare merci. Ho appreso il francese dai miei antenati.»

«Qualcuno di loro si stabilì a Nizza?»

Buqtur si strinse nelle spalle, come se non sapesse a che luogo si stava riferendo il suo generale. Ma Napoleone non gli diede il tempo di giustificarsi.

«E va bene, Elias. Te lo chiederò in un'altra forma: chi è Nicodemo Buqtur?»

L'interprete, che stava sulla stuoia accanto al vecchio imam «blu» Balasan, balzò in piedi.

«Come sapete...?»

«Rispondimi, Elias!» Il corso alzò la voce. «Chi è Nicodemo Buqtur?»

«Il fratello maggiore di mia madre.»

«Parlami di lui» ordinò.

L'interprete, di colpo sgomento, per un attimo non seppe cosa dire. Benché il suo generale fosse ancora sotto l'effetto della droga dei beduini, sembrava straordinariamente lucido e diceva cose di lui o della sua famiglia che non poteva conoscere in alcun modo.

Infine, senza farsi attendere troppo, si risolse a parlare: «Mio zio, signore, vive in Francia da molti anni. Solo pochi mesi fa è tornato in Egitto e ci ha parlato dei preparativi della vostra spedizione. Era a Tolone, quando siete salpato a capo della vostra flotta e, anche se la destinazione dell'esercito francese allora era un segreto molto ben custodito, l'indiscrezione di una delle dame di compagnia di vostra moglie Giuseppina gli ha rivelato il fine ultimo di questa missione...».

«Continua.»

«Nicodemo, come il resto della nostra famiglia, attendeva qualcosa di simile da tutta la vita.»

«Non ti seguo...»

«Vedete, signore, da generazioni eravamo sicuri che un uomo di un paese del Leone come la Francia* sarebbe arrivato in Egitto per restaurare il nostro antico splendore. Quello che ci hanno rubato romani, cristiani e musulmani. Perciò, utilizzando tutti i mezzi immaginabili, ci siamo messi in contatto con questi "saggi blu", guardiani della tradizione più pura, nella certezza che anche loro avrebbero compreso l'importanza della vostra visita imminente. Infatti abbiamo procurato loro tutti i dati che siamo riusciti a raccogliere su di voi: la vostra carta astrale, elaborata grazie alle informazioni ottenute in Francia da Nicodemo, e qualsiasi dettaglio sulla vostra vita, anche il più insignificante... per convincerli che eravate voi l'atteso.»

«L'atteso?»

«L'eletto...»

Napoleone, sconcertato da quella specie di operazione occulta tramata alle sue spalle, meditò per un istante sulle parole di Elias.

«Bonaventure Guyon vi ha venduto la mia carta astrale?»

Buqtur assentì: «L'abbiamo pagato generosamente».

«E come avete previsto che sarei venuto a Nazareth?»

«Oh no, no. Questa è stata opera del destino. Un ulteriore segno provvidenziale, che non ha fatto che facilitare questo incontro con i "saggi blu".»

«Te lo chiederò un'altra volta, Elias, e ti prego di rispondermi in nome della fedeltà che mi devi.» Il corso, grave, conficcò i propri occhi in quelli neri dell'interprete. «Chi servi?»

Il pizzo curato del copto tremò, mentre si mordeva il labbro inferiore. A Napoleone non sfuggì quel gesto di nervosismo.

* La Francia, da un punto di vista astrologico, è del segno del Leone.

«Signore, devo obbedienza unicamente a voi e al mio clan» disse infine.

«Al tuo clan?»

«Siamo un'antichissima famiglia egizia di origini ancestrali. Da secoli facciamo parte di una confraternita di adoratori del Sole, che credono in un unico Dio artefice di tutto, e desiderano restaurare il corretto ordine religioso nella terra dei loro avi.»

«Corretto ordine religioso?»

«Sì, signore. Un ordine secondo il quale siamo carne e spirito, possediamo cioè un'essenza che ci rende immortali, anche se in molti vi rinunciano per ignoranza o per peccato. Se voi, per grazia di questi saggi del deserto, recupererete la formula che fece grandi i faraoni di questo paese, comprenderete il profondo significato della nostra fede e scoprirete la grande verità...»

«Quale grande verità, Elias?»

«Che la morte non esiste. Che siamo tutti molto più della carne. Siamo energia divina che non si distrugge, cambia solo di stato. Dio ci ha dotati tutti di un'anima immortale, racchiusa in un corpo mortale, e ci ha invitati a elevare questa materia rendendola eterna...»

Napoleone guardò i tre beduini, che li osservavano e sembravano comprendere quanto dicevano.

«Ebbene, Elias, domanda loro quando e dove mi consegneranno questa formula. Se con essa riusciremo a riportare l'ordine in Egitto e tu mi dimostrerai che la morte non esiste, dimenticherò che mi hai nascosto l'esistenza della tua confraternita...»

Il copto obbedì all'istante. Balasan ascoltò con attenzione la sua traduzione e sorrise.

«Prima che il sultano raggiunga l'età dello Zed» disse. «Nella Grande Piramide, la prima macchina della vita eterna...»

«La prima?» Napoleone sussultò. «Ciò significa che ne esistono altre?»

L'imam piegò la testa con espressione arguta.

«Questo» rispose dopo aver ascoltato la traduzione della sua domanda «dovreste chiederlo alla famiglia Buqtur, che custodì un'altra di queste macchine nel paese da dove venite...»

«Falicon!»

*

Che ironia.

Aveva dovuto riunire una flotta di oltre trecento imbarcazioni, attraversare il Mediterraneo da sponda a sponda e dispiegare più di trentamila uomini tra Egitto e Terra Santa, per scoprire che la risposta alla sua angoscia esistenziale si trovava a pochi chilometri da Nizza, quasi di fronte alla sua isola natale.

Il corso, con la schiena intorpidita per il contatto prolungato con la superficie liscia del sarcofago, sentì uno strano sollievo. Come se il suo corpo si stesse facendo via via più leggero e niente potesse alterare la sua serena e nuova visione degli eventi.

Ciò che non sapeva – anche se cominciava a intuirlo – era che l'irreversibile processo di «pesatura dell'anima» aveva già avuto inizio. Mancava solo che Toth tarasse la bilancia e stabilisse che cosa fare con il suo spirito...

XXIII

Il Cairo, 7 Misra*

I servizi segreti di Marcos VIII, molto più lenti di quelli dell'invasore francese e meno efficaci di quelli del nemico mamelucco, cominciarono a lavorare a pieno ritmo dopo l'incendio della biblioteca. Mai padre Filippo, un sessantenne dal volto cupo e diffidente, di bassa statura e dalla fronte schiacciata, era stato investito di un simile potere per un'investigazione interna.

Filippo non godeva di buona fama tra il clero regolare. Era il responsabile della sicurezza della sede pontificia e spesso si era visto obbligato a ricorrere a metodi violenti per risolvere i problemi. Compresi quelli riguardanti la politica ecclesiastica. Fuori da tale ambiente, vantava il discutibile onore di essere l'unico copto sulla cui testa vari capi musulmani avevano posto una taglia, soprattutto da quando si era diffusa la notizia che aveva usato i propri contatti presso i francesi per informarli di un paio di tentativi golpisti contro Napoleone.

Marcos VIII si fidava di lui, ma prima di quell'estate frate Filippo non aveva mai saputo fino a che punto. In realtà il Santo Padre non aveva mai delineato una delle sue missioni con altrettanta meticolosità. Il suo nuovo incarico consisteva nel chiarire le circostanze della morte di Cirillo da Bologna e nel catturare i suoi presunti assassini prima che lo facessero i francesi.

Quando ricevette le istruzioni del papa, Filippo si fregò le mani giallognole con evidente soddisfazione: i nuovi ordini lo

* 11 agosto 1799 secondo il calendario copto.

rendevano uno degli uomini più potenti della comunità. Per la prima volta in trent'anni di servizio aveva carta bianca – in modo assoluto – per far luce su quello scomodo mistero.

Gli fu subito chiaro che Marcos VIII era ossessionato da quel crimine. Voleva assicurarsi che gli assassini non si fossero impossessati del libro perduto di san Marco, né avessero riferito il suo contenuto ad altri. Anche se Takla, l'aiutante del defunto, affermava che né lui né il suo maestro ne avevano mai parlato con qualcuno di estraneo ai vertici della Chiesa copta, e che l'unica copia del libro si trovava nelle mani del patriarca, tanto quest'ultimo quanto i suoi consiglieri avevano bisogno di esserne del tutto certi.

Un altro mistero era quella enigmatica frase del Vangelo di Giovanni scritta su una parete della biblioteca. «... uno, se non nascerà di nuovo, non può vedere il regno di Dio.» A quale scopo poteva averla copiata Cirillo? O forse non era stato lui ma il suo giustiziere, in un atto di suprema crudeltà?

Il patriarca, sollecito, fornì a padre Filippo tutta la documentazione del caso, e con essa alcune tracce decisive, affinché svolgesse il proprio lavoro. Per esempio, gli fece avere la Bibbia recuperata dall'incendio della biblioteca, piena di annotazioni a margine. «Studiatela con attenzione» gli ordinò «poiché in essa scoprirete a che cosa stava lavorando padre Cirillo quando è scomparso.» Lo invitò inoltre a condurre un'indagine supplementare: controllare, cioè, se al Cairo o nelle vicinanze di Eliopoli esisteva ancora un commercio di stoffe esercitato dalla famiglia Ben Rashid. Quel nome, associato al prezioso testo dell'evangelista, figurava tra gli scritti tradotti dal monaco bolognese.

Qualora fosse riuscito nel suo intento e avesse localizzato in tempi rapidi i Ben Rashid, non avrebbe dovuto agire in modo avventato: prima di dar loro la caccia ne avrebbe sorvegliato da vicino le mosse, cercando di scoprire per quale motivo avessero potuto eliminare Cirillo. Il patriarca era convinto che quel clan fosse l'unico ad avere un movente sufficientemente forte per uccidere il traduttore: a quanto diceva l'evangelista, i remoti antenati dei Ben Rashid erano stati i depositari di un segreto mistico, da loro trasmesso a Gesù Cristo in persona, il cui contenuto non volevano vedere di sicuro nelle mani della Chiesa copta.

Filippo comprese all'istante la gravità della situazione. Chiese che gli venisse messa a disposizione un'ampia sala nelle soffitte del palazzo rosa, a ridosso della chiesa di Al-Malaika, e ordinò che vi si portassero grandi tavoli di legno sui quali sistemò mappe dettagliatissime dei quartieri più importanti del Cairo. Gli piaceva quel luogo. Le gelosie di legno garantivano riservatezza al suo gruppo di lavoro ma non gli impedivano di sbirciare nelle vie limitrofe, sempre che avesse avuto bisogno di una distrazione.

Il lavoro cominciò immediatamente. Quello stesso pomeriggio i suoi uomini migliori – un piccolo gruppo di tredici religiosi di varia provenienza, per lo più cattolici convertiti il cui aspetto non dava troppo nell'occhio – cominciarono a rastrellare Il Cairo e tutti i piccoli villaggi confinanti per un raggio di quaranta chilometri. Molti dovettero camuffarsi con abiti e turbanti di foggia mamelucca, per lavorare senza essere disturbati. In fin dei conti i copti continuavano a essere i paria d'Egitto. Una minoranza ben radicata, ma non gradita dall'ortodossia islamica.

Al palazzo rosa convergevano tutte le informazioni raccolte dalle tredici spie. Le notizie passavano subito fra le mani di un selezionato gruppo di osservatori, che le archiviavano in ordine d'importanza. Il terzo giorno gli sforzi degli uomini incaricati di perlustrare il settore orientale della città furono infine coronati dal successo. La scoperta avvenne quando padre Filippo aveva ormai perso quasi ogni speranza di trovare un solo Ben Rashid nel distretto centrale della città.

La mappa del quartiere più popolato del Cairo era quasi tutta ricoperta da croci, che indicavano gli edifici già controllati. Mancava appena un centinaio di grandi proprietà, talmente vecchie che nemmeno i grandi catasti realizzati nei primi anni del governo ottomano le contemplavano. Ma Dio premia i pazienti e, proprio come sospettava l'illuminato patriarca Marcos, a mezzogiorno di sabato 6 Misra individuarono finalmente una grande casa appartenente a un'antica famiglia locale chiamata Ben Rashid, nelle immediate vicinanze del quartiere di Bayn al-Qasrayn.

Frate Filippo non esitò a concentrare in quel luogo tutti i suoi sforzi.

Dalla strada la proprietà dei Ben Rashid ingannava: la sua porta d'accesso permetteva a malapena il passaggio di un cavallo, ma all'interno il fondo occupava un'area simile al perimetro della Grande Piramide. Uno spesso muro di mattoni separava l'immobile dall'esterno e, dietro il muro, una barriera di arbusti e rovi rendeva il luogo praticamente inespugnabile.

Gli uomini di padre Filippo non furono in grado di determinare l'esistenza di altre vie d'accesso alla proprietà, ma osservarono che nei suoi dintorni si svolgeva un'attività frenetica. Uomini e donne entravano e uscivano a ogni ora del giorno, diretti verso gli angoli più imprevedibili della città. Caricavano pelli nei pressi della cittadella del Saladino, scambiavano cavalli vicino alla strada per Saqqara o facevano grandi provviste di grano nel quartiere mamelucco di Bulak. Di fatto, anche se sembrava che si stessero preparando per un trasferimento o un lungo viaggio, i proprietari del fondo non smettevano di ricevere nuovi ospiti in ogni momento.

Gli ultimi arrivati, secondo le voci del vicinato, erano stati il patriarca del clan, il veggente Ahmed, e il suo seguito. Era strano che un mistico acconsentisse ad abbandonare il suo villaggio e si avventurasse nella grande città, cosicché a padre Filippo e ai suoi osservatori non sfuggì che là dentro si stava tramando qualcosa di grosso. Ma cosa?

La sagoma tarchiata del capo dei servizi segreti copti attraversò il settore nord della città di buon mattino. Benché fosse domenica, giorno sacro, doveva riferire al patriarca gli ultimi sviluppi del suo lavoro. Ringraziando Dio, era piuttosto soddisfatto delle scoperte dei suoi uomini, ma desiderava discutere in privato con Marcos VIII riguardo ai risultati dell'altro fronte delle sue indagini: la Bibbia di padre Cirillo. L'aveva affidata a un terzo e altrettanto scelto gruppo di studiosi del cenacolo di San Macario, che l'avevano studiata giorno e notte nelle ultime settantadue ore, giungendo ad alcune scoperte davvero significative.

Dopo aver terminato la scodella di latte caldo e zafferano offertagli da un segretario di Sua Santità, Filippo – già seduto al cospetto di Marcos – non volle tenerlo oltre sulle spine.

«Santo Padre» disse mentre il viso gli si illuminava «ora sappiamo cosa intendeva fare Cirillo prima di morire.»

Il patriarca, che stava sorseggiando ancora dalla sua scodella, asciugò le gocce di latte che gli erano cadute sulla barba con un fazzoletto di seta, poi lo fissò attentamente.

«Davvero?»

«Sì. Esaminava la passione e la morte di Nostro Signore nei vari Vangeli, confrontandoli con il mito egizio di Osiride.»

«E perché diavolo si dedicava a una cosa simile?»

Il sessantenne sorrise compiaciuto.

«Non è difficile da immaginare, Santità. Dopo quel che mi avete detto sull'arrivo di un Tempo in cui sarà possibile resuscitare un uomo, con tutta probabilità Cirillo si è immerso nello studio delle ultime ore di Gesù per scoprire quali preparativi sarebbero necessari una volta giunto quel momento...»

«Preparativi?»

«Dalle note che compaiono accanto a diversi passaggi biblici, sembra che Cirillo credesse seriamente alla necessità di purificarsi prima di morire. Deve aver deciso di studiare a fondo quanto fece Gesù, forse per imitarlo.»

«Spiegatevi.»

«È semplice, Santità: la passione di Nostro Signore comincia con la sua entrata trionfale a Gerusalemme, a dorso di un asinello. La città lo riceve agitando foglie di palma. Lì ebbe inizio il calvario di Gesù e quell'evento finì per ispirare una delle nostre celebrazioni religiose più importanti.»

«Ebbene?»

«In realtà quel passaggio ha un sapore profondamente egizio. Gesù cavalca un asinello, proprio come fa Horus, nel tempio di Edfu, sulla schiena di Seth. Questo dio egizio del male è rappresentato in molti luoghi come un uomo con la testa d'asino... Mi seguite?»

Il patriarca annuì.

«... Inoltre le foglie di palma erano utilizzate in molte feste pagane per purificare l'aria che doveva respirare la divinità. Si credeva infatti che scacciassero le tenebre.»

Marcos VIII si accarezzò la barba impassibile, senza aprire bocca.

«Santità, ancora non comprendete? Agli occhi di un antico egizio Gesù sull'asinello simboleggerebbe il trionfo della luce sull'oscurità. L'oscuro dio Seth era rappresentato con la testa d'asino» ribadì. «Quando gli evangelisti descrissero questa vicenda – e san Marco fu il primo –, in realtà stavano rievocando un'antichissima cerimonia egizia!»

«Una casualità.»

«Ed è sempre una casualità che Gesù, durante l'ultima cena, dica che il suo corpo e il suo sangue saranno simboleggiati dal pane e dal vino, proprio come aveva fatto Osiride millenni prima? In margine al capitolo 14 di Marco, Cirillo ha annotato una preghiera egizia a Osiride, che dice: "Tu sei il padre e la madre degli uomini; vivono del tuo soffio vitale, mangiano la carne del tuo corpo".»

«Nemmeno questo mi stupisce, padre Filippo.»

Il volto solenne del patriarca era imperturbabile come quello di una cariatide greca.

«Nelle sue note Cirillo da Bologna fa altre considerazioni singolari: dice che, per ottenere la resurrezione, occorre prima purificarsi. Gli egizi credevano che il faraone si purificasse, dopo essersi incontrato con Ra nel lago sacro. Sulle sue sponde il dio Toth gli lavava i piedi, preparandolo così per ritornare alla vita. Anche Gesù credeva in questo rito e lavò i piedi ai suoi discepoli durante l'ultima cena, preparandoli per la sua resurrezione. Ora capite, Santo Padre? Gesù era un iniziato dei misteri di Osiride!»

«Vorreste forse dire che resuscitò grazie a qualche trucco di magia egizia?»

Il modo in cui il patriarca formulò la domanda suonò come un'accusa. Quasi avesse appena emesso una condanna a morte contro un eretico.

«Non lo dico io, lo dice Cirillo.»

«E come ha potuto un uomo pio come lui arrivare a una simile conclusione?»

«Di nuovo grazie ai parallelismi tra i Vangeli e il mito di Osiride, Santità. Marco spiega con chiarezza che furono tre donne a scoprire il sepolcro vuoto di Gesù e a iniziare la sua ricerca. In Egitto è la dea Iside, spesso rappresentata in compagnia delle sue sorelle Anuki e Satis, a cercare disperatamente il corpo di Osiride. Nella tradizione egizia alla fine Iside scopre che il sarcofago del suo sposo è finito sotto un albero e che le sue radici l'hanno ricoperto. Il tronco è stato tagliato e collocato in un palazzo a mo' di colonna, ma la dea lo recupera, lo apre e libera dal suo interno il corpo di Osiride, che avvolge in un lenzuolo e profuma prima di seppellirlo di nuovo.»

«E...?»

«Non vi sembra che Giuseppe di Arimatea fece esattamente lo stesso, quando depose Gesù dalla croce, lo avvolse in un sudario e lo depositò profumato nella sua nuova tomba, prima che resuscitasse?»

«Quindi Cirillo...»

«Sono convinto che Cirillo abbia voluto seguire lo stesso rituale di purificazione praticato per secoli dagli adoratori di Iside. Dev'essere giunto alla conclusione che per ottenere l'immortalità doveva prima morire come Nostro Signore; ha scritto quell'enigmatica frase di Giovanni sul muro e ha deciso di tentare la sorte.»

«Tentare la sorte?»

«Sotto la rilegatura della Bibbia recuperata nella biblioteca abbiamo trovato alcuni appunti astrologici interessanti. Sono fogli pieni di calcoli precisi, realizzati da una mente che conosce bene questo tipo di scienza. Suggeriscono senza ombra di dubbio che Cirillo credeva che la configurazione astrologica che annunciò la resurrezione di Nostro Signore si sarebbe ripetuta proprio in questi giorni. Se dunque era tanto convinto di ciò, vi pare così strano che abbia tentato di emulare Gesù Cristo nel suo momento più glorioso? Non provereste anche voi l'efficacia della formula della vita?»

«E ha potuto farlo da solo?»

Filippo guardò il Santo Padre con espressione ostile, come se la sua risposta contenesse la chiave per risolvere quell'enigma.

«Evidentemente, no» disse.

XXIV

A mezzogiorno di quella domenica 7 Misra, festa dell'Annunciazione della nascita della Vergine Maria, il panorama di notizie incomplete e voci incerte che trapelavano dalla proprietà dei Ben Rashid mutò di colpo.

Il robusto guardiano arabo che presidiava sempre l'ingresso aprì i battenti rinforzati della porta a una coppia insolita. Quello che avevano di strano era che, a differenza di quanti li avevano preceduti in quelle giornate, si allontanavano senza pacchi o mercanzie di alcun genere. Inoltre portavano calzature comode e due grandi otri pieni d'acqua, come se si disponessero a inoltrarsi nel deserto.

Georgos e Andreas, a quell'ora responsabili della sorveglianza e appostati pochi metri più in là, accanto a un magazzino di rottami, non li avevano mai visti da quelle parti. Lui era un tipo enorme, robusto e nero di pelle. La donna, anch'essa bruna, sembrava fine e bella. Anche se un velo la copriva dalla testa ai piedi, non riusciva a dissimularne la sagoma armoniosa e proporzionata, le braccia sottili e delicate. Dovevano essere arrivati durante uno dei cambi di turno dei sorveglianti copti, poiché la loro presenza era passata del tutto inosservata fino a quel momento.

Appena usciti, i nuovi ospiti dei Ben Rashid imboccarono l'animato Bayn al-Qasrayn perdendosi in mezzo alla folla. Georgos, il veterano delle spie di padre Filippo, non esitò nemmeno un secondo: abbandonò quatto quatto la sua postazione e prese a seguire i due, intenzionato a non perderli di vista.

La coppia attraversò il centro del Cairo e si diresse verso la periferia. Non si fermarono per mangiare, né si trattennero in nessuna delle botteghe che la famiglia aveva in città, e che erano già state scrupolosamente censite e controllate dagli uomini di Marcos VIII. Non osservarono neppure le pause per la preghiera stabilite dal Corano ed evitarono di avvicinarsi troppo alle molte moschee che incrociarono sul cammino. Tuttavia, a metà strada, i due fecero una sosta di fronte a un vicoletto che Georgos non aveva mai notato prima.

Non più largo di un metro, era lungo e sbucava in una minuscola piazzetta occupata da un unico edificio. I nubiani dovevano conoscerlo bene, perché non esitarono a prendere quell'angusto passaggio e a inoltrarsi dietro i teloni che riparavano la facciata della casa.

Georgos aspettò che uscissero per quasi mezz'ora, aggirandosi tra bancarelle di frutta e acquaioli con le loro giare di acqua fresca... Memorizzò i nomi delle vie scritti con il gesso a ogni angolo, in arabo e in francese, e per distrarsi calcolò il numero di viandanti che sarebbero passati davanti a quel vicolo ogni ora. Ma presto il tempo iniziò a correre inesorabile e l'attesa si fece insopportabile. Che lo avessero seminato? Forse la bottega in cui erano entrati i suoi «obiettivi» aveva un'altra uscita a lui sconosciuta? O forse, invece, il loro viaggio terminava lì? E, in tal caso, qual era lo scopo finale di quei due singolari pellegrini?

Stupito di non vedere nessun altro entrare o uscire dal minuscolo imbuto di mattoni, Georgos si decise infine a percorrerlo. Che cosa aveva da perdere? Lì nessuno lo conosceva e, se le cose si fossero messe male, poteva sempre spacciarsi per un cittadino smarritosi in cerca di un posto dove mangiare qualcosa.

L'edificio era molto diverso da tutto ciò che aveva visto al Cairo. Appena entrati si percepiva un'atmosfera densa e buia, appena rotta dalla luce di tre o quattro lanterne di rame disseminate per terra senza alcun ordine. Spesse tende di lana grezza separavano la piazzetta dall'interno, il pavimento era cosparso di tappeti variopinti molto sporchi e da una serie di puf e tavolini bassi, pieni di resti di tè. Faceva freddo. Un freddo strano, duro, che contrastava con l'elevata temperatura esterna.

«C'è qualcuno?» domandò Georgos a voce alta, mentre si faceva strada in quel caos di cuscini e tavoli.

Finalmente da dietro un banco, nascosto in fondo alla bottega, un uomo di mezza età lo salutò con cortesia e si presentò come Jalil. Il suo volto era pulito e rasato con cura, il che stupì non poco la spia copta.

«*Ahlan wa Sahlan.** In cosa posso aiutarvi, amico?» chiese in perfetto arabo.

Georgos esitò. Così il bottegaio, che sopra la tunica indossava una magnifica *abaya* o mantello verde, proseguì: «Soffrite forse di mal d'amore? O il vostro è un problema di salute? Sciatica? Perdita dei capelli?». Jalil corrugò la fronte spaziosa incorniciata dal turbante e scrutò il suo cliente con piglio professionale. «Non sarà impotenza, vero signore?»

Il copto, sorpreso da tanta loquacità, riuscì a balbettare qualcosa di comprensibile: «Siete... siete un medico?».

«No, amico. Sono Jalil, il mago più indaffarato e richiesto della città» disse con malcelato orgoglio. «Se cercate un rimedio per qualsiasi problema, siete nel posto giusto.»

«In realtà...» esitò «sto cercando alcuni amici.»

«Vi posso aiutare anche in questo.»

Jalil sorrise da un orecchio all'altro, mentre cercava qualcosa in una vecchia credenza così scura che Georgos non l'aveva notata fino a quel momento.

«Sono un esperto nell'antica arte di trovare persone scomparse. Esiste un vecchissimo esorcismo egizio, che ci dirà rapidamente dove sono i vostri amici. Inoltre, è molto economico.»

«No, no!» Georgos scosse la testa in segno di diniego. «Si tratta di due amici che sono stati qui poco fa...»

Jalil smise di frugare nella sua raccolta di boccette e unguenti, e si girò verso il suo cliente, mentre il sorriso svaniva a poco a poco: «Vi riferite ai due nubiani che mi hanno fatto visita poco prima del vostro arrivo?».

«Sì, proprio loro.»

«Ebbene...» sospirò. «Non do mai informazioni sui miei clienti, ma quei due erano davvero speciali. Devo confessarvi

* Siate il benvenuto.

che da anni non avevo una conversazione altrettanto interessante sulla magia. *Allahu akbar!*»*

«Davvero?»

Georgos spalancò gli occhi. Era il suo giorno fortunato. Se il mago Jalil aveva la lingua lunga come sembrava, avrebbe ottenuto più informazioni di quanto si aspettasse. Padre Filippo sarebbe stato soddisfatto del suo lavoro.

«Certo. Mi hanno domandato quali incantesimi d'amore e fertilità conoscessi. Naturalmente ho spiegato loro che questo tipo di operazioni è il più difficile e costoso che esista. Bisogna sapere molto bene quali piante usare, raccoglierle al momento giusto, triturarle in modo molto preciso, aggiungere olio solo quando occorre, estrarre grassi dalle lische di pesci difficili da trovare e, soprattutto, bisogna stare attenti alle fasi della luna... Ma sapete la più bella? Erano già al corrente di tutto ciò!»

«Sono maghi anche loro...» mentì Georgos per incoraggiare Jalil a proseguire.

«E molto bravi, senza dubbio. Siete fortunato a essere loro amico. Pensate, conoscevano perfino il metodo dello scarabeo per far innamorare una donna!»

«Il metodo dello scarabeo?»

«Vedo che non appartenete alla famiglia. Va bene: in realtà questa tecnica è assai poco conosciuta» Jalil tornò a esibire un largo sorriso. «Bisogna prendere uno scarabeo giovane, che ancora non abbia sviluppato le corna, e immergerlo nel latte di una mucca nera dal mattino alla sera. Quindi si estrae dal latte il suo cadavere, gli si mette della sabbia sul ventre e lo si affumica con incenso. Il giorno seguente si taglierà il suo corpo a fettine utilizzando un grande coltello di bronzo, si cuocerà con vino e semi di mela a cui verrà aggiunta l'urina del mago. Infine se ne mischieranno alcune gocce con un liquore che si farà bere alla donna desiderata... Non fallisce mai.»

«Già» Georgos nascose come meglio poté la sua ripugnanza.

«Mi hanno anche confermato ciò che da queste parti credono ormai in molti...»

«Non capisco, a cosa vi riferite?»

* Allah è grande!

«Ai francesi, caspita! Sembra che non abbiano portato in Egitto solo soldati, ma anche i loro saggi e maghi.»

«Ah, sì?»

«E pare che siano molto potenti. Per fare un esempio, i vostri amici volevano sapere come neutralizzarne i poteri e avvicinarsi a loro senza essere aggrediti. Mi hanno pagato molto bene per i miei consigli.»

Georgos fischiò d'ammirazione, nascondendo l'intima convinzione che quelle storie arabe non fossero altro che superstizioni da selvaggi. Ma lasciò che Jalil si confidasse.

«Tuttavia quello che cercavano era qualcosa di molto complesso, che richiedeva assolutamente la consulenza di qualcuno esperto come me.»

«*Al Hamdu li-lah*,* Jalil!» replicò il copto cerimonioso. «La vostra fama supera tutte le frontiere, dalla Nubia fino al delta. Per questo sono venuti a consultarvi i miei amici.»

«Per la barba del profeta! È proprio così!»

«Non ne ho dubitato nemmeno un istante.»

«Tuttavia, ciò che davvero volevano andava oltre le mie capacità» il bottegaio enfatizzò le sue parole con tono misterioso. «Perché se la magia per far innamorare una donna è qualcosa di ben studiato e facile, non lo è altrettanto la magia per far innamorare un uomo.»

«Un uomo?»

«È quello che ho detto, amico.» Il viso di Jalil cambiò espressione e si contrasse in una smorfia. «Ma questa informazione costa.»

Georgos fece cenno di comprendere e depositò sul tavolo una moneta d'argento brillante. Gli occhi del mago scintillarono un secondo, prima di far sparire l'obolo sotto il banco.

«Per compiere il prodigio di conquistare un uomo, bisogna prima dimostrare vero amore. Sta tutto qui il segreto. Vero amore come quello che Iside dimostrò nei confronti di Osiride, fino al punto di andare a cercarlo nel mondo dei morti e portarselo via per poi resuscitarlo.»

«È questo tutto ciò che avete insegnato loro?»

* Sia lodato Iddio.

«Questo... e l'uso di profumi e decotti che dispongano l'uomo a intraprendere un viaggio di quel tipo.»

«Capisco. Jalil, sapreste dirmi dove si sono diretti?»

«Sicuro. Sono usciti dal retro di questo edificio e hanno attraversato il cortile che vi sta di fronte, diretti ad Azbakiya. Sembravano interessati ad arrivare lì il più presto possibile.»

«Azbakiya? Il quartier generale dei soldati francesi?»

Jalil annuì con sguardo divertito. «E indovinate una cosa, amico mio...»

Il copto si strinse nelle spalle.

«Volevano incontrarsi niente meno che con il sultano Bunabart.»

«Con Bonaparte? Con Napoleone Bonaparte? Siete sicuro di quello che dite?»

«Sì. Jalil non mente mai. In più vi do un consiglio "magico" gratuito: quando domanderete di Bunabart, troverete di sicuro anche loro.»

La grassa risata del mago lo disarmò. Georgos diede ancora qualcosa di *bakhshish** all'amabile commerciante e abbandonò precipitosamente la sua bottega, diretto all'ufficio di padre Filippo.

* Mancia.

XXV

«Desideriamo parlare con il generale Bonaparte» sentì dire a un arabo con la testa rapata e dall'aspetto robusto, che si era fermato a pochi passi dalla sua visiera. Lo accompagnava una donna con il volto coperto, che non disse una parola.

Il soldato di guardia, appostato nella garitta di identificazione accanto all'ingresso del distaccamento, era sospettoso. Quasi nessun musulmano pronunciava bene il nome del suo capo supremo, e meno ancora sapeva enunciarne correttamente il rango militare. Quei due invece erano un'eccezione.

«Chi desidera vederlo?» domandò deciso, quasi senza muoversi.

«Alì Ben Rashid e sua nipote Nadia. Siamo venuti da Luxor apposta per incontrarci con lui. Si tratta di una faccenda della massima importanza.»

«Di che importanza esattamente?» domandò il militare.

«Conosciamo l'identità delle spie che il vostro generale sta cercando.»

«Niente meno?» sorrise ironico.

«Sì, davvero.»

«In tal caso, vedrò cosa posso fare. Chiamerò il capitano di guardia perché parli con voi.»

Il corso era rientrato dai desertici e abbandonati lidi di Abukir da meno di ventiquattr'ore. Euforico ma sfinito, Bonaparte assaporava infine il dolce miele del trionfo sulle truppe ottomane.

Sdraiato sul divano del suo ufficio-dormitorio al terzo piano del palazzo, fantasticava sul nome da dare a quel septidi della I decade di Termidoro,* la data della vittoria. Durante una carica di cavalleria che, ne era certo, sarebbe passata alla storia, il valoroso generale Murat aveva troncato con la propria sciabola due dita della mano destra del pascià Mustafà, il comandante nemico, gettando nel più profondo sconcerto le sue truppe. Gli uomini del mutilato, spaventati davanti all'inaspettato impeto dei francesi, erano fuggiti a frotte verso il mare, affogando prima di raggiungere le imbarcazioni che li avevano trasportati alle coste egiziane.

Quello era proprio il trionfo di cui il corso aveva bisogno. Il colpo di grazia per dimostrare dinanzi al Direttorio di Parigi che il suo anno in Egitto e in Terra Santa non era stato un'avventatezza militare senza precedenti.

Perfino il generale Kléber si era emozionato nel vedere le prodezze di Murat e la perizia di Napoleone nel disporre i suoi uomini. «Generale, siete grande quanto il mondo!» gli aveva detto il gigantesco Auguste, scuotendolo per le controspalline in mezzo al campo di battaglia. Kléber era un individuo enorme e ogni volta che faceva una cosa del genere il corso si sentiva come un pupazzo nelle mani del suo burattinaio. «Nazareth vi ha portato la fortuna che meritate, Bonaparte!» aveva aggiunto scrollandolo un altro po', mentre non perdeva di vista l'occhio di Horus che il corso aveva portato al collo per tutta la durata delle operazioni militari. Kléber, osservatore attento come nessun altro, glielo aveva visto per la prima volta dopo la sua breve permanenza a Nazareth. Ne aveva dedotto quasi subito che il suo generale doveva aver ricevuto il sacro *wadjet* dalle mani di qualche importante saggio del luogo.

Napoleone, sereno dopo il breve combattimento, lavato e rasato, ricordò quelle parole con inquietudine: Auguste aveva dunque ragione? Forse la fortuna, la *baraka*, era già dalla sua parte. Forse l'approssimarsi della cerimonia Zed, che gli avrebbe regalato la potenza degli antichi signori d'Egitto e che gli era stata promessa dal saggio Balasan a Nazareth, gli offriva già le prime vittorie. Ma aveva allora davvero bisogno di

* 25 luglio 1799 secondo il calendario repubblicano.

trattenersi in Egitto, aspettando un rito che magari non si sarebbe mai celebrato? O, come già iniziava a pensare, poteva lanciarsi definitivamente alla conquista dell'Europa? I suoi trionfi non lo trasformavano in un nuovo mito vivente, in un nuovo Alessandro?

La porta del suo ufficio si aprì senza preavviso.

«Con permesso, mio generale.»

Il capitano in servizio, un ragazzone di La Rochelle più giovane di lui di due sole promozioni, lo strappò alle sue grandiose fantasticherie.

«Avanti, Montignac. Cosa succede?»

«Generale, è arrivato un messaggio urgente del generale Desaix dall'Alto Nilo.»

«Di che si tratta?»

«Due membri della Commissione scientifica, gli ingegneri Villiers e Prosper Jollois, assicurano che si sta tramando un complotto per obbligarvi a partecipare a qualche strano rito. Temono che vostra eccellenza possa cadere nelle mani di qualche potente setta locale e perdere il controllo del paese...»

Napoleone guardò il suo capitano con espressione incredula, sorridendo per un caso così opportuno. Il corso era solito interpretare quelle coincidenze come segni benevoli del destino.

«Questo dicono?» sorrise malizioso.

«Sì, generale.»

«E voi, capitano, lo credete possibile?»

Jean-Paul Montignac deglutì, come se quella pausa potesse aiutarlo a trovare la risposta più adeguata.

«... A dire il vero no, mio generale» disse esitante.

«Certo che no!» La fragorosa risata del corso restituì la calma al messaggero. «Mi sembra impossibile che i miei uomini si lascino abbindolare da simili dicerie! Una setta locale! Sciocchezze, capitano!»

«C'è un'altra faccenda di cui debbo informarvi, generale: due egiziani si sono presentati poco fa all'ingresso principale, sollecitando un incontro con vostra eccellenza.»

Il corso, che giocherellava senza accorgersene con il potente amuleto di lapislazzuli di Balasan, mise il *wadjet* sotto la camicia cambiando d'umore in un batter d'occhi.

«Due egiziani? Intendete dire due comuni cittadini, capitano?»

«Così sembra.»
«Che cosa vogliono?»
«Dicono di avere informazioni sulle spie che ordinaste di catturare prima di marciare su Abukir.»
«E perché non le forniscono alla polizia? Pagheranno loro una ricompensa... se la meritano.»
Il capitano valutò per un istante se insistere oppure no.
«Non vogliono denaro, generale» disse infine. «Ma hanno chiesto di riferirvi che conoscono la confraternita a cui appartengono queste spie, e insistono molto sul fatto che solo vostra eccellenza saprà apprezzare adeguatamente tale informazione.»
Bonaparte girò il suo profilo affilato verso il capitano Montignac, ancora sull'attenti a pochi passi da lui.
«Hanno detto che le spie appartengono a una confraternita?»
«Sì, generale.»
«D'accordo, capitano. In questo caso, li riceverò. Ordinate che mi servano un calice del miglior vino che abbiamo in cantina e fateli salire nelle mie stanze fra mezz'ora.»
Il corso non poteva nasconderlo: quel mattino era di buon umore. Per la prima volta dopo molti mesi aveva il tempo sufficiente per compiacersi dei propri trionfi e per mostrare la sua magnanimità verso il popolo che governava. Perché, dunque, non ricevere quegli informatori e condurre di persona l'indagine? In fin dei conti, una piacevole chiacchierata lo avrebbe distratto dall'amara sensazione di sentirsi bloccato in Egitto come un topo in trappola.
Benché l'ammiraglio britannico Nelson avesse distrutto la sua flotta ormai più di un anno prima, tagliandogli ogni via di comunicazione con la Francia, il suo recente successo militare contro i mamelucchi gli aveva infuso un coraggio che non ricordava di aver mai avuto. Il suo esercito da mesi si fabbricava le munizioni da sé e non restava una sola uniforme pulita e decorosa in tutta la truppa... ma lui ormai era un trionfatore. Battere i turchi era come battere la Gran Bretagna.
L'unica macchia scura nei suoi ottimistici pensieri mattutini riguardava l'eterno problema delle donne. Il vino, un eccellente Bordeaux servito a temperatura ambiente, anestetizzò in parte le sue preoccupazioni. In fondo la situazione lo ir-

ritava: mentre le notizie più serie da Parigi ci mettevano mesi ad arrivare, le infedeltà di Giuseppina con alcuni dei più illustri membri del Direttorio correvano più veloci del vento dal delta del Nilo fino ad Assuan. Pettegolezzi... Nessuno sapeva come diavolo potessero attraversare il Mediterraneo con tanta velocità. Il corso si tormentava immaginando la moglie offrire il proprio corpo ardente e voluttuoso a quei politicanti zotici di Parigi. Temeva forse di restare vedova e senza protezione così presto? Lo credeva un militare così incapace?

Per dimenticare tali affronti Bonaparte aveva cercato in tutto l'Egitto donne con le quali sfogare la propria ira, ma con loro finiva sempre male. Le francesi disponibili – molte delle quali arrivate clandestinamente con la sua stessa flotta, in quanto spose o fidanzate di ufficiali – stavano finendo, e quasi tutte le candidate attraenti si negavano sistematicamente ai suoi sfacciati propositi.

Pauline Fourès, moglie di uno dei suoi più rispettabili tenenti, era l'eccezione e, al contempo, colei che gli procurava più mal di testa. Era una bionda appassionata e dolce, ma tremendamente ambiziosa. Tutto Il Cairo, incluse le «talpe» britanniche, la chiamavano Cleopatra. Che cosa poteva fare per frenare le voci persistenti secondo cui era Pauline a comandare davvero in Egitto? Disprezzarla? O bastava sostituirla con un'altra donna altrettanto seducente? E, in tal caso, con chi?

Quando il capitano Montignac tornò ai suoi alloggi, accompagnato dai due egiziani che chiedevano di parlare con lui, la bellezza di Nadia gli fornì una soluzione inaspettata...

«Questa sì che è una bella combinazione» sussurrò nel vederla.

La sorpresa del corso era più che giustificata. Nemmeno se l'avessero provata mille volte, l'entrata della donna avrebbe potuto risultare di maggior effetto: il nubiano che l'accompagnava e che si presentò come Alì liberò Nadia del suo velo come chi apre un regalo di Natale davanti a un bambino. I capelli corvini della danzatrice le ricaddero sulle spalle, mentre il suo abito aderente lasciava indovinare una vita eccezionalmente sottile. Non era l'ora adatta per vestirsi in quel modo, né tanto meno perché il generale dell'esercito di occupazione si distraesse nel gioco della seduzione. Ma a chi importava...

«Generale: abbiamo insistito per vedervi, perché dobbiamo avvertirvi di una questione molto seria» disse la donna con voce vellutata, non appena si tolse il velo. Di colpo una fragranza ai fiori di loto inondò l'ufficio-dormitorio del corso.

«Avvertirmi di cosa?»

«Che siete circondato da traditori.»

Napoleone, impressionato dal fuoco che Nadia emanava e da quel profumo esotico e sensuale, le sorrise come a perdonare la sua impertinenza.

«Ciò non mi è nuovo, Mademoiselle. Cesare fu ucciso dal suo stesso figliastro a Roma. Tutti i grandi uomini sono circondati da traditori. Si nascondono ovunque. Sono un male necessario, del quale i più intelligenti possono servirsi in non poche occasioni.»

«Ma voi dovete guardarvi le spalle. Sono più vicini di quanto crediate.»

«Mademoiselle, così mi importunate» mormorò. «Non vi conosco. Se mi sono degnato di ricevervi, è solo perché la guardia mi ha avvertito che siete in possesso di un'informazione di cui ho bisogno. Mi sbaglio?»

«No. Non vi sbagliate affatto, signore. I traditori di cui parliamo sono vostri uomini di fiducia, che vi hanno tenuto celato il nascondiglio delle spie che tanto cercate.»

«Voi li conoscete?»

«Certo, generale. Nel deserto li chiamano i "saggi blu". Ma non sono spie che lavorano per qualche nazione o esercito. Di fatto, non possiedono terre proprie né hanno interessi da difendere. Sono molto superiori a simili necessità tanto mondane e di rado si mostrano ai non iniziati... Tuttavia possiamo assicurarvi che i "saggi blu" sono giunti al Cairo in data molto recente.»

«I "saggi blu"!»

Gli occhi del corso brillarono.

«Ditemi: che altro sapete di loro? Benché abbia diramato ordini di ricerca e cattura, non c'è stato modo di trovare nessuno...»

«Generale, prima dovreste chiedervi perché li state cercando.»

L'inaspettato commento di Alì lo disorientò.

«Cosa intendete dire?»

«Non so se ci crederete, signore, ma i "saggi blu" appartengono a una confraternita che si manifesta soltanto ogni mille o duemila anni. E ogni volta che lo fa è per trovare un uomo degno di ricevere la sua conoscenza, un uomo che aiuti a cambiare l'aspetto del mondo. Tale sapere» aggiunse con tono misterioso «porta con sé certi vantaggi molto ambiti, tra cui l'accesso alla vita eterna. Incontrarsi con i "blu" è quasi una garanzia di ottenere quel segreto.»

«Ma come potete essere tanto sicuri di ciò?»

«Perché la nostra famiglia ebbe l'onore di ricevere tale sapere molto tempo fa, generale. Per questo e perché un giorno conoscemmo il potere ora custodito e trasmesso dai "blu", sappiamo che non mancheranno i traditori decisi a privarvi del legittimo diritto di ricevere la loro sacra iniziazione. Noi, signore, crediamo infatti che siate voi il nuovo eletto dalla comunità dei "blu".»

«Questa mattina ho ricevuto un dispaccio dai miei uomini a Tebe, che mi avvertivano dell'esistenza del complotto di una setta di fanatici allo scopo di controllare il mio esercito. Come posso essere sicuro che non apparteniate a quel gruppo?»

Jean-Paul Montignac rivolse al corso uno sguardo complice, ma non articolò parola.

«Vi dice qualcosa l'espressione "il Tempo è arrivato"?»

Il viso del corso si oscurò. Dove aveva letto una cosa simile? Alì, impaziente, attendeva una risposta.

Bonaparte ci mise solo un attimo a ricordarlo: una relazione della sua polizia, redatta giorni prima subito dopo un misterioso incendio scoppiato nel quartiere copto della città, riportava esattamente quella espressione. Due dei frati interrogati suggerivano che l'esistenza di un antico manoscritto, in cui si parlava dell'avvento del Tempo, poteva essere stata la causa della morte o scomparsa di un vecchio saggio copto. La relazione segnalava i «saggi blu» come possibili responsabili di quel fatto.

«In effetti l'ho già sentita» ammise infine il generale. «Ma non so che cosa significa.»

«Quel Tempo si riferisce a un momento molto vicino, in cui la sapienza dei "blu" verrà affidata senza riserve a qualcuno destinato a cambiare il corso del mondo. E voi dovete essere pronto per questo.»

«Pronto?»

«Sì» insisté Alì. «Nadia è venuta qui per aiutarvi.»

«Nadia?»

Lo sguardo malizioso di Bonaparte fece sorridere il capitano Montignac, che indovinò i pensieri libidinosi del suo generale.

«In tal caso» proseguì Napoleone «non credete che dovreste lasciarci soli?»

XXVI

Elias, stupito, aprì la porta della sua camera, al terzo piano di un trasandato edificio a ridosso del quartier generale di Azbakiya. Napoleone gli aveva concesso un giorno libero ed egli aveva già progettato di trascorrerlo dapprima dormendo e poi, quando il sole e il caldo fossero scemati, nel bazar di Jan el Jalili, a bere tè alla menta e passeggiare per i suoi vicoli sempre animati. Quello che proprio non si aspettava era che qualcuno bussasse alla sua porta alle dieci e mezzo del mattino.

«Un messaggio urgente per voi.»

Due guardie, moschetto in spalla, gli porsero una busta bianca e allungata, sigillata con una grossa goccia di ceralacca. Senza aggiungere altre parole i due attesero che il copto, insonnolito, l'aprisse.

«Di che si tratta?» borbottò, fissando l'indecifrabile sigillo impresso nella ceralacca.

«Sono istruzioni, signore» disse in tono marziale il più alto dei due dragoni. «Dovete vestirvi e venire subito con noi.»

Frastornato, Buqtur pregò i soldati di attenderlo qualche minuto. Prese la busta con le mani ancora intorpidite e accostò la porta dietro di sé, quindi si sedette sul letto e la strappò.

Una carta da gioco, diversa da tutte quelle che aveva visto in vita sua, scivolò dal suo interno.

Non appena la scorse, il copto si svegliò di colpo. Non aveva dubbi: solo uno come Auguste Kléber poteva avergli inviato un messaggio simile, ma una smorfia di preoccupazione accompagnò all'istante la sua intuizione. Il generale ri-

XX La resurrezione

correva a quel genere di artifici per comunicare con i membri dell'Officina solo in casi di estrema urgenza. O almeno così credeva...

Che cosa voleva dirgli Kléber con quella criptica lettera? L'immagine di un angelo che richiama alla vita tre mummie insinuò nel copto una strana sensazione di premura. Tre defunti avvolti nelle loro bende sembravano emergere da uno stesso sarcofago, rigidi, come obbedendo a un ordine misterioso che li spingeva a muoversi. Era questo ciò che Kléber si aspettava da lui? Che finalmente portasse a termine la missione per la quale l'Officina lo stava preparando da quasi un anno?

Presto avrebbe avuto una risposta ai propri dubbi.

Dopo essersi lavato la faccia in fretta e furia e aver sistemato qualche ciuffo ribelle della zazzera spettinata, Elias si infilò un paio di pantaloni a mezza gamba e una camicia di cotone bianco, poi gettò su quella tenuta una tunica scura. Non sapeva bene che cosa Kléber si aspettasse da lui e preferiva essere pronto per ogni evenienza. Anche a mettersi subito in viaggio.

I dragoni scortarono Buqtur fino a un piccolo edificio a soli tre isolati dal palazzo-caserma di Napoleone. Il copto conosceva bene quel luogo. Era stato convocato lì in altre occasioni, anche se le continue assenze di Bonaparte, che lui scortava sempre fuori dal Cairo, lo obbligavano ad apparizioni meno frequenti del desiderato.

I soldati si arrestarono sulla soglia del portone di legno, incorniciato da un fregio rettangolare che lui oltrepassò senza esitare. I suoi cardini separavano il mondo esterno dall'*Het nub*, o Sala d'Oro, dove si prendevano tutte le decisioni importanti dell'Officina. Ma una volta al suo interno, Buqtur fu stupito dall'oscurità che vi regnava. Non lo aveva mai visto così privo di luce. Così saturo di polvere e incenso.

La sala dell'Officina, un rettangolo il cui soffitto era stato dipinto di azzurro, punteggiato di un mare di stelle a cinque punte, si trovava in fondo al buio corridoio davanti al quale l'avevano lasciato i militari. Un ordine inaspettato gli confermò che non era solo.

«Per favore, venite avanti, fratello Elias!»

La voce familiare di Gaspard Monge, uno scontroso matematico dal volto equino, ex ministro della Marina e presidente dell'Istituto d'Egitto fondato mesi prima dallo stesso Napoleone, lo rasserenò un poco. Monge era sempre stato cordiale con lui. Alla sua perspicacia nel reclutamento di studiosi doveva la propria entrata al servizio di Bonaparte, così come l'ingresso a pieno diritto in quella confraternita. Durante i suoi primi mesi in Egitto, mesi che Monge e lui avevano condiviso con particolare intensità, il buon Gaspard gli aveva riempito la testa con descrizioni meravigliose della Francia. «Solo le piramidi glorificano più il tuo paese del mio» gli confessava spesso con malizia.

Buqtur avanzò senza indugio fino al centro della sala, tenuemente illuminata da un lucernario aperto nel soffitto. Lì, in effetti, lo attendeva il suo anfitrione con l'abito delle cerimonie solenni e una domanda in gola, che gli fece a bruciapelo non appena vide la sua faccia.

«Bene, Elias. Voi siete tornato ieri da Abukir in compagnia del nostro generale Bonaparte, vero?»

Monsieur Gaspard, segretario dell'Officina, era seduto a un'estremità della sala davanti a un enorme libro per i verbali. Aveva vicino a sé un tavolino di quercia, sul quale erano posati il calamaio e una ricca collezione di penne e matite. Intorno a lui, le sagome scure di altre sei persone, tutte in piedi. Sembravano spiriti che scrutavano con attenzione il nuovo arrivato.

«Che cosa... che significa questo?» protestò con poca convinzione il copto, non appena s'accorse della trappola.

«Per favore, *frater* Buqtur, rispondeteci: fino a ieri siete stato con Bonaparte? Sì o no?»

Elias annuì a quel tono di voce insolito.

«E gli avete sentito dire che pensava di abbandonare l'Egitto in gran segreto?»

La strana domanda, formulata da una delle ombre alta come una torre, senza dubbio quella del generale Kléber, lo paralizzò.

«No...» rispose allarmato. «Come potete soltanto sospettare che Bonaparte stia per abbandonare il suo esercito, dopo il glorioso trionfo di Abukir?»

Kléber, che non abbandonò mai la penombra in cui si nascondeva, distese il suo lungo braccio verso un altro dei presenti.

«Fratello Murat, spiegateglielo voi» ordinò.

Un'altra sagoma, altrettanto alta e robusta, avanzò verso il centro del pavimento a scacchiera dell'Officina. Era Gioacchino Murat, l'eroe che aveva compiuto il miracolo di far fuggire i turchi appena pochi giorni prima, senza perdere nemmeno uno dei suoi reparti. Buqtur sorrise nervoso nel vederlo avvicinarsi. Il valoroso generale sembrava del tutto ristabilito dopo il tumulto dei combattimenti, i capelli ricci e le spesse basette avevano recuperato la loro abituale luminosità.

«*Frater* Elias, abbiamo buone ragioni di credere che Napoleone ci abbandonerà presto» disse con tono afflitto. «Quando mi ha nominato generale di divisione sulle spiagge del delta, nel corso della nostra vittoriosa battaglia di Abukir, l'ho sentito mormorare che presto avrebbe lasciato l'Egitto. Che la Francia aveva bisogno di lui con urgenza e molto più di questo paese. Inoltre abbiamo saputo che, in segreto, ha già impartito ordini precisi perché nel porto di Alessandria si riforniscano e armino due fregate... Non immaginate che cosa significherebbe?»

Il copto non rispose.

«Ve lo dirò io: che il progetto di iniziare Bonaparte alla nostra venerabile Loggia di Menfi e di prepararlo a ricevere la formula promessagli a Nazareth dai "saggi blu" potrebbe fallire completamente.»

«Ma... non è possibile!» protestò Elias. «Domani è il giorno prescelto. Loro hanno deciso così.»

A queste parole un'altra ombra che assisteva alla riunione fece un passo avanti, lasciando che la luce gli illuminasse il volto.

«Fratello Elias» disse a voce bassa. «Tu sei l'unico di noi ad aver visto da vicino il viso dei "blu". E grazie a te il generale Bonaparte si è incontrato con loro a Nazareth, qualche mese fa.»

L'interprete annuì.

«Tu sei copto di origine e di religione. Non è così?»

«Sì.»

«E hai un'idea del perché i "blu" abbiano scelto proprio il giorno di domani per iniziare Bonaparte?»

Questa volta Elias Buqtur non riconobbe chi lo interrogava. Doveva essere un nuovo membro dell'Officina. Si trattava di un anziano dall'aspetto severo e dai modi inquisitori, che non aveva mai visto da quelle parti.

«Non sei tenuto a rispondere» gli disse. «In fondo, sappiamo che tutto dipende da una questione astrologica. Domani all'alba le stelle del Leone transiteranno dal "luogo della resurrezione", a oriente, e l'uccello Bennu, che gli antichi egizi identificavano con la costellazione della Fenice, segnerà il sud. Sai che cosa significa l'espressione "il Tempo"?»

«È necessario che risponda?» disse Elias scuotendo la testa.

L'anziano fece una smorfia, contrariato.

«Se sei davvero copto, sì. Nessun vero cristiano dovrebbe ignorare ciò che ti ho appena detto.»

«Volevo diventare sacerdote» ammise «ma mio padre mi dissuase, così studiai altre cose. Come il francese, per esempio.»

«Bene: in onore della tua vocazione originaria, dovresti almeno sapere che fu san Marco il primo a parlare di questo Tempo. Un'epoca di rivelazioni, in cui sarebbero stati manifestati agli uomini grandi segreti.»

Elias non si lasciò intimidire dalla velata accusa di quel nuovo *frater*: «Ebbene, fratello: non ho mai perso la vocazione di servire Dio, se è a questo che vi riferite. Grazie a essa mio zio Nicodemo mi iniziò ai segreti della massoneria e mi parlò della venuta del Tempo, che tanto sembra preoccuparvi. Ma da lui appresi anche che non basta che questo Tempo arrivi» il copto deglutì, tacendo un istante per attirare l'attenzione dei suoi interlocutori. «Fratelli, perché la rivelazione tanto attesa si produca devono verificarsi altre circostanze molto particolari.»

«Quali circostanze?»

«Durante la mia breve permanenza a Nazareth con i "saggi blu" e il nostro generale Bonaparte, ho appreso che oltre a un eletto – una persona che stia per compiere trent'anni – occorre anche una donna, legittimata a generare colui che aprirà lo scrigno di Toth, dove il dio della saggezza racchiuse i segreti della vita e della morte. I "blu" recuperarono tale sapere da un antico racconto egizio dei tempi del re Cheope.»

«Conosci bene i segni.»

«E voi? Li conoscete?»

Auguste Kléber, ricoperto da un saio nero e investito della carica di Gran Maestro della Loggia, intervenne con la sua mole per tranquillizzare l'interprete di Bonaparte.

«Sì. Anche noi francesi conosciamo i segni, Elias. In realtà, noi che veniamo dall'Occidente ci stiamo preparando da molto tempo per questo momento. Forse voi non lo sapete, ma in Europa la Confraternita dei liberi massoni da secoli sottopone i suoi iniziati a rituali che simulano la morte e la resurrezione del corpo. Sapevamo che tali riti venivano dall'Egitto ed eravamo sicuri che avessero tutti una base reale, che la resurrezione fisica si potesse davvero raggiungere. E con essa, naturalmente, l'immortalità.»

«Così dev'essere» chiosò Buqtur.

«Elias, ci siete stato di grande aiuto» la voce di Murat risuonò più solenne del solito. «I nostri fratelli massoni di Nizza hanno indovinato a metterci in contatto con voi, e voi avete svolto bene il vostro compito. Ma crediamo che sia arrivato il momento della verità.»

«Il momento della verità?»

«Sì, Elias. Il momento di rivelare anche a noi la formula dell'immortalità.»

«Ciò non dipende da me» protestò. «Sono i "saggi blu" che stabiliranno il luogo e l'ora per affidare questo segreto.»

Murat, il volto teso e affilato, afferrò il copto per le spalle.

«Ma non c'è tempo da perdere. Ormai non siamo più gli unici in questa corsa...»

«Cosa intendete dire, *frater* Gioacchino?»

«Questa stessa mattina due discepoli del clan dei Ben Rashid hanno chiesto udienza a Bonaparte. Due uomini del patriarca copto li hanno seguiti fino a Azbakiya e li hanno sentiti affermare di aver notizie sulle spie ricercate dal nostro esercito. Già lo sapete: è... l'eufemismo con cui abbiamo diramato l'ordine di cattura dei "saggi blu", che, stando alle nostre informazioni, si trovano da giorni in città. Siete consapevole del significato di tutto ciò?»

La barbetta affilata di Elias Buqtur si mosse appena, mentre un'espressione di incredulità si dipingeva sul suo volto.

«E come potete sapere che il pa...?»

L'anziano che aveva parlato prima con lui non gli lasciò terminare la frase. Avanzò di un passo e si fermò di nuovo quasi al centro del pavimento a scacchiera dove si trovava l'interprete. Lo afferrò per le braccia.

«Guardami, Elias!» gli ordinò, tirandolo per le maniche. «Non riconosci la mia dignità? Sono Teodoro, segretario e assistente di camera di Sua Santità Marcos VIII. Ed è stata proprio la nostra massima autorità a inviarmi qui da voi, per aiutarvi a recuperare ciò che appartiene legittimamente alla nostra antica e santa Chiesa.»

«Ma perché mai dovreste allearvi con i francesi, padre Teodoro?»

«Oh andiamo, Elias! Non è con i francesi in generale che la nostra santa Chiesa ha stretto alleanza, né tanto meno con Napoleone, che è solo la pedina scelta dalla Provvidenza per ricevere il segreto della vita dai suoi veri guardiani. Il nostro patto, *frater* Elias, è con i fratelli europei che professano un novello culto della Luce, in tutto simile al nostro cristianesimo...»

Buqtur lo interruppe: «Per quale motivo allora credete che i Ben Rashid, seguaci di Seth e delle Tenebre, otterranno che Napoleone – che, come tutti sappiamo, si crede investito degli attributi di un eroe solare, quasi un Messia ai livelli di Nostro Signore Gesù Cristo – si allei con loro e li aiuti a recuperare la formula della cerimonia Zed?».

«Abbiamo buone ragioni per temere qualcosa del genere» intervenne Kléber.

«Ragioni? Quali ragioni?»

«Uno dei Ben Rashid che si sono incontrati con Napoleone in realtà è una donna di nome Nadia. Il nostro fratello Mohammed, che voi ancora non conoscete ma che è appena tornato anch'egli da Luxor, ed è membro della nostra Loggia in rappresentanza di una potente e antica setta di adoratori della Luce dell'Egitto meridionale, potrà spiegarvi chi crede sia veramente quella donna.»

«Mohammed?»

Prima che potesse terminare la sua domanda, un'altra delle ombre che circondavano il pavimento a scacchiera dell'Officina avanzò verso la zona illuminata. Liberandosi del cappuccio, scoprì un volto rotondo e dai lineamenti gradevoli, che denunciavano un'inequivocabile provenienza dalle regioni dell'Alto Nilo. Le folte sopracciglia nere s'aggrottarono sopra i suoi occhi, prima che iniziasse a parlare.

«Il mio nome è Mohammed Ben Rashid, *frater.*»

Quel nubiano dal fisico proporzionato, avvolto in un saio identico a quello del Gran Maestro Kléber, salutò Elias con cordialità, posandogli la mano sul petto.

«Nadia appartiene alla mia famiglia» rivelò senza la minima ombra d'emozione «e conosco bene le sue capacità. È cresciuta ignorando i precetti sethiani fino a poco tempo fa. Era la schiava del capo di una tribù di saccheggiatori a Luxor che trafficava intorno a una vecchia tomba, nella quale la nostra famiglia credeva potessero nascondersi indicazioni per recuperare la formula della vita. Di fatto, è stato proprio il suo clan a venderla al saccheggiatore di Luxor, perché sorvegliasse da vicino le sue mosse.»

«E come può rappresentare una minaccia una persona simile?»

Mohammed sorrise enigmatico. «Nadia è fuggita di recente ed è stata aiutata da Alì, il sommo stregone del suo clan... del mio clan. Crediamo che l'abbia messa al corrente del suo vero potere e l'abbia istruita per competere contro di noi in questa gara per l'immortalità.»

«E il ladro?»

«Il ladro, *frater* Elias, non è un semplice saccheggiatore di tombe. In realtà si tratta di un altro potente mago egizio, affiliato al culto solare e vicino alla causa di questa loggia e della Chiesa copta. Egli, Omar Ben Abiff, si è rivelato quando era mio maestro, diversi anni fa.»

«Tuo maestro?»

«Non mi aspetto che tu comprenda, Elias. Ma io che sono cresciuto in seno alla famiglia di Nadia, che ha conservato fino a oggi gli insegnamenti fondamentali degli antichi adoratori di stelle egizi, io che conosco a fondo i segreti della costruzione dei templi eretti a somiglianza delle costellazioni celesti, ho capito che la mia strada e quella del mio clan erano sbagliate. Che non sarei mai arrivato alla formula della Vita passando per il sentiero della Notte, bensì percorrendo quello della Luce. Il sentiero del Sole.»

«Hai... Hai tradito la tua stessa famiglia?»

«Sì. Ma in compenso mi sono trasformato in un ricercatore della Verità» sentenziò.

«Come puoi essere sicuro che la tua sia la strada della Verità?»

Il nubiano di bell'aspetto, in fondo, gli fu grato per quella domanda. La curiosità di Buqtur gli permetteva di chiarire una cosa che ancora non aveva avuto l'occasione di spiegare agli altri membri della loggia.

«È semplice, *frater* Elias» sorrise. «Nella tomba di Amenhotep, quella che i sethiani tanto temevano esplorassimo, grazie a Omar ho osservato come funziona il rito della Vita. Dapprima si pesa l'anima del candidato: in questo modo gli dèi si assicurano della sincerità di chi aspira all'immortalità. Quindi, mediante l'intervento dell'energia di Iside, si ottiene che avvenga il miracolo. Se Nadia non fosse fuggita e la sua famiglia non l'avesse protetta fin da subito, in quella stessa tomba ella ci avrebbe consegnato il suo alito divino.»

«Vuoi dire che...?»

«Nadia?» sorrise. «Sì, *frater*. Lei è, in realtà, l'erede diretta di una stirpe nata dalla stessa dea Iside. Solo quella donna può conciliare ed evocare il potere della vita eterna, sempre che incontri il nuovo Osiride che orienti la sua magia. L'unica via per precederla è quella di trovarlo prima noi e promuovere con lui il sacro rituale della vita.»

Benché avesse compreso l'insinuazione, Elias volle assicurarsene.

«Ti riferisci a... Napoleone?» chiese.

«Proprio così. A Napoleone in persona.»

Gioacchino Murat si avvicinò di nuovo al centro della scacchiera, tra i due fratelli della Loggia di Menfi.

«Elias, comprendete ora la gravità delle circostanze? Se Nadia riesce a guadagnarsi la fiducia del nostro generale, sarà lei a guidarlo al luogo dell'iniziazione e a ottenere dai "saggi blu" la legittimazione della formula della vita. E noi solari resteremo esclusi dal segreto che siamo venuti a recuperare in Egitto.»

«Soltanto lei può strapparci il segreto?»

Murat e Mohammed Ben Rashid si scambiarono un'occhiata preoccupata.

«Crediamo di sì.»

«Credete di sì? Non siete sicuri?»

Questa volta fu padre Teodoro, molto serio in volto, a prendere la parola.

«Vedi, Elias... Se la nostra loggia ha potuto sapere con certezza che questo è il Tempo in cui saremo in grado di attingere ai segreti della vita eterna, è stato grazie alla provvidenziale apparizione di un testo scritto diciotto secoli fa dallo stesso san Marco.»

L'interprete di Bonaparte si lasciò sfuggire un fischio di ammirazione, ma lasciò che Teodoro proseguisse.

«È stato rinvenuto un anno fa ad Alessandria e inviato dal nostro amato Santo Padre al monastero di Santa Caterina, nel Sinai, perché venisse tradotto. San Marco aveva utilizzato una forma di greco oscura, piena di arcaismi, che rendeva il testo quasi incomprensibile.»

«Ed è stato tradotto?»

«Sì. Ma purtroppo chi lo ha fatto è scomparso alcuni giorni fa in circostanze misteriose. L'abbiamo cercato ovunque e, benché tutti gli indizi suggeriscano che possa essere stato assassinato dagli adoratori delle tenebre, non ne siamo del tutto certi.»

«Ma perché avrebbero dovuto fare una cosa simile?» si allarmò Buqtur.

«Riteniamo che i sethiani vogliano a tutti costi monopolizzare il segreto della vita che l'apostolo Marco scoprì in Egitto, mentre ripercorreva le orme di Nostro Signore in questa terra. Chissà... Forse» proseguì Teodoro «Cirillo ha trovato da solo la fonte della vita e ha deciso di attingervi per proprio conto, tradendo la nostra Chiesa. I sethiani potrebbero averlo scoperto e ucciso per strappargli le sue conoscenze. O forse frate Cirillo ha creduto di aver svelato il segreto e si è immolato per sbaglio, cercando di ripetere il rito... Comunque sia, questo del saggio copto è un problema irrisolto che ci preoccupa.»

«Capisco. Quello che proprio non comprendo è cosa vi aspettiate a questo punto da me.»

Il segretario di Sua Santità sorrise davanti alla preoccupazione di Buqtur.

«È semplice, *frater* Elias: domani condurrai Bonaparte alla Grande Piramide, lo porterai nella sala del sarcofago e lascerai che la trasmissione della formula avvenga sotto il tuo stretto controllo. Siamo certi che gli stessi saggi con cui avete trattato qualche mese fa a Nazareth appariranno di nuovo, per compiere il sacro rito di Iside.»

Il copto restituì il sorriso a Teodoro, mentre tra le ombre cercava la sagoma gigante del Gran Maestro.

«Ora, maestro, capisco il significato della carta di tarocchi con la quale mi avete convocato.»

Auguste Kléber, esperto di codici simbolici, annuì compiaciuto. Tuttavia, prima di congedare Buqtur, fece un'ultima domanda.

«*Frater* Elias, sapete perché ricorro tanto spesso a quei tarocchi egizi?»

L'interprete non rispose.

«Perché dicono che i tarocchi non sono altro che una copia del libro contenuto in quello scrigno di Toth, che ora dovrebbe aprirsi a noi dopo lunghi secoli d'attesa.»

«E chi lo afferma?»

«In Europa, i gitani. Quando i primi di loro arrivarono in Francia, si facevano chiamare “egizi”. Anche se non avevano alle spalle degli studi o professioni degne di questo nome, essi erano grandi maestri nell'arte di interpretare tali carte. Una delle loro favorite era quella che vi ho inviato oggi: la carta della resurrezione.»

«... Proprio quello che stiamo cercando.»

«È così, Elias. È così.»

XXVII

Poche ore prima dell'arrivo di Napoleone a Giza

Balasan si inerpicò fino alla cima delle rocce di Maadi, trascinando a fatica la gamba sinistra. L'artrosi si stava impadronendo a poco a poco delle sue estremità inferiori e sapeva che presto sarebbe rimasto paralizzato: buttato su qualche giaciglio in mezzo al deserto e ormai lontano dai suoi momenti di gloria a capo dei «guardiani blu».

Lassù, il magnifico spettacolo lo distrasse da pensieri tanto funesti: i settantatré metri di lunghezza della Sfinge di Giza, con la sua orgogliosa testa piantata su due spalle ormai quasi sepolte, si profilavano come una fragile miniatura: al suo lato, davvero impressionanti anche da quell'altezza, tre montagne artificiali dalle proporzioni ciclopiche proiettavano le proprie ombre appuntite sul terreno, ridicolizzando quel colosso di pietra.

«Dio è grande» mormorò emozionato.

L'imam si trovava poche centinaia di metri a sud delle piramidi di Giza, molto vicino al cimitero arabo di Al-Ahram, che significa precisamente «delle piramidi». E per la prima volta in tutta la sua vita era consapevole che la visione di cui godeva costituiva solo il pallido riflesso del paradiso che lo aspettava.

Il vecchio «blu» aveva pregato i suoi due assistenti di lasciarlo solo per un po'. Sentiva il bisogno di avvicinarsi a quei templi maestosi in silenzio e in preghiera. Doveva prepararsi per ciò che, era inevitabile, stava per accadere in quel luogo.

Balasan si aggirava per Giza dalle cinque del mattino. Aveva visto l'alba seduto sui larghi lombi della Sfinge, verificando pieno di aspettativa come il cielo completava correttamente il suo ciclo. Il leone di pietra scolpito dagli antichi abitanti dell'Egitto teneva gli occhi sempre aperti. I secoli avevano scolorito da tempo le sue pupille blu, ma continuava a essere un sorvegliante perfetto: sereno e fiero insieme, progettato per non scomporsi di fronte a niente e nessuno.

Paradossalmente, quel mattino Balasan aveva creduto di percepire una certa emozione lungo la schiena di pietra. Era come se la Sfinge si fosse commossa nel vedere sparire accanto al sole le otto stelle della costellazione maggiore del Leone: il suo alter ego celeste. L'anziano aveva osservato quel segno e lo aveva tenuto per sé, senza dir niente.

Era quasi mezzogiorno e mancava poco perché gli eventi precipitassero, secondo quanto previsto.

Dalla sua vedetta Balasan gettò un ultimo sguardo all'imponente testa faraonica collocata sul corpo del più nobile dei felini e scese più veloce che poté all'accampamento dei suoi fedeli. Nessuno di loro aveva mai pernottato in una città e non desideravano farlo nemmeno allora, così avevano approfittato di una depressione tra le dune per innalzare sette grandi tende beduine, il fondo rivestito con morbide coperte di lana. Nel deserto nessuno li avrebbe disturbati.

La tenda principale si trovava molto vicino alle rupi di Maadi, lontano dai percorsi delle pattuglie francesi. Balasan, che aveva iniziato la discesa zoppicando, si calò con prudenza giù per il tortuoso sentiero che sbucava a pochi passi dalla sua dimora. Attraversò quel tratto di accampamento senza fermarsi e si infilò nell'oscurità della tenda, lasciando che si richiudesse dietro di lui. Era impaziente di condividere la sua ultima scoperta con l'ospite che lo aveva accompagnato fino a lì.

«Hai avuto fortuna, vecchio» sorrise. «Molta fortuna.»

La figura umana rannicchiata in fondo alla tenda non mosse un muscolo. La guida spirituale dei «saggi blu», sudato e stanco per lo sforzo, puntò deciso in quella direzione e s'inchinò rispettosamente al suo cospetto, mentre gli sussurrava qualcosa all'orecchio. «Il Tempo che aspettavamo è ormai giunto. Tutte le stelle si sono allineate come previsto. I segni celesti sono propizi, tuttavia...» esitò «... sono passati già nove giorni da quando ti sei unito a noi e ancora non sappiamo se la tua mente inizia a ricordare quanto ti è capitato...»

L'ospite di Balasan non batté ciglio. Stava in ginocchio, con lo sguardo perso tra le pieghe della tenda sopra di lui e un'espressione assente in volto.

«Ogni nuovo segno è positivo» continuò a bisbigliare Balasan. «Le stelle da un lato, il ritorno dell'uccello Bennu dall'altro... Ancora non capisci?»

L'imam «blu» pronunciò quell'ultima frase con una cadenza particolare, quasi salmodiasse un oscuro sortilegio. E qualche effetto lo provocò, perché la fronte rugosa dell'ospite, avvolto nella stessa tunica color indaco dei suoi anfitrioni, si inarcò di colpo.

Balasan osservò soddisfatto quella smorfia e attese, mentre si sedeva a gambe incrociate accanto a quell'uomo.

«Ricordo...» mormorò all'improvviso il penitente. «Ricordo una luce... Sì: un fuoco grande e purificatore.»

«Molto bene» approvò l'imam. «E che altro?»

«Sentivo... Sentivo che era giunta la mia ora. Che presto mi sarei riunito con Dio e che niente di quanto avevo fatto fino a quel momento aveva più importanza. Nulla mi doleva né mi infastidiva. Ero sereno e lucido. Non ero mai stato così bene.»

«Continua.»

L'ospite abbassò lo sguardo, cercando con gli occhi umidi il viso di Balasan. I segni dell'età e dello sfinimento si leggevano nelle borse scure che scendevano sui suoi zigomi. Le labbra secche dell'uomo si mossero di nuovo.

«Quando vidi che il calore di quel fuoco cominciava a divorare le mie carni e il crepitare delle sue fiamme mi aveva quasi stordito, allora sentii un battito d'ali. Mai, in tutti i giorni della mia esistenza, avevo ascoltato qualcosa di simile. Questo mi riempì d'emozione e arrivai a dimenticarmi che il fuoco avrebbe distrutto la mia vita in pochi secondi. Poi...» l'anziano esitò un istante prima di continuare. «Poi sopraggiunse l'oscurità. Forse la morte. E mi lasciai cadere a terra, inebriato da quel meraviglioso stato di pace.»

Balasan sorrise.

«Vedi?» disse lieto. «L'uccello Bennu era tornato. Quello che hai sentito era il battere delle sue ali, mentre risorgeva dalle ceneri e dalle fiamme che ti circondavano.»

«Non comprendo.»

«Quelli della tua stirpe lo chiamano Spirito Santo. Ma in realtà è una forza foriera di vita, che ti ha preservato dalla morte. Noi abbiamo soltanto recuperato il tuo corpo in mezzo alle fiamme, in obbedienza al precetto supremo del Bennu.»

«Ma perché? Perché, Balasan? Perché mi avete strappato a quel dolce destino restituendomi al mondo?» Una lacrima scivolò lungo la guancia segnata del vecchio, davvero dispiaciuto di non essere morto in mezzo a tanta dolcezza.

«Perché devi assistere a quello che oggi accadrà a Giza. Spero, inoltre, di riuscire a farti comprendere che, anche se veniamo da tradizioni tanto diverse, in fondo siamo uguali» disse, accarezzando la testa del suo ospite, ancora in ginocchio sui tappeti della tenda.

«Uguali? In cosa siamo uguali?»

«Nella fede. Entrambi sappiamo che la morte assoluta non esiste. Che Dio ha creato l'essere umano come fatto di materia e di spirito, rendendo quest'ultimo immortale. E ha fatto così, perché agissimo come intermediari tra Lui e la Terra.»

«Non so dove vuoi condurmi ora, Balasan. Le forze mi hanno abbandonato e non credo di poterti seguire da nessuna parte.»

«Prima che ti arrendi, voglio mostrarti qualcosa che gli antichi cristiani d'Egitto sapevano molto bene: ogni uomo ha dentro di sé, in scala ridotta, tutti gli attributi divini. Anche se non vuole né sa vederlo, l'essere umano è immortale nel suo intimo. Senza bisogno di formule di alcun tipo.»

L'ospite di Balasan cambiò posizione, mettendosi a sedere. Un sottile raggio di luce illuminò parzialmente la sua testa quasi calva, costellata da pochi capelli bianchi arruffati.

«Però esiste una formula!» protestò l'anziano, chiamando a raccolta le poche forze sopravvissute a quell'immensa stanchezza. «Io l'ho provata!»

«Sì. In effetti esiste.»

«E voi la proteggete con molto impegno!»

«Sì. È così.»

«Perché allora, invece di salvarmi da una morte sicura, non avete rubato il manoscritto di san Marco al Santo Padre dei copti, preservando in tal modo questo vostro segreto?»

Balasan non perse la pazienza. Non la perdeva mai.

«Padre Cirillo da Bologna» era la prima volta che l'imam «blu» lo chiamava con il suo nome, da quando stavano insieme «credi davvero che l'evangelista Marco abbia nascosto nel suo testo il segreto della vita eterna?»

«Certo. Io ne sono la prova vivente...»

Balasan lo lasciò continuare.

«... Sono stato io ad appiccare il fuoco alla biblioteca; a scrivere le parole del Vangelo di Giovanni, che esortano a nascere di nuovo in questa esistenza prima di vedere il regno di Dio. E seguendo le istruzioni di san Marco... sono ancora vivo!»

«È un caso.»

«Un caso?»

«Sì. Perché noi, quelli che nel deserto chiamano i "saggi blu", eravamo al Cairo in attesa di qualche segno straordinario connesso con la formula della vita. Quando siamo arrivati in città, abbiamo saputo della tua esistenza, del lavoro che avevi fatto sul testo di Marco, e abbiamo capito che dovevamo intervenire.»

«Siete forse degli angeli?»

«In un certo senso. I francesi ci chiamano spie, perché sanno che abbiamo informatori ovunque. Perfino nella tua Chiesa, padre Cirillo.»

«Ma che cosa ci fate qui?»

«Ogni trent'anni, con l'arrivo di un nuovo uccello Bennu in questa regione del Nilo, ritorniamo per vegliare su di lui e proteggerlo. È una tradizione che conserviamo in poche tribù beduine da oltre seimila anni. Il fatto che tu abbia sentito quel battito d'ali alle soglie della morte conferma che siamo nel Tempo del Bennu.»

«Il Tempo? Ti riferisci allo stesso Tempo annunciato da san Marco nel suo scritto?»

«Esatto» sorrise di nuovo, davanti a un frate sempre più euforico. «Oltre al ritorno del Bennu, le stelle sono già allineate con Giza come non lo sono state da secoli: si può dare inizio al rito. Lo stesso rito che fu praticato da Yeshua e che tanto tempo fa portò con sé a Nazareth.»

«Quindi san Marco aveva ragione! Gesù scoprì il segreto della resurrezione in Egitto!»

Balasan osservava Cirillo condiscendente.

«Non ti confondere, il tuo Marco non scoprì tutto quello che Yeshua aveva appreso nel tempio del Bennu. Ricorda che quando l'evangelista arrivò alle rovine della città della Fenice, il sommo sacerdote Neb Sen, colui che aveva iniziato Yeshua ai segreti della resurrezione, era morto da molti anni.»

Un brivido percorse la schiena di frate Cirillo. Quell'individuo singolare parlava come se avesse davanti a sé le pagine del testo *Degli ultimi giorni del Signore sulla Terra* e potesse recitarle a memoria.

«Padre Cirillo, ti sorprende che conosca l'esistenza di Neb Sen?»

«No, no» scosse il capo, cercando di nascondere il suo turbamento. «In realtà pensavo allo strano paradosso del sacerdote che protegge il segreto della resurrezione e, tuttavia, muore. Curioso, non credi?»

«Tale paradosso non esiste per coloro che comprendono l'essenza degli insegnamenti egizi.»

Cirillo, ancora convalescente a causa delle ustioni che lo avevano segnato nel corpo, aveva parlato con Balasan in altre occasioni, ma mai in quei termini. Nei giorni precedenti, sempre al tramonto, quell'anziano dal viso scolpito si era avvicinato al suo giaciglio per informarsi del suo stato di salute. Di fatto, aveva l'impressione che gli unguenti che gli avevano applicato i beduini e gli infusi che lo avevano obbligato a bere lo avessero mantenuto in uno stato di sonnolenza artificiale fino a quel momento. La visita di Balasan a mezzogiorno non era una semplice cortesia.

«Essenza egizia? A cosa ti riferisci esattamente, Balasan?»

«In realtà, agli occhi di coloro che conoscono il segreto, la resurrezione è uno stato mentale che si raggiunge durante la vita. Resuscitano coloro i quali scoprono che l'uomo ha un'essenza immortale. Che perdere il corpo è solo un passo in più nell'apprendistato dell'anima. La resurrezione, mio caro amico, è solo un mutamento di coscienza...»

«Tutto qui?»

«Per la maggioranza degli uomini, sì. Ciò nonostante, esiste una stirpe speciale di umani, che sono riusciti a dominare temporaneamente la morte e hanno scoperto come schivarla o fare ritorno da essa con nuova energia. Yeshua fu uno di loro. Neb Sen lo capì non appena lo vide; per questo domandò ai suoi genitori il permesso di istruirlo nel segreto della vita di cui godettero alcuni re d'Egitto. Per diversi giorni il sommo sacerdote di Eliopoli lo nutrì e lo preparò per la sua iniziazione. Gli insegnò che tutti gli uomini hanno un'essenza mortale e un'altra eterna. Quest'ultima è formata dal *Ba,* o anima, e dal *Ka,* o corpo astrale, un essere interiore in grado di abbandonare il nostro essere apparente e costituito di pura energia. E questo *Ka*, ben allenato, può essere dominato e inviato dove si desidera. Perfino nel regno dei morti. Questo apprese il giovane Yeshua.»

Cirillo non replicò.

«Ricordi la resurrezione di Lazzaro?»

«Certo» annuì il vecchio copto, che non smetteva di stupirsi della conoscenza delle tradizioni cristiane dimostrata da quel beduino. «Morì molto giovane a Betania, e Gesù lo fece uscire dalla sua tomba con le parole: "Alzati e cammina".»

«Lazzaro, in effetti, era morto da quattro giorni quando Yeshua lo resuscitò. Gli egizi e gli ebrei sanno che il quarto giorno il *Ba* si separa in modo definitivo dal corpo, il *Ka* si indebolisce e muore per sempre. Ebbene: Yeshua, già iniziato da Neb Sen, sapeva come inviare il proprio *Ka* a negoziare con il *Ka* di Lazzaro. Questo riconobbe la sua autorità e restituì l'alito vitale al corpo del defunto, obbedendo agli ordini del tuo Messia.»

«Anche tu, Balasan, sei capace di una cosa del genere?»

L'imam annuì davanti allo sguardo perplesso di Cirillo.

«Oggi» aggiunse «imparerai a farlo anche tu. Se Elias Buqtur porta a termine il suo compito, tutto sarà predisposto per iniziare il nuovo Osiride al segreto della vita.»

«Elias Buqtur?» La voce di frate Cirillo tremò leggermente. «Ti riferisci al nipote del generale Tadrus? All'interprete copto che i francesi hanno reclutato appena arrivati in Egitto?»

«Buqtur ci porterà Napoleone» disse Balasan convinto. «Se è lui l'eletto, sarà sottoposto a un giudizio divino che determinerà la purezza della sua anima. Se lo supererà, la sua parte immortale, il suo *Ba*, avrà accesso ai segreti della vita eterna e li trasmetterà al suo corpo.»

«E che cosa accadrà dopo?»

«Nessuno lo sa. La cerimonia che avrà luogo nella Grande Piramide non garantisce che il suo corpo sia immortale. Solo la sua memoria e il suo destino lo saranno.»

«E Gesù? Cosa successe a Gesù? Lui superò davvero tutte queste prove...»

«Se hai letto con attenzione la tua Bibbia, saprai che quando Yeshua resuscitò dai morti non fu riconosciuto *a priori* dai suoi discepoli. Il Messia dovette presentarsi di nuovo agli amici più intimi, giacché il suo aspetto non era proprio lo stesso. Era il suo corpo energetico, il suo *Ka*, quello che si manifestò, luminoso, ai suoi discepoli.»

«Questo accadrà anche con Napoleone?»

«Forse. Per questo saremo lì per verificarlo.»

Cirillo si allarmò.

«Lì? Dove?»

«Te l'ho già detto: nella camera reale della Grande Piramide.»

«Ma come arriveremo fin là? Io sono mezzo invalido, stanco e con la schiena dolorante, e tu zoppichi da una gamba. Non riusciremo mai a entrare negli stretti corridoi di quella montagna di pietra.»

«I nostri corpi no, Cirillo. Ma lo faranno i nostri *Ka*.»

XXVIII

Non aveva mai visto una donna così bella.

Non appena iniziò a spogliarsi, il profumo di loto che emanava la sua pelle si diffuse per tutta la stanza, inondandola e facendo tremare anche l'ultima fibra del corso. Nadia, inconsapevole della tempesta che stava scatenando, sembrava immersa in un'estasi profonda. Fin dal primo momento, da quando la porta dell'appartamento di Bonaparte si era richiusa lasciandola sola con lui, fu lei a prendere l'iniziativa. Le bastò chiudere gli occhi con forza, respirare a fondo un paio di volte e riaprirli, questa volta pieni di un fuoco che il corso non aveva mai visto in vita sua. La cosa divertì il generale. Non era usuale che una donna, per di più araba, mostrasse tanta disinvoltura in presenza di un uomo che non aveva mai visto.

O forse non era così?

Stupefatto osservò senza batter ciglio come Nadia si liberava, uno dopo l'altro, dei veli che l'avvolgevano, mentre danzava al suono di una musica silenziosa. La vide camminare scalza fino al suo letto, dove si sdraiò offrendogli senza pudori un paradiso di piaceri che aveva quasi dimenticato. Il corpo della nubiana era perfetto: i suoi seni sodi e pieni davano risalto a una vita flessuosa, bruna, che Napoleone immaginò curata da un intero harem di schiave. Da dove era uscita quella creatura? Come mai nessuno gli aveva parlato prima di lei?

Nadia si stagliava sul materasso come un'esperta odalisca, guardandolo con quegli occhi da cobra impossibili da evitare.

«Sapevi che il sesso è la più potente e antica delle energie?» sussurrò mentre disfaceva il letto con le sue lunghe gambe. Era evidente che non si aspettava una risposta. «Agisce come un magnete. Se i suoi poli sono alla giusta distanza, la forza che generano è immensa. Ma se si toccano, tutta questa tensione creatrice scompare.»

Bonaparte era attonito. Non riusciva a capire cosa la nubiana volesse dirgli, ma non se ne preoccupava troppo. Lo infastidiva la sua finanziera, e la camicia si stava inzuppando di un sudore freddo. Sentiva di dover fare o dire qualcosa, se non voleva perdere del tutto il controllo della situazione; così finì per esprimere il primo pensiero coerente che gli passò per la testa: «Ancora non mi hai detto chi vuole tradirmi...».

«No.»

«Né cosa sai della confraternita dei "saggi blu".»

«Nemmeno questo.»

«Non mi hai neppure spiegato perché ti preoccupi della mia sicurezza.»

Nadia scosse il capo.

«Ora non è questa la cosa più importante» dichiarò la Perfetta.

«Ah, no?»

«No, generale. Quello che sono venuta a mostrarti è qualcosa di più mistico, di più trascendente. Oggi è il giorno in cui dovrai finalmente accettare il tuo destino e consegnarti a esso senza riserve.»

«Il mio destino?»

Napoleone, che si era già liberato della giubba militare, aveva deciso di passare all'azione. Era così inebriato dalle movenze sensuali di quella donna da non rendersi quasi conto che stava avanzando verso di lei.

«Nell'antichità, quando le divinità governavano questo paese, migliaia di anni prima che nascessero Giulio Cesare o Alessandro e gli stranieri ambissero alle sue ricchezze, le regine si univano in matrimonio solo con gli dèi. Era un modo per creare una stirpe di uomini di sangue blu, metà umani e metà divini, rubando così ai celesti il loro dono più prezioso: l'immortalità. Tuttavia» proseguì «ciò aprì una ferita nel cuore degli uomini, che pochissimi di loro seppero rimarginare...»

«Non so di cosa parli.»

«Della separazione tra spirito e materia, generale. Di come il primo essere umano fu creato con questa ferita che lo spaccava a metà e di come da allora ciascuno di noi ha cercato, più o meno coscientemente, di unire a tutti i costi quelle due parti.»

«E a chi dovrebbe importare tutto ciò?»

Napoleone si era seduto accanto al grembo di Nadia e osservava apertamente la sua straripante bellezza. La Perfetta aveva depilato con cura tutto il corpo e lo aveva immerso in un mare di profumi che, percepiti da così vicino, gli facevano quasi perdere i sensi. Ma si guardò bene dal toccarla. Le sue parole sibilavano accanto a lui come il soffio minaccioso di un serpente.

«Dovrebbe importare a te, generale» disse puntandogli contro l'indice. «Nel passato più remoto del mio popolo la dea Iside si unì al dio Osiride per generare un nuovo re d'Egitto che mantenesse uniti quei due poli, comprendesse che materia e spirito sono parte di una stessa essenza. Quella sacra unione da cui sarebbe nato il re Horus si consumò, paradossalmente, dopo che Osiride morì per mano di suo fratello Seth. Iside ne inseguì l'anima fino al paese dei morti, la fece uscire dalle tenebre e ottenne che il seme di Osiride penetrasse nelle sue carni, fecondandola.»

«Una bella leggenda. I "saggi blu" me ne parlarono a Nazareth.»

«Davvero?»

Per la prima volta la Perfetta sembrò esitare. Napoleone lo notò e ne approfittò per tentare di riprendere in mano la situazione.

«Sì. Mi dissero anche che Gesù studiò quel mito, riuscendo a scoprire la formula magica con cui la dea più amata in Egitto aveva operato il suo prodigio. Per questo, quando giunse la sua ora, resuscitò e conseguì l'immortalità. O non è forse vero che il Messia degli ebrei non morì più dopo il suo ritorno alla vita...?»

«Se già sai questo, Napoleone, allora credo che tu sia pronto.»

«Pronto? Per che cosa?»

Seduto sullo stesso letto di Nadia, il corso dubitò per un secondo se allungare o meno il braccio sinistro verso la Perfetta. Infine lasciò che la sua mano si posasse distrattamente su uno dei suoi fianchi. Il contatto con quella pelle calda e levigata lo stregò.

«Pronto per ricevere il segreto che rese Gesù grande tra i grandi.»

«E me lo consegnerai tu?»

«Sì. Io.»

«Come pensi di trasmettermelo?»

Nadia scivolò da sotto la possente mano del corso e si sedette sulle sue ginocchia: «Per prima cosa, naturalmente, rivelandoti il mistero dell'*Hebzed*».

«L'*Hebzed*? Anche i "blu" me ne parlarono. I faraoni si sottoponevano a questo rito ogni trent'anni.»

«Proprio gli anni che tu compirai fra tre giorni» lo interruppe lei.

«Certo» sorrise sbalordito.

«Nessun profano ha mai saputo che cosa accadesse durante quelle cerimonie. L'unica cosa che il popolo vedeva, quando si celebrava l'*Hebzed* agli albori della nostra storia, era il faraone che si addentrava nei corridoi della sua piramide per uscirne poi ringiovanito. Nessuno sospettava che il rito fosse connesso con l'energia sessuale.»

«Energia sessuale?»

Il corso si morse il labbro inferiore, nascondendo la propria eccitazione.

«Tutto quello che ci circonda è energia, generale. Ma nessuna è così potente come quella generata dal desiderio. Dominare l'istinto e indirizzarlo in modo adeguato può far sì che il nostro corpo si rigeneri, che i capelli bianchi diventino scuri o che le forze ritornino là dove erano andate perdute... Portato alle sue estreme conseguenze il rito poteva uccidere, come successe a Osiride, o restituire la vita, come sperimentò sempre lo stesso dio.»

Nadia prese le mani del corso, calde e umide.

«Anche la tua Bibbia dice che ai tempi di re Davide, quando egli era molto vecchio, lo si faceva dormire con una giovane vergine al fianco. I giudei che lo convinsero a una cosa simile provenivano dall'Egitto, dove avevano sentito raccontare come il fiato di una giovane donna potesse infondere in un vecchio parte della sua vitalità.»

«Stupidaggini.»

«Non come credi, generale» replicò molto seria la Perfetta. «Anche in Persia era diffusa la stessa credenza. Quello che non sapevano era che, in realtà, la presenza di una giovane attivava nell'anziano certe secrezioni ormonali che lo ringiovanivano. Tu stesso lo stai sperimentando in questo momento.»

Quella donna aveva ragione. L'incontenibile desiderio che il corso provava per quella splendida femmina gli faceva ribollire il sangue. Tutto cominciava a girargli intorno, come se i colori delle stoffe che ricoprivano le pareti circostanti fossero diventati più intensi e le lenzuola emanassero una luce propria.

«Concentrati su ciò che provi» gli ordinò lei. «Sii cosciente di come la materia perde consistenza, mentre tu sfiori una condizione differente da quella che ti domina. Non è guerra. Non è strategia. Non è matematica. Né politica... È come aprire una porta sottile dentro di te.»

Napoleone si afferrava alle mani salde della nubiana come un marinaio in preda alla nausea. Gli occhi di cobra erano vicini, molto vicini, conficcati con singolare fierezza nei suoi.

«Quando sentirai la porta, quando il desiderio ti farà perdere di vista l'orizzonte... varca la soglia!»

L'ultima istruzione della Perfetta risuonò come un'eco lontana nella mente del corso. Era troppo tardi per rendersi conto che stava crollando su quel corpo profumato di una qualche strana fragranza dolce e inebriante.

Nadia alzò gli occhi al cielo e ringraziò Iside per l'aiuto provvidenziale. Finalmente il corso era nelle sue mani.

Proprio come Osiride, morto tra le mani della dea...

XXIX

Quintidi della III decade di Termidoro,* all'alba

Quando lo videro comparire, nessuno dei soldati di guardia lo fermò. Salì correndo i tre piani che lo separavano dagli appartamenti di Bonaparte e, davanti alla porta della sua camera da letto, scambiò qualche battuta con il capitano Montignac, l'assistente del corso.

«Il generale ha trascorso una pessima notte» disse costui, non appena lo vide.

«Una pessima notte?»

«Sì, signor Buqtur. Piena di incubi. Non ha digerito la cena e ha avuto nausea. Per fortuna ora non ha più febbre.»

L'interprete copto interrogò il capitano con un'espressione preoccupata: «C'è qualcuno con lui, ad accudirlo?».

«È stato tutta la notte con una donna. Lei si è presa cura di ogni cosa e il generale ha ordinato di obbedirle. Ha chiesto panni umidi e acqua calda, lo ha assistito fino a un'oretta fa. Quindi l'ha lasciato che dormiva e se n'è andata con un familiare.»

«Una donna?»

«E molto bella, senza dubbio» sorrise malizioso il capitano.

«Sapete come si chiama?»

«Certo, signore: Nadia Ben Rashid.»

Fu come se Buqtur avesse ricevuto un calcio nello stomaco. Un colpo secco, violento, che accusò soltanto lui. Se quello

* 12 agosto 1799 secondo il calendario repubblicano.

che diceva Montignac era vero, la peggiore nemica dell'Officina aveva passato la notte con il corso, tenendolo tra le sue braccia svenuto per più ore di quante volesse immaginare. Tutti i controlli della loggia avevano fallito clamorosamente a poche ore dal trionfo.

Elias cercò di nascondere l'effetto di quella rivelazione e domandò al capitano di guardia se fosse opportuno svegliare il corso. Doveva comunicargli una questione della massima urgenza.

«Entrate, se volete. Non penso che dormirà ancora per molto» disse.

Napoleone, in effetti, si era già messo a sedere sul suo letto. Portava un appariscente asciugamano intorno alla testa e i suoi occhi riflettevano una tremenda spossatezza.

«Buqtur!» esclamò non appena lo vide varcare la soglia. «Credevo di averti dato un giorno di libertà.»

«Era ieri, signore.»

«Ieri? Ho passato così tanto tempo a letto?»

«E in ottima compagnia, mi dicono» disse l'interprete, beffardo.

«Non ricordo molto bene, Elias. Ho passato una notte da cani. Era come se qualcosa dentro di me lottasse per lasciare il mio corpo... La mia testa girava e girava. Per fortuna quella donna m'ha aiutato.»

«Cosa sapete di lei, generale?»

«Quasi nulla, Elias. Ma diceva di conoscere i "saggi blu" e ho voluto interrogarla.»

«Accidenti! Volevo parlarvi proprio di loro.»

«Ah, sì?»

Il corso si stiracchiò e abbandonò il letto diretto a una vasca fumante, senza smettere di premersi l'asciugamano contro la testa. Bonaparte era ossessionato dall'igiene.

«Oggi pomeriggio dovremo metterci in viaggio per Giza, signore. Se non avete nulla in contrario, possiamo organizzare una piccola spedizione nel deserto e arrivare alle piramidi prima del tramonto.»

«Per quale motivo?»

«Non lo ricordate più? Mancano tre giorni esatti al vostro trentesimo compleanno. A Nazareth i "saggi blu" vi hanno dato appuntamento per oggi alla Grande Piramide, per consegnarvi la formula della vita. Signore, oggi è il giorno della rivelazione!»

Il corso restò soprappensiero per un istante. Elias aveva ragione. Lo aveva accompagnato a quell'incontro con il saggio Balasan e il suo seguito, e esattamente come lui aveva ascoltato la sua improrogabile convocazione. Era vero che tale data avrebbe potuto sorprenderlo nel delta, o mentre combatteva gli ultimi mamelucchi nel deserto. Invece no: era al Cairo, a poche ore dalle piramidi e con il tempo sufficiente per raggiungerle.

«Va bene» disse alla fine. «Ordinerò a Kléber di preparare una scorta. Partiremo a mezzogiorno.»

«D'accordo, signore. Il generale Kléber è un'ottima scelta, i "blu" approverebbero questa decisione. Ha la necessaria benedizione degli dèi per servirvi da scorta, sempre che si mantenga a prudente distanza da voi.»

«E sia.»

A quelle parole si tolse la vestaglia di seta e, nudo com'era venuto al mondo, si immerse in un bagno profumato.

Il viaggio fino a Giza si fece a bordo di un'enorme chiatta, decorata con la bandiera tricolore della Repubblica. Salendo a bordo Napoleone ricordò quanto erano stati vani i suoi sforzi per introdurre quel vessillo tra gli egiziani. Essi rifiutavano tutto ciò che sapeva di infedele, incluse le festività repubblicane e le pompose parate galliche.

In coperta lo attendevano il generale Kléber, una scorta di venticinque uomini con i moschetti carichi, Elias Buqtur, il capitano dell'imbarcazione e quattro asini con bisacce piene di acqua e viveri.

Il capitano informò cortesemente il corso che avrebbero attraversato Il Cairo navigando nelle acque placide degli antichi canali d'irrigazione del Nilo, fino a raggiungere Giza. In quel periodo l'esondazione annuale del fiume permetteva un'esperienza unica: parte della città si trasformava in una specie di Venezia orientale, con case, moschee, strade e magazzini allagati. Ma non importava: per gli egiziani quello era da secoli un segnale di benedizione e fertilità. Al paese veniva garantito un altro anno di abbondanti raccolti e ricchezza. Addirittura – continuò – su quella rotta non era insolito vedere molte famiglie cairote che festeggiavano sui tetti delle loro case il fatto che le sacre acque del Nilo avessero sommerso tutto quello che possedevano.

«Se mi permettete, generale, dovrei farvi una domanda.»

Auguste Kléber aveva atteso che il responsabile della barca terminasse le sue cerimoniose spiegazioni, prima di rivolgersi a Bonaparte in privato.

«Vi ascolto, Auguste.»

«Avete accettato di sottoporvi a un rituale magico, il cui esito ultimo è sconosciuto a tutti noi. Stiamo per attraversare una zona potenzialmente ostile e non vorrei che ci ritrovassimo coinvolti in un'imboscata. Inoltre sapete bene quanto me che la magia di questo popolo è potente. Molto potente.»

«Non dovete preoccuparvi per questo. Sono protetto.»

«Proprio questo volevo chiedervi: il talismano che portate al collo sarebbe tutta la vostra protezione?»

Il corso abbassò lo sguardo sul petto e notò che il *wadjet*, l'occhio di Horus che aveva appeso al collo, era ben visibile.

«Esatto. Proprio voi vi stupite, generale?»

Kléber restò senza parole.

«Non appartenete forse alla stessa loggia massonica in cui sono stati iniziati mio padre e il mio fratello maggiore, Giuseppe? Non siete voi che credete nel potere dei talismani e affidate loro la vostra sicurezza personale?»

«Sì, è vero.»

«Di cosa vi stupite, dunque? I faraoni portavano sempre al collo un occhio di Horus come questo, prima di iniziare il loro viaggio verso l'aldilà.»

Il gigante Auguste si allarmò.

«Che intendete dire con questo? Temete di poter essere in pericolo di vita?»

«Chi muore vive per sempre, Auguste. Chi si aggrappa a questa vita, muore per l'eternità.»

«Non vi capisco.»

«È ciò che mi mostrarono i "blu", Auguste. Nemmeno io riesco a comprenderlo del tutto. Forse oggi...»

«Generale, permettetemi di dubitarne» disse Kléber, mentre il suo sguardo si perdeva nella schiuma sollevata dalla chiglia della chiatta che avanzava. «In Europa sappiamo di alcuni casi di persone che raggiunsero l'immortalità, come Nicolas Flamel o il conte di Saint-Germain...»

«Conosco quei racconti.»

«... Ma non si disse mai che dovettero morire per vivere.»

«Però a Parigi si vociferava che, almeno Saint-Germain, si recasse in una piramide della Costa Azzurra per rigenerarsi. Forse è quello che mi mostreranno oggi. Forse, caro Auguste, oggi entreremo in possesso di un'antica scienza della vita che ci elargirà qualcosa di molto più prezioso del potere o del denaro.»

Lo sguardo del corso brillava per l'emozione.

«E se ciò implicasse per voi di dover restare in Egitto?»

A quelle parole Napoleone si insospettì: «Cosa insinuate? Sono in Egitto per mia volontà. Se dovrò trattenermi qui, lo farò. E se dovrò abbandonare questa terra, dopo avervi trascorso più di un anno, lo farò».

Il gigante non fece altre domande. I due restarono in silenzio per un bel po', senza che né Elias né qualcuno dell'equipaggio osasse avvicinarsi. Il corso rivolse i suoi pensieri alla strana notte che aveva passato con Nadia. Non ricordava di averla posseduta, ma nemmeno di non averlo fatto. I suoi ricordi si limitavano a colori, odori, un sapore dolciastro e pieno che aveva ancora in bocca. Non gli era mai capitato niente di simile. Non era mai stato nello stesso letto con una donna senza averla fatta sua. Sarebbe riuscito a rivederla?

La navigazione fu tranquilla e si svolse senza ostacoli. Arrivarono a Giza intorno alle quattro e mezzo del pomeriggio, in tempo per vedere il disco solare scendere a poco a poco verso ovest in direzione del deserto più profondo, dietro la piramide più piccola.

«Benvenuti a Rostau!» esclamò Elias, non appena mise piede sulla sabbia ad appena ottocento metri dall'altopiano su cui si ergevano le piramidi.

«Benvenuti... dove?»

«A Rostau, generale. Così gli antichi egizi chiamavano questo posto. Significa "il regno di Osiride", perché credevano fosse la copia terrestre del luogo dell'aldilà dove vanno le anime dei morti.»

«La copia terrestre?»

«Gli egizi, signore, credevano che la loro terra fosse nata come un riflesso del paradiso. Tutto quello che essi costruirono imitava qualcosa che stava nel regno dell'aldilà. E queste piramidi sono il miglior esempio di un simile desiderio.»

Napoleone si stupì di non vedere nessuno su tutto l'altopiano. Istintivamente gli tornarono alla mente le immagini di una Nazareth desolata, vuota, nella quale erano apparsi come per mistero, senza cavalcature né bagagli, i «saggi blu». Ma ora non c'erano. Né si vedeva una sola anima attraversare quel deserto piatto e color ocra nel raggio di dieci chilometri.

Il capitano, con l'aiuto di alcuni soldati, tese un traballante ponte di tavole dalla prua della chiatta alla terraferma, per far sbarcare gli animali. Non c'era molto da temere lì. Senza alberi né case vicino era quasi impossibile che ci fosse nascosto un esercito ostile. A meno che, era chiaro, se ne stesse acquattato dietro una di quelle piramidi.

Mezz'ora più tardi avevano raggiunto la base della Grande Piramide, e ancora non si vedeva nessuno nei dintorni. Si erano lasciati dietro la colossale Sfinge, interrata fino a metà del petto, con i soli lombi scoperti e lo sguardo imperterrito che vegliava a oriente. Nemmeno nei suoi paraggi avevano incontrato qualcuno.

Dopo aver girato intorno alla più grande e più perfetta di quelle montagne artificiali e aver raggiunto il suo lato settentrionale, Buqtur ordinò che il convoglio si fermasse.

«È un'opera da titani» disse, guardando Napoleone assorto.

«Si entra da questo lato, vero?»

Buqtur sorrise. Il corso aveva buona memoria. Aveva visitato una sola volta la piramide, quasi un anno prima, subito dopo aver sconfitto i mamelucchi in quella che lui stesso aveva battezzato come "battaglia delle piramidi".

«Proprio così, generale. Ci sono due ingressi su questo lato: uno, l'originale, si trova all'altezza della quindicesima fila di blocchi. L'altro, aperto dal califfo Al Mamun per saccheggiare i tesori della piramide, un po' più in basso, alla quinta fila.»

«Sembra vuota.»

«Sì, lo sembra.»

Con prontezza Kléber individuò nella colossale parete di pietra del monumento le due aperture a cui si riferiva l'interprete. Inviò un'avanguardia di uomini, perché esplorassero le due entrate e si assicurassero che non vi fosse nessuno, quindi informò il corso del risultato.

Alle sei del pomeriggio, con il sole molto basso e la luce del giorno mitigata, Napoleone, Kléber e Buqtur decisero di entrare. Avevano atteso per un tempo sufficiente che si avvicinasse qualche delegazione di «saggi blu» come a Nazareth, ma nessuno quel giorno sembrava interessato a Giza. Il corso e il suo fedele interprete non volevano mostrare la loro delusione e, esagerando il proprio entusiasmo, incitarono il gigante a prendere alcune torce e ad accompagnarli nel ventre del monumento. Auguste accettò compiaciuto.

«L'ingresso originale alla piramide era un corridoio lungo centottanta metri, alto appena un metro e mezzo e largo poco più di uno» spiegò Buqtur guardando dispiaciuto la statura del gigante, prima di iniziare a inerpicarsi tra le pietre. «Credo che l'ingresso di Al Mamun sarà più comodo e rapido per accedere alle camere interne.»

Il sollievo di Auguste Kléber durò poco. Dopo essersi arrampicati sopra alcune pietre lisce come specchi, situate alla base del monumento, i tre s'inoltrarono in un passaggio dove il gigante sfiorava pericolosamente il soffitto. Accesero quasi subito le torce, mettendo in fuga un turbine di pipistrelli che quasi li buttò a terra. Un'esalazione acida, insopportabile, provocata dagli escrementi di migliaia di quei mammiferi volanti, li appestò senza pietà.

«Tutti i corridoi qui dentro hanno un'inclinazione di ventisei gradi» commentò Elias, mentre raggiungeva la fine del passaggio di Al Mamun. «Sono stati costruiti in roccia levigata, fate attenzione a non scivolare.»

Il corso illuminò con la sua torcia la cavità che si apriva dinanzi a loro. Un passaggio buio come la bocca di un lupo, quadrato e stretto come un camino, saliva all'infinito perdendosi all'interno della piramide. Provò un uno strano tremore, per metà terrore e per metà eccitazione, che lo spronò a mettersi carponi e a adattarsi alle scarse dimensioni di quel condotto.

«Elias, hai idea del perché questa volta i "saggi blu" abbiano mancato il loro appuntamento?» chiese a bruciapelo non appena cominciò a salire.

«Forse ci aspettano lassù, signore.»

L'eco delle parole di Buqtur salì a tutta velocità per quel maleodorante passaggio inclinato. Kléber, che chiudeva il gruppo, malediceva a bassa voce gli antichi architetti che avevano ideato quello scherzo grossolano. Elias, nel frattempo, continuava a parlare, forse per mitigare l'opprimente sensazione di sapersi circondato da tre milioni di pietre pesanti, massicce e oscure: «Secondo alcuni la piramide imiterebbe il percorso che le anime devono compiere nel loro viaggio verso l'aldilà. Dicono che lasciavano il faraone solo qui dentro, perché percorresse al buio questi passaggi e si abituasse a ciò che lo attendeva dopo la morte...».

«Solo?»

«Sì, generale. Ed è proprio quello che i "blu" si aspettano da voi.»

Il corso, con la torcia stretta tra i denti, affrettò il ritmo della salita ignorando quell'ultimo commento. Quasi senza che se ne rendesse conto, l'opprimente corridoio terminò di colpo facendolo approdare su un suolo liscio. La fiamma della fiaccola s'intensificò, a indicare che il soffitto si era alzato abbastanza da permettergli di stare in piedi.

Incoraggiato da quella scoperta tese la mano a Buqtur e al gigante, anch'essi felici di uscire da quella specie di trappola per topi. Quando poi avvicinarono le loro torce per esaminare il luogo in cui si trovavano, i due francesi fischiarono per l'ammirazione.

Non senza motivo. Di fronte a loro, come per magia, s'innalzava una cupola a due volte di quasi nove metri d'altezza. Sotto di essa, proprio davanti alla punta dei loro stivali, partiva un altro angusto corridoio, in cima al quale un'altra rampa «a cielo aperto», si inerpicava ad angolo fino a una porta, che si intravedeva appena alla luce delle torce.

«La stanza più sacra è lassù» disse Elias.

Quel luogo sembrava l'interno di un enorme meccanismo di precisione. Non un ornamento, né un geroglifico sulle sue pareti, niente di niente. Ogni pochi passi una piccola nicchia dall'uso incomprensibile penetrava per alcuni centimetri nel suolo. E sospesi sopra di loro, come gli aggetti di un tetto, sette cornicioni di notevole lunghezza attraversavano da parte a parte quell'ambiente.

«Saliamo, dunque.»

Napoleone sembrava estasiato. Aveva dimenticato i «saggi blu», e Buqtur dubitava perfino si ricordasse che cos'era venuto a cercare lì dentro. Le viscere della piramide lo avevano stregato.

«Cosa c'è lassù, Elias?» domandò, già a metà della rampa.
«La camera reale, mio generale.»
«La camera reale?»
«Sì. Quella che ospita il sarcofago del faraone.»
«È stato seppellito qualcuno in questo labirinto?»
«Non lo sappiamo con certezza. Non fu trovata mai alcuna mummia. E quando Al Mamun profanò la piramide ed entrò qui per la prima volta, non parlò di alcun corpo o di tesori. Il luogo era come è adesso.»
«Salite!»
Il gigante scivolò un paio di volte prima di scoprire come appoggiare gli stivali su quella superficie levigata per non cadere. Una volta impratichito, salì fino in cima come un gatto e, dopo aver percorso un altro passaggio angusto, entrò nella camera di cui parlava Buqtur.
Quella sala era ancora più impressionante di tutto il resto. Le sue pareti erano più scure, ma granelli di mica e feldspato luccicavano come diamanti alla luce delle fiaccole. Si trattava di un salone lungo una decina di metri e largo cinque, con grandi lastre di straordinaria levigatezza a ricoprire pavimento, pareti e soffitto. E in fondo a esso, un sarcofago roseo, con un angolo rotto e senza coperchio, attendeva dimenticato dai secoli.
«Il luogo dell'iniziazione» mormorò Elias. «Il nucleo della celebrazione della cerimonia Zed.»
«... Però vuoto» aggiunse il corso.
«Sì. Vuoto.»
«E perché credi che nessuno ci abbia aspettato qui, Elias?»
Il copto, che nonostante la tunica nera aveva rovinato senza rimedio la sua blusa di cotone con la polvere e lo sterco di pipistrello, rispose senza esitare: «È semplice, generale. In realtà il convocato siete voi. Se così desiderate, qui riceverete l'iniziazione. Ma dovrà accadere senza la nostra presenza, nella solitudine garantita da questo luogo».
Buqtur deglutì e guardò molto serio il corso: «È venuto il momento di lasciarvi solo, generale. Noi siamo di troppo nella cerimonia che sta per iniziare. Inoltre, prima che vi venga rivelato ciò a cui tanto anelate, dovete svuotare la vostra anima e farla pesare al guardiano eterno di questo luogo».

Bonaparte spalancò i suoi occhi castani con un'espressione sorpresa.

«Dove mi aspetterai, Elias?»

«Fuori, signore.»

«Anche voi, Auguste?» chiese guardando il gigante.

«Anch'io, generale.»

Non dissero nient'altro. Nemmeno una parola. Mentre le torce dei suoi compagni si perdevano lungo il corridoio orizzontale che sbucava sulla grande galleria appena scalata, la luce della camera reale si affievolì minacciosamente.

Nel giro di un attimo la sua torcia si spense, lasciando sospeso un sottilissimo filo di fumo. E una terribile oscurità, di una densità difficile da immaginare, lo avvolse.

Per alcuni istanti Napoleone Bonaparte ebbe l'assoluta certezza che fosse giunta la sua ora.

XXX

Le rocce di Maadi, a sud delle piramidi, impedivano agli uomini di Balasan di capire che cosa stesse succedendo sull'altro lato della piramide di Cheope. Titipai, però, non sembrava per nulla preoccupato. Sapeva che il maestro Balasan e il suo strano ospite sarebbero stati al corrente in ogni momento di quanto accadeva laggiù. Di fatto, in qualità di fedele guardiano, era stato incaricato proprio lui di somministrare loro le ultime dosi dell'unguento magico che avrebbe permesso all'essere interiore di uscire dall'essere apparente.

A quell'ora, erano le nove di sera, mentre il corpo stellato di Nut* ricopriva maestoso l'altopiano di Giza, i due *Ka* dei maestri dovevano essere già in volo verso la cima della Grande Piramide. Presto si sarebbero incontrati con Napoleone Bonaparte e gli avrebbero mostrato la via per l'*Amenti*, l'aldilà.

Era un momento magico. Da oltre diciassette secoli nessuno aveva ricevuto quell'insegnamento celeste direttamente dalle loro mani. Nessun essere umano aveva meritato l'onore di ricevere l'aiuto dei depositari della Verità, allo scopo di raggiungere la vita eterna durante l'esistenza terrena. E tutto si stava svolgendo in pace.

* Dea del Cielo nella mitologia egizia. Viene rappresentata come una donna gigantesca, curva sopra la Terra, che ogni notte divora il Sole per tornare a partorirlo il giorno successivo. Il suo corpo è sempre stato raffigurato cosparso di stelle.

Tagar, tuttavia, era inquieto.

«Dimmi, Titipai, che cosa faremo con il copto, quando il nostro compito sarà terminato?»

Il giovane discepolo di Balasan si aggiustò il turbante blu sulla testa rasata. Montava di guardia davanti alla tenda nella quale riposavano i corpi di Cirillo da Bologna e del suo illustre maestro. Nessuno poteva interrompere quel sacro riposo.

«Perché ti preoccupa una cosa del genere, Tagar?»

«Il papa Marcos ha avviato una ricerca in grande stile. Vogliono sapere che cosa è successo al copto. Questa mattina al Cairo ho saputo che ci accusano della sua morte e che intendono catturarci a tutti i costi.»

Titipai sorrise.

«Be', in un certo senso hanno ragione. Dopo quello che Cirillo da Bologna ha appreso, sia traducendo il libro dell'evangelista sia ascoltando il maestro Balasan in questi ultimi giorni, la sua parte copta è morta.»

«Che cosa vuoi dire?»

«Nessuno che abbia contemplato la Verità può continuare a vivere in un mondo di menzogne. Da quel momento è la sua più intima coscienza a prendere in mano le redini della propria esistenza. La sensazione è quasi quella di rinascere.»

«La religione copta è, dunque, una menzogna?»

«No. È solo una parte della Verità, ma talmente incompleta che a volte diventa pericolosa.»

«E l'islam? Il cristianesimo?»

«Anch'essi.»

«Accadrà la stessa cosa al sultano Bunabart, il capo delle truppe d'Occidente?»

«In parte sì.»

I grandi occhi neri di Tagar brillarono come stelle sotto il cielo limpido di Giza.

«In parte? Che vuoi dire?»

«Che Napoleone, a differenza di padre Cirillo, è già morto. Anzi, più che morto.»

XXXI

La Camera del Re

... Con decisione il giovane generale cercò a tentoni il granito liscio e gelido.

Dopo aver individuato i contorni dell'arca proprio dove la ricordava, si arrampicò su una delle sue estremità e vi si sdraiò per tutta la lunghezza. Non aveva niente da perdere. Era disposto a lasciare che gli avvenimenti accadessero senza intervenire e a risolvere quell'imbarazzante situazione nel più passivo dei modi.

«Cosa intendeva Elias, quando diceva di vuotare qui la mia anima per farla pesare?» si chiese, mentre appoggiava la schiena contro il fondo del cofano.

Fu allora che Napoleone Bonaparte, comandante delle truppe d'occupazione in Egitto, fece una scoperta terribile: quel sarcofago aveva esattamente le sue misure...

Dovette pensarci due volte. Non era logico che lui, alto poco più di un metro e mezzo, riempisse uno spazio che raggiungeva quasi due metri di lunghezza. Quel paradosso lo tenne occupato alcuni minuti: stese le gambe, per verificare se potessero arrivare più giù, e allungò il collo sfiorando con la sommità della testa il granito del bordo settentrionale del sarcofago. La cosa curiosa era che nemmeno in larghezza avanzava spazio. Le sue braccia, stese lungo il tronco, non potevano muoversi più di quanto gli permettesse la giubba. Era come se lì dentro il suo corpo si fosse gonfiato fino a riempire tutta l'arca. Ma era possibile?

Napoleone non sapeva che pensare. Al buio, nella totale incapacità di vedere qualcosa e a decine di metri sotto la superficie della piramide, non riusciva a rendersi conto se qualcosa in lui stava cambiando oppure no. Si sentiva stranamente grande e leggero, quasi che le sue estremità si fossero dissolte in quell'oscurità e il suo stomaco avesse smesso di contrarsi come la notte precedente.

Fu allora che, all'improvviso, qualcosa lo lasciò senza fiato.

Accadde proprio mentre iniziava a rilassarsi. Mentre si lasciava inebriare da quella inaspettata sensazione di benessere. Il suo cervello fu scosso da un'esplosione di luce. Ebbe l'impressione che lo avesse colpito un fulmine, spaccandolo in due. Le sue pupille si dilatarono all'istante e le dita delle mani gli si contrassero per quella tremenda scarica.

All'inizio non comprese che cosa fosse successo. La luce lo aveva stordito, lasciandolo quasi incosciente e con un forte dolore alla testa. Ma quando riuscì a muovere gli arti e cercò di portare le mani al capo, una seconda scarica lo annichilì.

Proprio come la precedente, anche questa gli esplose nel cervello, tendendo fino allo spasimo anche l'ultimo dei suoi muscoli. Il corso, spaventato, con la strana sensazione di essersi bruciato dentro, soffocò un grido di dolore che lo obbligò a spalancare gli occhi.

«Che diavolo...» Non terminò la frase.

In un primo momento stentò a crederci.

Dubitò che tutto ciò fosse reale e pensò che la sua mente, forse per la carenza d'ossigeno o per la troppa polvere inalata là dentro, gli stesse giocando un brutto scherzo. Aveva già avuto molti miraggi durante la sua permanenza in Egitto, ed erano sembrati così reali, che quasi aveva potuto toccarli. Tuttavia dovette ammettere che ciò che osservava ora era diverso. Più vivido. Più tangibile.

Quello che vedeva era chiarissimo. E dovette arrendersi all'evidenza.

Quando aprì gli occhi, infatti, l'oscurità in cui era immersa la sala era stata sostituita da un'intensa luce verdastra. Era come se fosse stato cieco per tutta la vita e di colpo, per la prima volta, potesse vedere. Dalla sua posizione dentro il sarcofago poteva ammirare alcune delle enormi e levigate lastre piatte che ricoprivano il soffitto nella camera reale della Grande Piramide. Provava una sensazione di gioia. Distingueva le loro giunture – alcune più distaccate delle altre, probabilmente per azione di dimenticati terremoti –, le minuscole crepe e perfino le impurità. Ma non riusciva in alcun modo a capire da dove provenisse tutta quella luce. La sua intensità sembrava invariabile, ovunque guardasse. Come se fosse la pietra stessa a emanarla.

Senza alcuno sforzo il corso si mise a sedere dentro il sarcofago. Quell'improvvisa agilità lo sorprese. Gettò un'occhiata intorno e vide che tutta la sala era immersa nella stessa intensa luminosità verde. Perfino la sua pelle e i suoi vestiti apparivano dello stesso colore.

Anche il freddo era scomparso.

Come la sensazione di claustrofobia.

Perfino la fame che aveva provato qualche minuto prima era svanita, lasciando il posto a uno strano senso di pienezza.

Di colpo ricordò le ultime parole di Nadia: aveva forse varcato la «porta» che secondo la donna si sarebbe aperta dentro di lui? Forse la piramide che ora vedeva con i suoi occhi non era del tutto reale, bensì il riflesso di qualcosa in grado di emergere dalla sua anima?

«La tua intuizione è esatta, sultano dell'Occidente.»

Il corso sussultò. Una voce maschile vellutata e affabile, si levò alle sue spalle.

Due sagome verdi molto brillanti e sfavillanti erano entrate Dio sa come nella camera.

«Non ti spaventare, noi abbiamo il compito di guidarti in questo nuovo studio della tua esistenza.»

Napoleone, sbalordito, cercò di indovinare dove avesse già udito quel singolare timbro di voce. Dove si era sentito come avvolto da parole simili, dolci e illuminanti? In quale luogo si erano rivolti per la prima volta a lui chiamandolo sultano dell'Occidente? La figura chiarì i suoi dubbi all'istante.

«Caro Bunabart, sono Balasan. O meglio, sono il vero Balasan. Il *Ka* interiore di un uomo di centodieci anni, ultimo maestro di una dinastia di depositari della Verità.»

«Balasan, finalmente!»

«Sì, finalmente» assentì. «È giunto il momento che tanto stavi aspettando. Indossi il tuo *wadjet*?»

Il corso si portò la mano al collo e toccò l'amuleto. Era caldo e gli sembrò più morbido del solito.

«Dammelo» ordinò il *Ka*.

Dopo averlo sfilato Napoleone lo tese al secondo *Ka*, che si era fermato a due passi da lui. Lo impressionarono il suo aspetto vagamente umano, così come i suoi tratti sfumati. Come se quella fosforescenza verde fosse una sorta di involucro invisibile colmo di nebbia.

Quando il *Ka* di Balasan ricevette l'amuleto nelle proprie mani, un crepitio si diffuse nella sala.

«Sapevi, Bunabart, che quando morivano i faraoni dovevano superare diverse prove, prima di raggiungere la loro meta finale?»

«No.»

«Una delle prove era quella del *wadjet*. Che sarebbe poi la chiave per aprire la porta dell'*Amenti*, il regno dell'aldilà.»

Il *Ka* fece uno strano inchino rivolto al soffitto della camera, quindi posò il suo sguardo acquoso sul corso.

«Questa piramide è un modello in scala dell'aldilà. Fu Toth che su ordine di Osiride consegnò ai re d'Egitto i progetti di questa "macchina dell'immortalità", perché la costruissero in pietra e servisse loro come preparazione per il viaggio che tu hai appena iniziato.»

«Viaggio?»

«Proprio così, Bunabart. Il viaggio verso l'eternità.»

Balasan non si dilungò oltre nei preamboli. Come facevano gli dèi con i defunti nel *Libro dei morti* egizio, quello che ogni faraone e visir ordinava di depositare nella propria tomba dopo la sua morte –, il *Ka* rivolse a Napoleone una domanda alla quale bisognava rispondere con sincerità: «Sai come Seth uccise suo fratello Osiride?».

Napoleone, attonito, scosse la testa. Balasan sorrise.

«Seth lo invitò a una festa insieme ad altri settantadue ospiti e ordinò loro di entrare, uno alla volta, in un sontuoso sarcofago. La persona il cui corpo avesse coinciso con le sue misure sarebbe diventata la proprietaria di tale tesoro.»

«E cosa accadde?»

«Uno a uno tutti sfilarono davanti a quell'arca, ma nessuno si trovò a proprio agio lì dentro. Quando infine Osiride vi si sdraiò, notò immediatamente che il baule aveva esattamente le sue misure. Seth, approfittando di quell'istante, chiuse il sarcofago, lo gettò nel Nilo e affogò così Osiride. Fu il momento più drammatico del nostro passato. Per fortuna Iside lo trovò e gli restituì la vita per la prima volta.»

Il corso iniziava a capire ciò che quel *Ka* voleva dirgli.

«Bunabart, ti sei sdraiato in quello stesso sarcofago» proseguì. «Hai scoperto che si adattava a te e, proprio come Osiride, sei morto lì dentro.»

Quell'ultima frase lo paralizzò.

«Sì, Napoleone Bonaparte, sei morto» disse l'altro *Ka*, che fino a quel momento era rimasto in silenzio. «Hai smesso di esistere proprio come Osiride. Ora non sei altro che l'essenza energetica dell'essere che eri un tempo. Come, altrimenti, potresti vedere nel buio? Come potresti provare questa sensazione di "visione del passato"? Non hai rivissuto nelle ultime ore i momenti più importanti della tua ricerca della vita eterna?»

«In effetti succede solo ai morti...»

«Morto?» balbettò il corso, scuotendo la testa. «Sono già morto?»

«Il tuo stato non dovrebbe preoccuparti tanto, Napoleone. In fin dei conti il Creatore ha dato agli uomini un'anima immortale, che è la tua vera essenza. A morire è stato solo il tuo corpo.»

Il generale tremò.

«La morte» disse il secondo *Ka* «non è altro che staccarsi da un corpo corrotto. Il Creatore te lo ha concesso, perché tu potessi apprezzare la materia che Lui ha creato. Ma in realtà ti ha destinato a più alte imprese. Il tuo destino, come quello di tutti i mortali, è di trasformarti in Dio stesso. Farai parte di una coscienza grande quanto l'Universo, colma di infinita saggezza e amore.»

«Ma così presto!» protestò. «Perché devo morire così presto? Perché devo perdere la mia identità?»

«Non devi morire, Napoleone. Sei già morto. In quanto al tempo, non esiste. È un miraggio: non c'è passato, né futuro. E il presente, semplicemente, non dura. Non puoi trattenerlo. Perché allora ti ci dovresti aggrappare? Perché ti preoccupi che sia troppo presto, visto che il tempo, nello stato di eternità, è un'illusione?»

Le parole di quei *Ka*, di quelle energie che gli parlavano in quel modo ed erano sorte dal nulla, l'avevano sopraffatto. Si sentiva come quando era quasi svenuto tra le braccia di Nadia: fragile, alla mercé di un'inarrestabile forza distruttrice.

«Oh sì, Nadia» sorrise lo spettro di Balasan, quasi fosse capace di leggergli nel pensiero. «Anche lei ha contribuito a chiudere il tuo ciclo osiriano.»

«Il mio ciclo osiriano?»

«Esatto. Come Iside, anche lei ieri ti ha fatto morire e ti ha liberato dalla morte. E, come la dea, anche Nadia è stata fecondata dal tuo seme.»

«Fecondata?»

Napoleone trasalì. Non ricordava niente di simile. Il *Ka* gli venne in aiuto.

«Sì. Se non decidessi di tornare al mondo dei vivi, la tua essenza rimarrebbe sulla terra grazie al ventre di Nadia-Iside. Il frutto della vostra unione sarebbe come il falco Horus, figlio di Iside e Osiride, e il suo destino quello di realizzare la profezia che il mago Dyedi fece a Cheope: solo chi è nato dal grembo di una discendente di Iside potrà accedere allo scrigno di Toth, nascosto in questa piramide, e svelare al mondo il segreto della vita eterna.»

«Se non decidessi?» chiese il corso, circospetto. «Cosa significa? Ho forse un'altra possibilità?»

«Il morto che è stato pesato da Maat ed è stato trovato puro, perché ha cercato la vita eterna con sincerità, può andare dove vuole: ritornare alla terra dei vivi oppure mettersi in viaggio per le dodici regioni del mondo degli inferi, o dirigersi verso il cielo e trasformarsi in una stella, risplendendo per sempre. È ciò che dice il nostro *Libro dei morti*.»

Napoleone, che si sentiva sempre più leggero e in pace con se stesso, cominciava a intuire che anche lui era un *Ka*. Il suo corpo era rimasto indietro, lasciando che la sua essenza primordiale emergesse da dentro di sé e prendesse la decisione senza dubbio più importante della propria esistenza.

«Quindi sono io che devo scegliere la mia strada?» domandò.

«È così.»

«E quando devo scegliere?»

«Ora» rispose il secondo spettro.

«In tal caso...» il corpo energetico del corso si scosse, sprigionando piccole scintille verdi intorno a sé. Cercava di guadagnare tempo. «In tal caso credo che tornerò al mondo dei vivi.»

I due *Ka* guardarono Napoleone stupiti.

«Decidi, dunque, di resuscitare nella carne, come fecero Osiride e Gesù prima di te?»

«Sì.»

«Scegli di ritornare alla carne e soffrirne di nuovo limiti e miserie?»

«Sì. Questo è il mio desiderio. Devo tornare.»

«La tua volontà sarà rispettata, sultano dell'Occidente» disse il *Ka* incredulo. «Devi sapere, comunque, che quando giungerà di nuovo la tua ora, un altro giudizio ti attenderà da questa parte. Un'altra piramide ospiterà quel momento supremo e, se lo supererai, potrai di nuovo scegliere il tuo destino.»

«Ne sono consapevole. Voglio tornare.»

«Ricorda però: sarai immortale. La grande Verità è che tutti lo siamo. L'unica cosa che ora ti distingue dagli altri è che tu già lo sai. Gli altri, ancora no.»

POST SCRIPTUM

Il mattino del 13 agosto 1799, alle sei e mezzo in punto, Napoleone Bonaparte uscì con le sue forze dal ventre della Grande Piramide di Giza. Kléber fu il primo a vederlo e a notare l'aspetto malconcio che aveva il generale degli eserciti francesi d'Oriente. Il gigante gli si avvicinò per soccorrerlo e gli fece una domanda che, negli anni a venire, molti altri gli avrebbero rivolto in privato: «Mio generale, cosa vi è successo?».

Il corso rispose allora con le parole che avrebbe ripetuto fino all'esilio e alla morte nell'isola di Sant'Elena: «Se ve lo raccontassi, non mi credereste».

Dieci giorni dopo Bonaparte abbandonava in segreto l'Egitto. Partì scortato da due imbarcazioni, tanto fragili quanto facili da catturare: le fregate *Muiron* e *Carrère*. Però, ancora una volta, fu fortunato. Non solo il Mediterraneo lo risparmiò, ma neanche gli inglesi si accorsero della sua strana fuga.

Napoleone arrivò ad Ajaccio, la sua città natale, il 28 settembre di quel 1799. Undici giorni dopo sbarcava infine a Fréjus, su suolo continentale francese, ad appena un centinaio di chilometri da Nizza e dalla piramide di Falicon.

Il corso era ormai un altro uomo. Un soldato ben diverso da quello che aveva lasciato la Francia più di un anno prima. Dopo quel 13 agosto Bonaparte non avrebbe mai più provato paura, diventando uno degli strateghi più temerari e con maggior *baraka*, fortuna, della storia.

Del resto cosa avrebbe dovuto temere? Sapeva già che la morte – quando fosse arrivata – non sarebbe stata la sua fine...

SIERRA, Javier
Il segreto egizio di Napoleone / Javier Sierra ; traduzione di Claudia Marinelli. - Milano : Marco Tropea Editore, 2006. 256 p. – (I Marlin). – Trad. di: El secreto egipcio de Napoleón.
ISBN 88-438-0536-3

I. Marinelli, Claudia II. Tit.

863 (Letteratura. Narrativa spagnola)

Scheda a cura del Sistema Bibliotecario Brianza

Ristampa						Anno			
0	1	2	3	4	5	2006	2007	2008	2009

Finito di stampare nel giugno 2006
presso Mondadori Printing S.p.A.
Stabilimento Nuova Stampa di Mondadori, Cles (TN)